AF524000

Udo Fedderies

Der Frankfurter Hauptfriedhof

Udo Fedderies

Der Frankfurter Hauptfriedhof

Zweihundert Jahre Stadtgeschichte in Biografien

Inhalt

Vorwort und Hinweise zum Gebrauch

Der Frankfurter Hauptfriedhof spiegelt zweihundert Jahre Stadtgeschichte wider. Zahlreiche der seit der Gründung des Friedhofs 1828 hier bestatteten Persönlichkeiten haben sehr entscheidenden Anteil an der Geschichte Frankfurts genommen. Dafür hat man sie in vielen Fällen mit Ehren- oder Persönlichkeitsgräbern bedacht. Da Ehrengräber ebenso wie denkmalgeschützte Gräber dauerhaft erhalten werden, sind auch fast zwei Jahrhunderte nach der Eröffnung noch Gräber aus der Frühzeit des Friedhofs zu finden.

In diesem Buch geht es nicht um die kunsthistorische Würdigung der Grabmäler. Im Zentrum stehen vielmehr Leben und Wirken der hier Bestatteten. Die Frankfurter Stadtgeschichte wurde nicht nur von Politikern geprägt, sondern ebenso von Persönlichkeiten, die als Schriftsteller, Philosophen, Künstler, Musiker, Wissenschaftler, Verleger, Unternehmer oder Mäzene und Stifter wirkten. Den bedeutendsten und einflussreichsten unter ihnen sind die folgenden Porträts gewidmet.

Die Darstellung erhebt keinen Anspruch auf Vollständigkeit, weder was die Auswahl an Gräbern angeht noch was die Geschichte Frankfurts der letzten zweihundert Jahre betrifft. Der Zugang ist biografisch, ohne die sozialen, politischen, kulturellen und wissenschaftlichen Strukturen zu vernachlässigen, innerhalb derer die Akteure handelten. Er findet seine Beschränkung darin, dass ausschließlich auf dem Hauptfriedhof beerdigte Persönlichkeiten ausführlich abgehandelt werden. Akteure, die für die Stadtgeschichte wichtig waren, aber hier nicht bestattet sind, finden daher nur insofern Erwähnung, als ihr Wirken für die dargestellten Geschehnisse von Bedeutung ist.

Man könnte nun fragen, warum der Hauptfriedhof überhaupt den roten Faden für ein solches Buch liefern soll, wenn dies doch eine Beschränkung darstellt. Die Antwort ist einfach: Die Geschichte einer Stadt wie Frankfurt ist so komplex, vielschichtig und verwoben, dass jeder Versuch, sie umfassend und auch nur im Ansatz vollständig zu erzählen, zum Scheitern verurteilt sein müsste – eine Annäherung in überschaubarem Umfang muss daher fast zwangsläufig einen in gewissem Sinne subjektiven Zugang nehmen. Der hier gewählte ist ein erfahr- oder besser: ergehbarer. Denn mithilfe dieses Buches können die letzten Ruhestätten der Porträtierten umhergehend besucht und ihre vielfältigen Wirkungen auf die Geschicke der Stadt nachvollzogen werden.

In den meisten Kapiteln steht eine Persönlichkeit im Zentrum der Aufmerksamkeit. Das schließt aber nicht aus, dass auch auf andere Akteure verwiesen wird. Im Gegenteil: eines der Anliegen dieser Darstellung ist es zu zeigen, in welcher Beziehung die in Frankfurt wirkenden Persönlichkeiten zueinander standen. Es ist kenntlich gemacht, wenn diese anderen Akteure auch auf dem Hauptfriedhof bestattet wurden. Die Kapitel folgen der Chronologie, wobei es naturgemäß zu Überschneidungen kommt.

In zwei Tabellen gegen Ende des Buches werden alle Gräber, die im Text erwähnt werden, mit ihrer Gewannnummer aufgeführt. Der Hauptfriedhof ist in einzelne Abschnitte, die sogenannten Gewanne, unterteilt. Innerhalb der Gewanne hat jedes Grab eine Nummer, mitunter auch mehrere, nämlich dann, wenn eine größere Parzelle für das Grab beansprucht wird. Manchmal wird die Grabnummer auch durch einen Kleinbuchstaben ergänzt, etwa wenn ein Grab geteilt wurde. Es gibt auch Gräber, die an einer Mauer liegen und so auf der einen Seite mit der Nummer und auf der anderen Seite mit der gleichen Nummer und dem Zusatz »a« bezeichnet wurden. Mit dem Kürzel »GG« werden Gartengräber benannt, die großzügiger angelegt sind als normale Gräber. Nicht immer wurden Nummern fortlaufend vergeben. Mitunter wird die Zählung auch an anderer Stelle im Gewann fortgesetzt.

Bei einem Teil der Gräber findet sich die Bezeichnung »a. d. M.«. Dies bedeutet »an der Mauer«. Bei der Mauer kann es sich um die Umfassungsmauern des Hauptfriedhofs an der Rat-Beil-Straße und an der Eckenheimer Landstraße handeln, aber auch um die Mauer zum Alten Jüdischen Friedhof sowie um Mauern innerhalb des Hauptfriedhofs. Um die Auffindbarkeit dieser Gräber zu erleichtern, habe ich jeweils zusätzlich das Gewann angegeben, innerhalb dessen sich der betreffende Mauerabschnitt befindet.

Zusätzlich wurden die Gräber in den Tabellen mit einer Ordnungszahl versehen. Anhand dieser lässt sich im Kartenteil die Position des Grabes finden. Für unsere Darstellung relevant sind die Gewanne A–G, J–K, I–VI, XII und XIV–XVI. Zu beachten ist, dass das Gewann E ein sehr schmales, aber langes Gewann ist, das auf der Karte in zwei nebeneinanderliegenden Teilen wiedergegeben wird (links der östliche Teil, rechts der westliche).

Gräber bedeutsamer Persönlichkeiten kann der Magistrat der Stadt zu Ehrengräbern ernennen. Soweit keine Angehörigen oder private Initiativen sich um die Pflege der Ehrengräber kümmern, übernimmt die Stadt diese Aufgabe. Handelt es sich um Persönlichkeiten von allgemeiner oder stadtgeschichtlicher Bedeutung, werden die Grabstätten dauerhaft erhalten. Ein rotes Schild am Grab verweist auf den Status eines Ehrengrabs.

0.1 Ehrengrab

0.2 Persönlichkeitsgrab

Gräber bekannter Persönlichkeiten können zu Persönlichkeitsgräbern bestimmt werden. Darauf verweisen graue Schilder. Ein Persönlichkeitsgrab wird durch die Nutzungsberechtigten erhalten. Ein Schutzstatus besteht hier nicht. Ob es sich bei einem Grab um ein Ehren- oder ein Persönlichkeitsgrab handelt, ist in der Gräbertabelle in der Spalte E/P abzulesen.

Sowohl Ehren- als auch Persönlichkeitsgräber sowie prinzipiell jedes andere Grab können von der Unteren Denkmalschutzbehörde unter Denkmalschutz gestellt werden. Dies geschieht, wenn es sich um historisch oder künstlerisch wertvolle Grabdenkmäler handelt. Denkmalgeschützte Gräber werden durch die Nutzungsberechtigten, die Stadt oder durch Grabpaten erhalten.

0.3 Patenschaft möglich

Grabpaten verpflichten sich der Stadt und der Unteren Denkmalschutzbehörde gegenüber, Grabmäler und Grabstätten zu erhalten und zu pflegen. Grabstätten, bei denen die Übernahme einer Grabpatenschaft möglich ist, sind mit einem blauen Schild gekennzeichnet.

Noch eine methodische Anmerkung: Aus Gründen der Lesbarkeit verwende ich in diesem Buch das Generische Maskulinum, das ich nicht mit dem biologischen gleichsetze.

Sie sind nun eingeladen, berühmte Frankfurter Persönlichkeiten näher kennenzulernen und ihre letzte Ruhestätte zu besuchen.

Dank

Während der Recherchen für dieses Buch habe ich große Unterstützung vom Grünflächenamt der Stadt Frankfurt am Main erhalten, wobei die Mitarbeiter der Abteilung für Friedhofsangelegenheiten mir nicht nur bei der Auffindung von Gräbern geholfen, sondern mich auch mit zahlreichen Informationen über das Frankfurter Friedhofswesen versorgt haben. Dafür bedanke ich mich sehr herzlich. Für das Korrekturlesen des Textes, redaktionelle Hinweise, kluge Fragen und wichtige Anregungen geht mein großer Dank an Carsten Schneider-Wiederkehr. Finanzielle Unterstützung bei der Drucklegung dieses Buches erhielt ich von der Stadt Frankfurt am Main – Dezernat für Kultur und Wissenschaft, wofür ich mich sehr herzlich bedanke. Schließlich danke ich Isolde Fedderies für Aufmunterung, Geduld und teilnehmendes Begleiten des Projekts. Ihr widme ich diese Arbeit.

Johann Adam Beil und der Frankfurter Hauptfriedhof

1.1 Standort des Grabmals von Johann Adam Beil (1790–1852), von dem nur noch ein kleiner Überrest zu Füßen des Grabmals seines Enkels vorhanden ist. C 7.

Zu Beginn des 19. Jahrhunderts hatte Frankfurt am Main circa 40 000 Einwohner, etwa doppelt so viele wie hundert Jahre zuvor. Auf dem zentralen Friedhof der Stadt, dem Peterskirchhof, wurde es eng. Seit der Reformation waren alle protestantischen Toten der Altstadt und der Neustadt hier beerdigt worden. Die wenigen Katholiken wurden auf dem Domfriedhof beigesetzt, die Juden hatten ihren eigenen Friedhof an der Judengasse, und die südlich des Mains lebenden Protestanten wurden auf dem Dreikönigskirchhof in Sachsenhausen beerdigt. Der außerhalb der Stadtmauer liegende Peterskirchhof war seit seiner Gründung im Jahre 1452 bereits mehrmals erweitert worden, sodass er mittlerweile an die Stadtmauer grenzte. Die Lage spitzte sich zu, als ab 1812 auch die Katholiken, deren Zahl inzwischen durch Zuwanderungen erheblich zugenommen hatte, hier ihre letzte Ruhestätte finden sollten. Für neue Familiengrabstätten war kein Platz mehr, die Toten wurden in der Reihenfolge des Ablebens verstreut beerdigt. Wegen des Platzmangels wurden die für die vollständige Zersetzung erforderlichen Ruhezeiten nicht mehr eingehalten, sodass immer öfter Gräber aufgelöst werden mussten, obwohl die Leichname noch nicht gänzlich verwest waren.

Wegen der unhaltbaren hygienischen Verhältnisse forderten vor allem Mediziner und fortschrittlich gesinnte Persönlichkeiten eine Verlegung des Friedhofs auf ein Gelände, das sich nicht in unmittelbarer Nähe der Stadt befindet. Trotzdem gab es nicht wenige, die sich der Forderung widersetzten. Vor allem der Tradition verhaftete Patrizier wollten auf ihre Erbbegräbnisse nicht verzichten und plädierten für eine abermalige Erweiterung des Peterskirchhofs durch Zukauf angrenzender Grundstücke. Insbesondere Johann Jakob Willemer (→ Marianne von Willemer) opponierte vehement gegen einen neuen Friedhof. Schließlich setzten sich die Befürworter der Verlegung durch. Im Jahre 1821 beschlossen Gesetzgebende Versammlung und Senat die Verlegung des Friedhofs auf ein Gelände außerhalb der Stadt. Bei der Wahl des Ortes war zu berücksichtigen, dass dieser so liegen sollte, dass er ein wenig erhaben ist und die meist von West wehenden Winde Fäulnisgerüche von der Stadt wegtreiben. Schließlich entschied man sich für ein Gelände an der heutigen Eckenheimer Landstraße, eine gute Viertelstunde Fußweg von der Stadt entfernt, und setzte zur Umsetzung des Beschlossenen 1825 eine Kirch- und Friedhofs-Commission unter Leitung des Senators und Hessischen Geheimen Hofrats Johann Adam Beil ein.

Beil wurde 1790 in Frankfurt geboren und ist dort 1852 verstorben. Er entstammte einer wohlhabenden Handwerkerfamilie, lernte das Küferhandwerk, arbeitete als Weinverkäufer und gründete schließlich eine eigene Weinhandlung. Nach seiner Wahl zum Senator wurde er mit der Anlage des neuen Friedhofs beauftragt. 1828 konnte der Friedhof, für den Beil eine zeitgemäße Begräbnisordnung erlassen hatte, seiner Bestimmung übergeben werden.

Sein Vermögen legte Beil in Immobilien an: in der Hochstraße ließ er elf Häuser bauen. Auf seinem Gut betrieb er eine Dampfmolkerei. 1840 legte er sein Amt als Senator nieder und wurde Direktor der Taunus-Eisenbahn, die Frankfurt mit Wiesbaden verband. Beil veröffentlichte wissenschaftliche und belletristische Arbeiten zu unterschiedlichsten Themen, darunter ein dreisprachiges technologisches Wörterbuch und ein Buch über den neuen Frankfurter Friedhof. Die im Süden an den Hauptfriedhof angrenzende Straße trägt seinen Namen.

Am 30. Juni 1828 wurde der Peterskirchhof geschlossen, am nächsten Tag fand die erste Bestattung auf dem neuen Frankfurter Friedhof statt. Das Grab von Maria Catharina Alewyn ist nicht mehr erhalten, aber eine Gedenktafel im Gewann D an der Mauer 192 erinnert an die ehemalige Lage. Bei Eröffnung umfasste das Gelände die später so genannten Gewanne A, B, C und D und hatte eine Fläche von etwa fünfeinhalb Hektar. Damit war es dreimal so groß wie der Peterskirchhof.

1.2 Altes Portal

Im Osten schloss sich der gleichzeitig errichtete und durch die Gruftenhalle abgetrennte neue jüdische Friedhof an. Im Westen wurde nach Plänen des Architekten *Friedrich Rumpf (1795–1867 – Grab E an der Mauer 269a)* ein klassizistisches Portal mit zwei Flügelbauten in leuchtend weißer Farbe erbaut. Zwei Engelsköpfe mit Flügeln, geschaffen von Nepomuk Zwerger, der später eine Professur am Städel bekommen sollte, schmücken den Giebel.

Im Gebäude rechts des Portals befanden sich die Trauerhalle und die Wohnung des Friedhofswärters, links war das Totenhaus. Hier hatte man die Möglichkeit geschaffen, die Leichen bis zu drei Tage aufzubahren, um sicherzustellen, dass sie nicht scheintot waren. Die Angst, lebendig begraben zu werden, war im 19. Jahrhundert sehr groß. Deshalb hatte man zusätzliche Vorkehrungen getroffen, um dies zu verhindern. Den aufgebahrten Leichen setzte man auf jeden Finger einen Fingerhut, der über eine Schnur mit einer Glocke im Wächterzimmer verbunden war. Bewegte sich ein Finger, sollte eine Glocke läuten, sodass der Wächter Wiederbelebungsversuche einleiten könnte. Ende des 19. Jahrhunderts wurden diese Einrichtungen jedoch abgebaut, da in all den Jahren seit ihrer Installation die Glocke nur ein einziges Mal geläutet hatte, und dies, weil Zersetzungsgase zur Bewegung der Leiche geführt und damit den Klingelmechanismus ausgelöst hatten.

Um die Patrizierfamilien zur Zustimmung zum neuen Friedhof zu bewegen, verzichtete man auf die zunächst geplante demokratische Friedhofskultur und errichtete am östlichen Ende eine 176 Meter lange Gruftenhalle, wo sich betuchte Interessierte eine der 57 Familiengrüfte kaufen konnten. Das Angebot erfreute sich allerdings über lange Zeit keiner großen Beliebtheit.

Mit der gärtnerischen Gestaltung des Friedhofs wurde der Stadtgärtner → Sebastian Rinz beauftragt, der bereits die Wallanlagen angelegt hatte. Rinz gestaltete den Friedhof im Stil eines englischen

1.3 Neues Portal mit Trauerhalle

Landschaftsparks, der einer natürlichen Landschaft ähneln und abwechslungsreiche Eindrücke bieten sollte. Er führte an den seitlichen Mauern geschwungene Wege entlang, an denen er Kastanien pflanzte. Bereits vorhandene Bäume blieben erhalten. In der Nähe des Portals standen Trauerweiden, Pappeln und Zedern. Große Bereiche blieben zunächst unbepflanzt, um die Luftzirkulation nicht zu behindern, was vom damals gültigen napoleonischen Bestattungsgesetz vorgegeben war.

Nicht einmal zwei Jahrzehnte später war dank des Bevölkerungswachstums Frankfurts auch dieser Friedhof wieder zu klein. In den Jahren 1845 bis 1891 wurden die Gewanne E–K angelegt. Damit wuchs der Friedhof auf 18 Hektar an, während die Einwohnerzahl bei 180 000 lag. Bis 1912 folgten die Gewanne M–N sowie I–XV. Frankfurt hatte nun 417 000 Einwohner und der Hauptfriedhof eine Ausdehnung von 47 Hektar.

In den Jahren 1908 bis 1912 wurde nördlich des Alten Portals das Neue Portal mit Trauerhalle und Krematorium nach Plänen der Berliner Architekten Heinrich Reinhardt und Georg Süßenguth errichtet. Die neoklassizistische Trauerhalle erinnert mit ihrem Kuppelbau an das spätantike Mausoleum Theoderichs des Großen in Ravenna. Die Innendekoration im Jugendstil entwarfen die Brüder Rudolf und Otto Linnemann.

Es folgten noch zwei Erweiterungsphasen: 1927/28 wurden die Gewanne XVI–XX angelegt, 1952 bis 1957 kamen die Gewanne XXI–XXXI hinzu. Der Hauptfriedhof erreichte damit seine heutige Ausdehnung von 70 Hektar. 64 Kilometer Wege führen zu etwa 66 000 Grabstellen.

Das Projekt, das Rat Beil, Sebastian Rinz und Friedrich Rumpf vor fast zwei Jahrhunderten begonnen hatten, wurde zu einem der größten Friedhöfe Deutschlands und zu einem der schönsten Europas. In einem Park der Ruhe, Harmonie und Schönheit findet man beachtliche Zeugnisse Frankfurter Bildhauerei. Die folgenden Kapitel führen uns zu den Gräbern bedeutender Frankfurterinnen und Frankfurter, ohne die die Geschichte der Stadt, wie wir sie heute kennen, nicht denkbar ist.

Sebastian Rinz – Schöpfer der Wallanlagen

2.1 Ehrengrab von Sebastian Rinz (1782–1861). C 155

Sebastian Rinz hat nicht nur ein Ehrengrab, er ist auch der einzige Stadtgärtner Frankfurts, dem je ein Denkmal gesetzt wurde. Dieses befindet sich in den von ihm angelegten Wallanlagen, seinem Hauptwerk.

Die Wallanlagen ersetzten zu Beginn des 19. Jahrhunderts die Frankfurter Stadtbefestigung. 1333 hatte Kaiser Ludwig der Bayer der Stadt Frankfurt erlaubt, ihre Stadtgrenzen über die Staufermauer, die die Altstadt umgrenzte, deutlich auszuweiten. Ab 1343 wurde an einem neuen Befestigungswerk rund um die Neustadt (die heutige Innenstadt) gearbeitet. Eine sechs bis acht Meter hohe Mauer entstand, die an ihrer Krone eine Breite von zweieinhalb bis drei Meter aufwies. Vor der Mauer wurde ein 10 Meter breiter Wassergraben angelegt. Im 14. und 15. Jahrhundert wurden rund 40 Stadttürme und Tore gebaut, von denen heute nur noch das Eschenheimer Tor erhalten ist. Im 16. Jahrhundert wurde die Mauer zusätzlich durch eine vorgelagerte Festungsanlage mit elf fünfeckigen Bollwerken verstärkt. Weiter draußen hatte man schon vom 13. bis zum 15. Jahrhundert

2.2 Johann C. Berndt: Abtragung der Wälle vor dem Gallustor durch die Frankfurter Bürger (1805)

versucht, die Stadt mit einem Ring befestigter Gutshöfe und Warten zu sichern.

All diese Bemühungen, Frankfurt gegen Angriffe zu schützen, verloren Ende des 18. Jahrhunderts ihren Sinn. Die Festungswerke waren veraltet, Mauern verfallen, die Gräben ohne Wasser. Die Bevölkerung der Stadt, die innerhalb der Mauern mit der Stadtallee, dem heutigen Goetheplatz, nur über einen einzigen größeren begrünten Platz verfügte, nutzte die Wälle und Bastionen längst zum Flanieren. Stellenweise hatte man sogar schon Linden- und Nussbaumalleen auf den Wällen gepflanzt, in deren Schatten die Menschen Erholung finden konnten.

Da die Stadtbefestigung nicht nur ihren militärischen Sinn verloren hatte, sondern auch ein Hindernis für das weitere Wachstum der Stadt darstellte, beschloss der Rat der Stadt im Jahre 1802, die Befestigungsanlagen zu schleifen. 1804 wurde mit den Arbeiten begonnen, die 1806 intensiviert wurden. Nachdem das Heilige Römische Reich als Resultat der verlorenen Kriege mit dem napoleonischen Frankreich untergegangen und Frankfurt von einer Reichsstadt zunächst zum Fürstentum und später zum Großherzogtum unter Karl von Dalberg geworden war, setzte dieser die französische Forderung nach Beseitigung des Befestigungswerks konsequent um. 1806 ernannte er Jakob Guiollett zum »Fürstlichen Commissarius bei dem fortzusetzenden hiesigen Festungsbau-Demolitions-Geschäfte«. Nachdem Dalberg zuvor von Napoleon als Fürstprimas des neu gegründeten Rheinbundes eingesetzt worden war, hatte Guiollet für ihn das Palais Thurn und Taxis an der Großen Eschenheimer Straße als Residenz eingerichtet.

In seiner Denkschrift *Bemerkungen über die Schleifung hiesiger Festungswerke* legte Guiollett seine Vorstellungen über eine Umgestaltung der Festungsanlagen zu einer Wallpromenade dar. Um die teuren Abbrucharbeiten zu finanzieren, parzellierte und versteigerte er die Wallgrundstücke. Dabei wurden den Käufern verschiedene Auflagen gemacht. Die erworbenen Grundstücke mussten binnen Jahresfrist als Garten angelegt werden, und nur zur Stadtseite hin durften Gebäude, aber ohne gewerbliche Nutzung, errichtet werden. Diese Bestimmungen aus dem Jahr 1807 wurden 1903 unter dem Namen *Wallservitut* durch ein preußisches Gesetz und 1907 durch einen Magistratsbeschluss bestätigt. Für die Neubebauung galt ergänzend ein Baustatut von 1809, das den klassizistischen Baustil verbindlich vorschrieb.

Die Wallservitut gilt bis heute, wenngleich sie im Laufe der Zeit einige Male verletzt worden ist: mit dem Bau der Alten Oper 1880, dem Schauspielhaus 1902, dem Stadtbad Mitte 1960 (1998 durch ein Hotel ersetzt) und 1974 der Tunneleinfahrt der U-Bahnlinie 5. Andererseits ist die der Bevölkerung zugängliche Promenade heute deutlich breiter als zur Zeit ihrer Entstehung. Damals war angren-

2.3 Rinz-Denkmal von Heinrich Petry in den Wallanlagen (1892)

zend an die Privatgärten nur ein etwa 20 Meter breiter Streifen übriggeblieben. Dieser konnte aber nach dem Ersten Weltkrieg deutlich verbreitert werden, als die Stadt die Privatgrundstücke sukzessive aufkaufte und sie der öffentlichen Anlage zuschlug.

Um die Promenade gärtnerisch anlegen zu lassen, hatte Guiollett den Aschaffenburger Hofgärtner Christian Bode um Empfehlung eines fähigen Gärtners gebeten. Bode schlug seinen Assistenten Sebastian Rinz vor.

Sebastian Rinz war am 11. Januar 1782 in Haimhausen, einem kleinen Ort in Oberbayern, zur Welt gekommen. Im Alter von 14 Jahren begann er in der Hofgärtnerei des Schlosses Schleißheim bei München seine Ausbildung in Gartengestaltung, Blumen- und Ziergärtnerei sowie als Orangeriegärtner. Nach Abschluss seiner fünfjährigen Ausbildung übernahm er eine Stelle im Hofgarten der Würzburger Residenz, ehe er zwei Jahre später Gärtner unter Christian Bode im Park Schönbusch bei Aschaffenburg wurde. Bode ordnete Rinz 1806 nach Frankfurt ab.

Rinz erhielt von Guiollett zunächst den Auftrag, unter strengen finanziellen Restriktionen die Bockenheimer Anlage zu bepflanzen. Rinz besorgte daher kostengünstig Pflanzen aus dem Stadtwald, aus dem Taunus, aus Aschaffenburg und aus von Dalberg verwalteten Besitzungen in Königstein und Seligenstadt. Auch Frankfurter Bürger versorgten ihn kostenlos mit Pflanzen. Nach getaner Arbeit kehrte Rinz Ende 1806 nach Aschaffenburg zurück.

1807 bezahlte Dalberg aus seinen privaten Mitteln die Fortsetzung der Maßnahmen, und Rinz, der mit seiner Arbeit in Frankfurt einen guten Eindruck hinterlassen hatte, wurde abermals aus Aschaffenburg abgeordnet. 1808 erhielt er eine feste Anstellung als Stadtgärtner. Diese sollte er bis zu seinem Tode im Jahre 1861 behalten.

In den folgenden fünf Jahren vollendete Rinz die Wallanlagen, indem er eine abwechslungsreiche Bepflanzung vornahm: Alleen, Strauch-, Stauden- und Blumenpflanzungen im Stil eines englischen Landschaftsgartens. Seit 1812 zieht sich der Anlagenring rund um die Neu- bzw. Innenstadt und lässt in seinem Verlauf die alten Festungsanlagen noch erkennen. Bereits 1813 wurden die Anlagen von durchziehenden französischen Soldaten verwüstet, anschließend von Rinz aber wiederhergestellt.

Von den neuen Anlagen waren nicht nur in- und ausländische Besucher der Stadt begeistert, auch der Geschmack der einheimischen Bevölkerung war getroffen worden. Catharina Elisabeth »Aja« Goethe schrieb 1808 an ihren Sohn in Weimar:

> »[...] die alten Wälle sind abgetragen die alten Thore eingerißen um die gantze Stadt ein Parck man glaubt es sey Feerrey [...] unsere alten Perücken hätten so was biß an Jüngsten Tag nicht zu wegen gebracht – bey dem kleinsten Sonneblick sind die Menschen ohne Zahl vor den Thoren Christen – Juden – pele mele alles durcheinander in der schönsten Ordnung es ist der rührenste Anblick den man mit Augen sehen kann [...]«
> Und Alexandre Dumas schwärmte noch dreißig Jahre später: »Anstelle alten Mauerwerks und sumpfiger Wassergräben haben die Frankfurter hier einen entzückenden englischen Garten entstehen sehen, einen anmutigen duftigen Gürtel, der einen Rundgang um die Stadt im Schatten herrlicher Bäume auf sandbestreuten Pfaden erlaubt. Und so gleicht Frankfurt mit seinen weiß, pistaziengrün und rosa angemalten Häusern einem riesigen Kamelienbukett in einem Kranz von Heidekraut.«

2.4 Sebastian Rinz. Gemälde von Jakob Becker (1857)

Die Anlage der Wallanlagen war Rinz' bedeutendstes Werk, aber nicht sein einziges als Stadtgärtner. So legte er 1828 den neuen Frankfurter Hauptfriedhof an, worüber wir im ersten Kapitel berichtet haben. In den gut fünf Jahrzehnten seiner Tätigkeit in Frankfurt schuf er als Inhaber eines eigenen Gärtnereibetriebs in der Stadt und der Umgebung auch zahlreiche Garten- und Parkanlagen im Auftrag privater Kunden. Beispielhaft genannt seien hier der Park Louisa und die Umgestaltung des Bethmannparks im Auftrag von Simon Moritz von Bethmann, der Günthersburgpark für Carl Mayer von Rothschild, der Park der Villa Saint-George für Georg von Saint-George (seit 1926 Philosophisch-Theologische Lehranstalt bzw.

Hochschule St. Georgen), der Brentanopark in Rödelheim, der Garten des Bolongaropalastes in Höchst, der Park am Landhaus Schmidt (seit 1903 Metzler) in Bonames. Die »Nizza« genannte Grünanlage mit mediterraner Flora am Mainufer wurde von Rinz noch begonnen und nach seinem Tode von seinem Enkel und Nachfolger als Stadtgärtner Andreas Weber zu Ende geführt.

Nach Sebastian Rinz wurde eine Straße am Grüneburgpark benannt. Sein von Heinrich Petry 1892 geschaffenes Denkmal steht in den Wallanlagen an der Friedberger Anlage. Während Rinz auf dem Hauptfriedhof beerdigt wurde, hat Jakob Guiollett seine letzte Ruhe auf eigenen Wunsch in den Wallanlagen gefunden. Dort findet man sein Grab in der Nähe des Rechneigrabenweihers. Sein Denkmal, das der Bildhauer *Eduard Schmidt von der Launitz (1797–1869 – Grab E an der Mauer 399a)* geschaffen hat, steht ebenfalls in den Wallanlagen an der Taunusanlage.

Marianne von Willemer – Muse und Co-Autorin Goethes

3.1 Ehrengrab von Marianne von Willemer (1784–1860). D 261

Dass Goethe beim Verfassen des *West-östlichen Divan* eine Mitautorin hatte, wurde erst Jahrzehnte nach seinem Tod bekannt. Marianne Willemer, mit der er während der Arbeit an dieser seiner bedeutendsten Gedichtsammlung brieflich und persönlich in Kontakt stand, galt zu seinen Lebzeiten als seine Muse. Ihr hat er in dem Werk als Suleika ein poetisches Denkmal gesetzt. Die Aufnahme von drei Gedichten, die aus ihrer Feder stammen, verschwieg Goethe allerdings.

Als er Marianne, die uneheliche Tochter der Linzer Schauspielerin Elisabeth Pirngruber, 1814 kennenlernte, war er 65 Jahre alt, sie erst 30. Nachdem ihre Mutter den Theaterleiter Joseph Jung geheiratet hatte, erhielt die Tochter den Familiennamen des Stiefvaters. Marianne bekam schon als Kind Schauspiel- und Ballettunterricht und stand als Achtjährige bereits auf der Bühne. Als ihre inzwischen verwitwete Mutter in Österreich keine Engagements mehr bekam, zog sie 1798 in der Hoffnung auf mehr Erfolg mit ihrer Tochter nach Frankfurt, wo sie aber ebenfalls ohne Rollen blieb und als Platzanweiserin arbeiten musste. Die inzwischen 14-jährige Marianne hingegen hatte als Tänzerin sofort Erfolg. Einer ihrer berühmtesten Bewunderer war Clemens Brentano, Sohn des Frankfurter Kaufmanns Peter Anton Brentano und dessen Frau Maximiliane (geb. von La Roche) sowie Bruder von Bettina von Arnim.

Für ihr weiteres Leben sollte aber ein anderer Bewunderer entscheidend werden: der damals 38-jährige Bankier Johann Jakob Willemer. Der vermögende Theaterliebhaber war bereits zweimal verwitwet und Vater von fünf Kindern. Willemer, gerade in die Oberdirektion des Theaters gewählt, kaufte im Jahre 1800 die nun 16-jährige Marianne ihrer Mutter ab, indem er dieser 2000 Gulden auszahlte, ihr eine Rente aussetzte und versprach, sich um die Zukunft ihrer Tochter zu kümmern. Marianne wurde zusammen mit Willemers fast gleichaltrigen Töchtern erzogen und erhielt Unterricht in Gesang, Gitarre und Klavier, auch von Clemens Brentano. Auf die Bühne durfte sie allerdings auf Wunsch Willemers nicht mehr. Ein paar Jahre später wurde sie seine Geliebte, bis er sie im Jahre 1814 heiratete.

Willemer war nicht nur erfolgreicher Bankier, sondern auch literarisch interessiert. Bei eigenen Veröffentlichungen blieb ihm der Erfolg versagt, aber Goethe zählte er zu seinen Bekannten. Als der Weimarer Dichterfürst sich im August 1814 in Wiesbaden zur Kur

3.2 Marianne von Willemer 1809. Pastell von J. J. de Lose

aufhielt, besuchte ihn Willemer mit seiner Freundin und lud ihn nach Frankfurt ein.

Goethe besuchte seine Geburtsstadt erneut vom 12. bis 24. September und wohnte bei seinem Freund *Fritz Schlosser und dessen Frau Sophie (1780–1851 bzw. 1786–1865 – Grab D 211)*. Fritz' Onkel Johann Georg Schlosser war mit Goethes Schwester Cornelia verheiratet gewesen, und er selbst hatte die Erbschaftsangelegenheiten von Goethes Mutter geregelt. Goethe nutzte seinen Frankfurt-Aufenthalt, um die Willemers am 15. September auf ihrem Landsitz, der Gerbermühle am Mainufer in Oberrad, zu besuchen.

Nach einem Zwischenstopp in Heidelberg logierte Goethe nochmals vom 11. bis 20. Oktober bei den Schlossers. Aus der Geliebten war inzwischen die Frau Geheimrätin Willemer geworden. Ohne Verlobung und Aufgebot hatte Johann Jakob Willemer seine langjährige Partnerin am 27. September geheiratet. Ob Goethe, der selbst lange mit Christiane Vulpius in wilder Ehe zusammengelebt hatte, ehe er sie ehelichte, den Bankier zur Legitimierung seiner Beziehung gedrängt hat, lässt sich nur vermuten.

In jenen Tagen besuchte Goethe die Willemers mehrmals, einmal traf er Marianne auch allein an. Schon da dürfte es zwischen den beiden gefunkt haben. Am 18. Oktober traf er sich mit dem Ehepaar in deren Gartenpavillon auf dem Mühlberg, dem Willemer-Häuschen, um den Freudenfeuern zum Jahrestag der Völkerschlacht bei Leipzig zuzuschauen, ehe er nach Weimar zurückkehrte.

In seinen Briefen an Marianne wird er immer wieder an diesen Abend erinnern.

Ein Jahr später kam Goethe erneut nach Frankfurt und wohnte vom 12. August bis 17. September in der Gerbermühle bzw. in Willemers Stadthaus »Zum Roten Männchen« am Fahrtor. In der Gerbermühle wurde am 28. August sein Geburtstag festlich begangen. Zu den Gästen der Feierlichkeit zählten auch August Kestner und Georg Friedrich Guaita. August Kestner war der Sohn von Charlotte Kestner, geb. Buff, die das Vorbild Lottes in Goethes *Die Leiden des jungen Werthers* war. Sein Bruder *Theodor Kestner (1779–1847 – Grab A 96)* war Stadtphysicus (Stadtarzt) in Frankfurt. *Georg Friedrich Guaita (1772–1851 – Grab C 8/9)* entstammte einer wohlhabenden und einflussreichen Kaufmannsfamilie. Er wurde zwischen 1822 und 1838 sieben Mal jeweils für ein Jahr zum Älteren Bürgermeister Frankfurts gewählt. Er war verheiratet mit Meline Brentano,

3.3 Grab von Georg Friedrich von Guaita (1772–1851). C 8/9

der Schwester von Clemens und Bettine Brentano, und ein guter Bekannter von Goethe.

Dieser hatte zwischenzeitlich am *West-östlichen Divan* weitergearbeitet und setzte auch in Frankfurt seine Arbeit an dem Werk fort. Die erneute Begegnung mit Marianne führte zu einer leidenschaftlichen Liebe zwischen beiden, die sich in Gedichten des *Divans* niederschlug. Goethe gestand ihr seine Liebe mit einem »Hatem« überschriebenen Gedicht, sie antwortete mit einem »Suleika«-Gedicht sehr deutlich. Als Goethe erkannte, wie bedingungslos sie ihm ergeben war, ergriff er die Flucht nach Heidelberg, wohin ihm die Willemers allerdings folgten. Sie verbrachten noch drei Tage miteinander, immer in Anwesenheit ihres Gatten, ehe Goethe nach Weimar abreiste. Eine weitere Reise an den Main war zwar für das folgende Jahr geplant, kam aber nicht mehr zustande.

Als Marianne bewusst wurde, dass sie Goethe nicht mehr wiedersehen würde, geriet sie in eine schwere Krise, aus der sie erst herausfand, als 1819 der *Divan* erschien und sie sah, dass er einige ihrer Gedichte aufgenommen hatte. Sie behielt das Geheimnis für sich und blieb dem Dichter in einem intensiven Briefwechsel verbunden. 1832, kurz vor seinem Tode, schickte Goethe ihre an ihn gerichteten Briefe als »Zeugen allerschönster Zeit« zurück, die sie wie ein Heiligtum aufbewahrte.

In den folgenden Jahren pflegte sie ihren schwerkranken Mann bis zu seinem Tod im Jahr 1838. Dann bezog sie eine kleine Stadtwohnung und kümmerte sich um die Kinder ihres Mannes aus dessen ersten beiden Ehen und um die zahlreichen Enkel. Willemers Tochter *Maximiliane (1792–1871)* hatte *Jean Andreae (1780–1850 – beider Grab D 261, neben dem von Marianne)* geheiratet, mit dem sie 15 Kinder hatte. Andreae war einer derjenigen, die in den neu geschaffenen Wallanlagen (→ Sebastian Rinz) ein Grundstück kauften.

Zudem pflegte Marianne Kontakte zu Frankfurter Familien und Persönlichkeiten. Darunter waren die *Familie Lersner (Grab J 475a), Franz und Antonie Brentano (1765–1844 bzw. 1780–1869 – C Gruft 48), Sophie Bansa (1762–1842 – Grab D an der Mauer 204)*, Seniorchefin des Frankfurter Bankhauses Bansa & Sohn, der Historiker *Johann Friedrich Böhmer (1795–1863 – Grab A 235/236a)*, der Maler Philipp Veit, Sohn der Schriftstellerin *Dorothea Schlegel (1763–1839 – Grab B 180)* und dessen Schüler *Edward von Steinle (1810–1886 – Grab D 215a)*, der eine Bleistiftzeichnung von Marianne von Willemer anfertigte.

Ende der 1840er-Jahre gestand sie dem Germanisten Hermann Grimm ihre Mitautorschaft am *Divan*, die dieser aber erst 1869, neun Jahre nach ihrem Tod, publik machte. Der Briefwechsel zwischen Goethe und ihr wurde 1877 erstmals veröffentlicht. In Sachsenhausen sind gleich zwei Straßen nach ihr benannt: die Willemerstraße und die Mariannenstraße.

Goethe selbst hat in Weimar seine letzte Ruhestätte gefunden. Aber jener, der dafür gesorgt hat, dass sein Geburtshaus am Großen Hirschgraben 1863 erhalten blieb und nicht, wie vorgesehen, in ein Mietshaus umgewandelt wurde, wurde auf dem Frankfurter Hauptfriedhof bestattet: *Otto Volger (1822–1897 – Grab J 815)*, der Gründer des Freien Deutschen Hochstifts, das seither Träger des Goethe-Hauses ist.

Eduard Rüppell – Afrikaforscher und Senckenbergianer

4.1 Ehrengrab von Eduard Rüppell (1794–1884). F 155a

Das Senckenberg Naturmuseum ist eines der größten und bedeutendsten seiner Art in Europa. Es fußt auf der Sammlung des Frankfurter Afrikaforschers Eduard Rüppell. Der 1794 geborene Rüppell war bereits im Alter von 18 Jahren Vollwaise geworden. Sein Vater, Oberpostmeister und Bankier, hinterließ ihm ein Erbe von annähernd 250 000 Gulden, aus dem auch seine vier Schwestern versorgt werden mussten. Zunächst betätigte sich Rüppell kaufmännisch, interessierte sich aber auch schon sehr früh für Sprachen und Naturwissenschaften, insbesondere für Mineralogie. Nach einer schweren Erkrankung reiste er 1816/17 zu Erholungszwecken nach Italien und Ägypten. Während dieser Reise geknüpfte Kontakte zum Frankfurter Kaufmann Heinrich Mylius in Mailand und zum Schweizer Orientalisten Ludwig Burckhardt in Kairo sollten für seinen weiteren Lebensweg bestimmend werden: Er fasste den Entschluss, Naturwissenschaften zu studieren und Forschungsreisender zu werden. 1818 kehrte er nach Frankfurt zurück, wo gerade die Senckenbergische Naturforschende Gesellschaft (SNG) gegründet worden war.

Auf Anregung Goethes hatten Bürger der Stadt Frankfurt die SNG Ende 1817 ins Leben gerufen. Sie ist nach dem Frankfurter Arzt und Naturforscher Johann Christian Senckenberg (1707–1772) benannt und sollte sein Werk weiterführen. Sie ist institutionell unabhängig von der Dr. Senckenbergischen Stiftung, die Senckenberg selbst bereits 1763 eingerichtet hatte. Letztere finanzierte aus ihren Mitteln das Bürgerhospital, den Botanischen Garten, die Senckenbergische Anatomie, das Institut für Geschichte der Medizin sowie die Senckenbergische Bibliothek. Die SNG hingegen hatte sich die Aufgabe gesetzt, die Naturkunde zu fördern und ein Naturmuseum einzurichten. Bei diesem Vorhaben leistete Rüppell unermessliche Dienste.

Als Rüppell nach seinem Ägypten-Aufenthalt in Frankfurt eingetroffen war, besuchte er Dr. Johann Georg Neuburg, den Hausarzt seiner Familie. Neuburg, in Naturwissenschaften bewandert, war von 1817 bis 1830 1. Direktor der Senckenbergischen Naturforschenden Gesellschaft. Rüppell erinnert sich an die Gespräche, in denen Neuburg ihn auf die SNG aufmerksam machte, in einem autobiografischen Manuskript: »Neuburg's lebhafte Unterhaltungen mit mir über den Zweck und die zu gewärtigenden Leistungen dieser Gesellschaft machten einen so tiefen Eindruck auf mich, daß ich den Entschluß faßte, meine ganze zukünftige Lebenstätigkeit diesem Institute zu widmen.« Rüppell wurde nachträglich als mitstiftendes Mitglied aufgenommen. In den kommenden Jahren sollte er zu einem der wichtigsten Mitglieder der SNG werden. Er schenkte der Stiftung seine wertvolle Mineraliensammlung und setzte ihr testamentarisch 60 000 Gulden aus. Andere Mitstifter waren u. a. der Mediziner und Physiker *Christian Ernst Neeff*

(1782–1849 – Grab C an der Mauer 62), der Arzt, Anatom und Zoologe *Philipp Jakob Cretzschmar (1786–1845 – Grab D 244/245)*, der Anatom, Anthropologe, Paläontologe und Erfinder des elektro-galvanischen Telegrafen *Samuel Thomas von Soemmering (1755–1830 – Grab D an der Mauer 178)* und der Entomologe und Bürgermeister *Carl von Heyden (1793–1866 – Grab D an der Mauer 216)*.

4.2 Eduard Rüppel. Gemälde von Georg Hom (1866)

Von 1818 bis 1821 studierte Rüppell in Pavia und Genua Mineralogie, Petrografie, Mathematik, Physik, Astronomie und Geografie. Anschließend begann er seine wissenschaftliche Reisetätigkeit, die ihn nach Ägypten (1822–1827) und Abessinien (1830–1834) führte. 1821 schloss er mit der SNG einen Vertrag ab, wonach ihm die Gesellschaft einen Konservator finanzierte und die Portokosten für die Sendungen übernahm, während er im Gegenzug alle seine Sammlungsobjekte der SNG überließ. Alle anderen Kosten der Reise finanzierte Rüppell aus eigener Tasche.

Zum Jahreswechsel 1821/22 brach der Naturforscher gemeinsam mit dem Chirurgen Michael Hey von Livorno in Richtung Ägypten auf. Es sollten sechs Jahre erfolgreichen Jagens, Sammelns, Forschens und Beschreibens unter zum Teil schwierigsten Bedingungen folgen. Immer wieder wurden die Wissenschaftler, zu denen sich noch der italienische Maler Finzi gesellte, von Krankheiten geplagt sowie durch Überfälle, Unruhen und Aufstände in ihrer Arbeit behindert, die auch einen Verlust von wertvollem Material zur Folge hatten. Dennoch war die Ausbeute enorm. 22 große Seekisten naturkundlicher Präparate ließ Rüppell nach Frankfurt verschiffen, darunter 65 Säugetiere, elf Säugetierskelette, 160 Vögel, zwölf Vogelskelette, fünf Amphibien, 450 Fische sowie die berühmte Seekuh. Daneben betätigte er sich aber auch als Ägyptologe, beschrieb und deutete Ruinen, entdeckte Katakomben und schickte Mumienskelette nach Frankfurt.

Rüppells Leistungen hatten sich in der wissenschaftlichen Welt rasch verbreitet. Seine Heimatstadt widmete ihm eine Gedenkmünze, die Universität Gießen verlieh ihm die Ehrendoktorwürde, zahlreiche wissenschaftliche Gesellschaften im In- und Ausland ernannten ihn zu ihrem Mitglied. Seine zweite Forschungsreise führte ihn nach Ägypten, zum Roten Meer und nach Abessinien. Diesmal begleitete ihn der Präparator Theodor Erckel. Aus Abessinien schickte Rüppell 25 Säugetierhäute, 229 Vogelbälger, 69 Fischhäute, 29 Fischskelette, 91 Fische, hunderte von Muscheln und Insekten sowie 54 Fossilien nach Frankfurt. Wiederum betätigte er sich auch archäologisch und entdeckte und entzifferte altäthiopische Inschriften. Auch beschäftigte er sich mit den von ihm bereisten Gegenden in ethnologischer Hinsicht und beschrieb die Wohn- und Lebensverhältnisse, Sitten und Gebräuche der Menschen in Nubien und Abessinien. Er erwarb äthiopische Handschriften und brachte Objekte des täglichen Lebens von seiner Reise mit, die sich heute im Museum der Weltkulturen befinden. Hunderte von Münzen, die er erworben hatte, übereignete er der Stadtbibliothek; sie sind heute Bestandteil der Sammlung des Historischen Museums, wo Rüppell ein Sammlerraum gewidmet ist.

1834 kehrte er aus Afrika zurück. Seine Stadt bereitete ihm im damals größten Saal der Stadt im Gasthof Weidenbusch einen festlichen Empfang und setzte ihm eine Jahresrente von 1000 Gulden aus. Rüppell selbst hatte für seine Forschungsreisen private Mittel in Höhe von 60 000 Gulden ausgegeben.

Der Forscher bezog eine Drei-Zimmer-Wohnung in der Hochstraße 3, direkt gegenüber der SNG, die damals noch am Eschenheimer Turm beheimatet war und wo er sich in den nächsten zweieinhalb Jahrzehnten mit der Katalogisierung und Auswertung der von ihm gesammelten Naturalien beschäftigte. Er leitete die Sektion Säugetiere, Amphibien und Fische und war mehrfach 2. Direktor der SNG. Rüppell beschrieb 30 neue Tiergattungen und rund 450 neue Tierarten.

Eine abermalige Afrikaexpedition musste er nach neun Monaten Aufenthalt in Ägypten aus gesundheitlichen Gründen abbrechen. Nach einem Zerwürfnis mit der SNG beendete Rüppell seine dortige Tätigkeit. Er widmete sich fortan in erster Linie der Numismatik und ordnete und katalogisierte die städtische Münzsammlung.

Rüppells Zwist mit der SNG betraf in erster Linie den Mitgründer und langjährigen 2. Direktor Philipp Jakob Cretzschmar. Nachdem er anfangs eng mit ihm befreundet war, fand Rüppell sich und seine Arbeit in verschiedener Hinsicht durch Cretzschmar nicht ausreichend gewürdigt. Am meisten kränkte ihn, dass dieser und Carl Heinrich Georg von Heyden, der 1. Direktor, Beschreibungen der von ihm neuentdeckten Tiere unter ihrem eigenen Namen veröffentlichten. Rüppell, der sich im Lauf der Zeit immer mehr zu einem misanthropischen Sonderling entwickelte, kritisierte auch andere Mitglieder und unterstellte Cretzschmar Unregelmäßigkeiten. Schließlich erzwang er Heydens und Cretzschmars Rücktritte als 1. bzw. 2. Direktor. Erst danach war Rüppell, der nun selbst zum 2. Direktor gewählt wurde, zur Versöhnung bereit. 1858 ließ er sich in einer Rede zu persönlichen Gehässigkeiten hinreißen, was die SNG in einem einstimmigen Beschluss missbilligte. Er beendete seine Tätigkeit im Museum, blieb der Gesellschaft aber verbunden.

Unabhängig von diesen Misshelligkeiten bleibt festzuhalten, dass Eduard Rüppell der Wissenschaft in selbstloser Art sein Leben und ebenso sein gesamtes Vermögen gewidmet hat. Darin ähnelt er Alexander von Humboldt, der ihn 1838 besuchte, sich von ihm durch die Senckenbergische Sammlung führen und seine Vermessungsdaten aus Abessinien zeigen ließ.

Eduard Rüppell war der erste, dem die 1830 gegründete Londoner Royal Geographical Society ihre Patron's Medal verlieh, und somit der erste Ausländer, dem sie eine Goldmedaille zusprach. Seine Verdienste liegen auf den Gebieten der Zoologie, der Numismatik, der Mineralogie, der Paläografie und der Archäologie. Nach ihm wurden fünf Tiergattungen und 79 Tier- und Pflanzenarten benannt. Im Dornbusch trägt eine Straße seinen Namen.

Die Archive der Senckenberg-Sammlungen umfassen heute über 40 Millionen Objekte, deren Grundstock die Sammlungen Eduard Rüppells bildeten. Nach seiner testamentarischen Verfügung sollte sein Grab kein Gedenkstein bezeichnen. Dennoch ließ die SNG auf seinem Grab einen Granit-Obelisken errichten.

Heinrich Hoffmann – Arzt, Literat, Politiker, Vereinsgründer

5.1 Ehrengrab von Heinrich Hoffmann (1809–1894). G an der Mauer 541

Der *Struwwelpeter*, das am weitesten verbreitete Kinderbuch der Welt, ist berühmter als sein Verfasser. Das gilt auch in Frankfurt. Es gibt zwei Struwwelpeterbrunnen in der Stadt und ein Struwwelpeter-Museum; nach dem Schöpfer der populären Figur sind in seiner Heimatstadt aber lediglich eine Straße und eine Schule benannt. Dabei hat sich Hoffmann um Frankfurt nicht nur als Kinderbuchautor, sondern auch als Leiter der Psychiatrie verdient gemacht. Der äußerst agile und vielseitige Mann war darüber hinaus kommunalpolitisch, publizistisch und administrativ tätig sowie ein reger Vereinsgründer.

Die Geschichte von der Entstehung des *Struwwelpeter* ist weithin bekannt: Hoffmann fand kein seinen Vorstellungen genügendes Kinderbuch als Weihnachtsgeschenk für seinen dreijährigen Sohn Carl und zeichnete und dichtete kurzerhand selber eins, das unter dem Titel *Lustige Geschichten und drollige Bilder für Kinder von 3 bis 6 Jahren* 1845 in erster Auflage erschien. Um seinem Renommee als Arzt nicht zu schaden, ließ Hoffmann das Buch zunächst unter dem

Pseudonym Reimerich Kinderlieb verlegen. Der Erfolg kam unerwartet: Die erste Auflage von 1500 Exemplaren war nach nur einem Monat vergriffen. In der zweiten Auflage kamen zwei Geschichten hinzu. Ab der dritten Auflage trug das Buch den Titel *Der Struwwelpeter*, ab der fünften Auflage wies es die heute gewohnte Anzahl und Reihenfolge der Geschichten auf, der namengebende Struwwelpeter erschien auf dem Umschlag und Heinrich Hoffmann gab sich erstmals als Autor zu erkennen.

5.2 Struwwelpeter (Fassung ab 1861)

Vorbild für das Paulinchen in der »gar traurigen Geschichte mit dem Feuerzeug« war *Pauline Schmidt (1840–1856 – Grab C 148)*. Die Freundin seiner Kinder hatte tatsächlich als Vierjährige mit Zündhölzern gespielt und einen Zimmerbrand verursacht, an dem sie allerdings nicht verstarb. Dennoch ereilte sie ein früher Tod, als sie im Alter von 15 der Tuberkulose erlag. Der spätere Arzt *Philipp von Fabricius (1839–1911 – Grab F XXII)* war das Vorbild für den Zappel-Philipp.

5.3 Ehrengrab von Pauline Schmidt (Paulinchen, 1840–1856). C 148

Zu Lebzeiten Hoffmanns erschienen fast 190 Auflagen mit insgesamt etwa 950 000 Exemplaren. Bereits 1847 wurde in Dänemark die erste fremdsprachige Ausgabe vertrieben, es folgten 1848 eine englische und eine russische. Hoffmann erhielt lediglich Tantiemen für die deutsche und die englische Ausgabe, in allen anderen Ländern erschien der *Struwwelpeter* als Raubdruck, da ein internationales Urheberrechtsabkommen erst 1886 in Kraft treten sollte. Dennoch brachte ihm der Struwwelpeter eine hohe fünfstellige Summe an Honoraren ein.

Bei der Anfertigung des Manuskriptes konnte Hoffmann auf seine zeichnerischen Erfahrungen als Arzt zurückgreifen. Für die Ängstlichen unter seinen jungen Patienten, die sich von ihm nicht untersuchen lassen wollten, fertigte er am Krankenbett kleine Zeichnungen an, mit denen er sie beruhigen konnte.

5.4 Heinrich Hoffmann um 1880

Hoffmann, 1809 geboren und in behüteten Verhältnissen aufgewachsen, hatte auf Empfehlung seines Vaters, des Architekten Philipp Jakob Hoffmann, Medizin studiert. Nach Studien- und Praxisjahren in Heidelberg, Halle und Paris kehrte er nach Frankfurt zurück und eröffnete 1835 in Sachsenhausen eine Arztpraxis. Daneben engagierte er sich ehrenamtlich in der Armenklinik, lehrte an der Dr. Senckenbergischen Anatomie und war Aufseher des Leichenhauses auf dem Sachsenhäuser Friedhof, der damals an der Schifferstraße lag, nicht weit von seiner Praxis entfernt. Doch Hoffmann strebte die Festanstellung an einem Hospital an. Als 1851 die Stelle des Leiters der »Anstalt für Irre und Epileptische« frei wurde, bewarb er sich erfolgreich darum. Für den 42-Jährigen war dies der Beginn seiner 37-jährigen Tätigkeit als Psychiater und Anstaltsleiter. In seinen Lebenserinnerungen bezeichnet Hoffmann das Jahr 1851 als das bedeutungsvollste in dieser Phase seines Lebens, nicht das Jahr 1845, als sein *Struwwelpeter* erschien.

Das Berufsbild des Psychiaters, der damals »Irrenarzt« genannt wurde, war Mitte des 19. Jahrhunderts noch nicht klar umrissen. So konnte Hoffmann Leiter eines psychiatrischen Krankenhauses werden, obwohl er vorher noch nie eines betreten hatte. Um dies nachzuholen, besuchte er in den Jahren 1851/52 psychiatrische Anstalten in Deutschland und Österreich; 1856 unternahm er zusammen mit dem Architekten Oskar Pichler eine dreimonatige »Belehrungsreise« zu Kliniken in Norddeutschland, Holland, Belgien, Frankreich und England. Auf diesen Reisen informierte er sich über den internationalen Stand der Anstaltsarchitektur sowie über moderne Therapieansätze.

Die Anstalt für Irre und Epileptische lag in der Kastenhospitalgasse, an der Stelle der heutigen Börsenstraße. Hoffmann fand ein Gebäude »in trostlosem Zustand« vor und plante von Beginn an, »an die Stelle der alten, ganz ungeeigneten Anstalt in der Stadt in enger Straße eine neue umfangreiche, mit Gärten und Feld umgebene Anstalt in freier Lage vor der Stadt zu erbauen«, wo es nicht nur darum ging, die Kranken sicher zu verwahren, sondern sie zu therapieren und womöglich zu heilen.

Hoffmann begann eine umfassende Kampagne, um mittels Aufrufen, Flugblättern, Broschüren, Hausbesuchen, einer Artikelserie im *Frankfurter Intelligenzblatt* und Gutachten psychiatrischer Koryphäen Senat und Mitbürger für sein Projekt zu interessieren und Geld zu sammeln. Tatsächlich gelang es ihm, 46 000 Gulden einzuwerben. Freiherr von Wiesenhütten vermachte testamentarisch 100 000 Gulden, das Hospital zum Heiligen Geist gewährte eine Hypothek über den gleichen Betrag, und die Stadt übernahm schließlich die restlichen Baukosten.

5.5 Ansicht der Anstalt für Irre und Epileptische um 1858. Gemälde von Oskar Pichler

In den Jahren 1859 bis 1864 entstand auf dem Affensteiner Feld der Neubau der Anstalt. Unter der Leitung von Oskar Pichler wurde in neugotischem Stil das damals größte Gebäude der Stadt errichtet, von dem die Frankfurter derart beeindruckt waren, dass sie es »Irrenschloss« nannten.

Hier hatte Hoffmann die Erkenntnisse seiner Belehrungsreisen umgesetzt: ein großzügiger Bau außerhalb der engen städtischen Verhältnisse mit Gärten und Wirtschaftsanlagen und mit Arbeits- und Beschäftigungsmöglichkeiten für die Patienten, auch im Freien. Die Patienten wurden nicht mehr in Heilbare und Unheilbare getrennt, sondern nach Geschlecht, Krankheit, Verhalten und sozialer Stellung eingeteilt. Hoffmann, der mit seiner Familie in der Einrichtung wohnte, verstand sich selbst innerhalb einer strengen Hierarchie als immer ansprechbarer »Vater« der Patienten, der aber auf Zwangsmaßnahmen noch nicht ganz verzichten wollte. Sein bekanntester Mitarbeiter an der Anstalt war *Alois Alzheimer (1864–1915 – Grab J an der Mauer 447a)*, nach dem die von ihm erstmals beschriebene Alzheimer-Krankheit, eine Erkrankung des Gehirns, benannt wurde. Sein Vorgänger als Leiter der innerstädtischen Anstalt für Irre und Epileptische war *Johann Conrad Varrentrapp (1779–1860 – Grab D an der Mauer 148)*.

Dass Hoffmann bei seiner Sammeltätigkeit für den Neubau der Anstalt so überaus erfolgreich war, lag nicht unerheblich an seiner guten Vernetzung in Frankfurt. Schon kurz nach seiner Niederlassung als Arzt war Hoffmann der Freimaurerloge »Zur Einigkeit« beigetreten, die er aber nach einigen Jahren wieder verließ, da er nicht akzeptieren konnte, dass sie Juden als Mitglieder ablehnte. Ebenfalls in jungen Jahren engagierte er sich im Städelschen Kunstinstitut, wo er sich über 15 Jahre hinweg als Administrator an den Entscheidungen über Neuanschaffungen beteiligte. Hoffmann war überdies im Festkomitee des Ersten Deutschen Sängerfestes, das 1838 in Frankfurt stattfand.

5.6 Ehrengrab von Alois Alzheimer (1864–1915). J an der Mauer 447a

In der ersten Hälfte des 19. Jahrhunderts herrschte ein regelrechtes Vereinsgründungsfieber, das sowohl das kulturelle als auch das politische Leben umfasste und entscheidend zur Herausbildung einer bürgerlichen Gesellschaft beitrug. Hoffmann leistete – mehr als jeder andere in Frankfurt – seinen Teil dazu. Er gründete das »Blütenkolleg«, eine Vereinigung von Ärzten und gleichaltrigen Freunden. Im »Dienstagskränzchen« führte er Gelehrte und städtische Beamte zusammen. An seiner »Gesellschaft der Katakomben« durften auch Frauen teilnehmen. 1845 gehörte er zu den Gründern des »Ärztlichen Vereins«, der ärztlichen Standesorganisation in Frankfurt. 1848 beteiligte er sich an der Gründung des »Bürgervereins«, der reformerischen Alternative zum republikanischen »Montagskränzchen«. Nach der gescheiterten Revolution wirkte er an der Gründung des konservativ-liberalen »Patriotischen Vereins« mit.

Seine nachhaltigste Gründung aber war die »Gesellschaft der Tutti Frutti und ihrer Bäder im Ganges«, ein Künstler-, Gelehrten- und Schriftsteller-Verein, dem einige der bedeutendsten Frankfurter Intellektuellen angehörten. Die Mitglieder wählten für sich den Namen eines Gewächses (Hoffmann war die »Zwiebel«) und stellten je nach persönlichem Interesse bei den samstäglichen Treffen (den Bädern im Ganges) eigene literarische oder künstlerische Beiträge vor. Einer der berühmtesten Gäste war der jungdeutsche Schriftsteller *Karl Gutzkow (1811–1878 – Grab D 272a)*. Zu den Mitgliedern der Tutti Frutti gehörte auch Zacharias Löwenthal (»Spargel«), der 1844 nach Frankfurt gekommen war und zusammen mit Joseph Rütten den Verlag »Literarische Anstalt« gegründet hatte, der, nachdem Löwenthal sich in Loening umbenannt hatte, als »Literarische Anstalt Rütten und Loening« firmierte. Dieser Verlag, der das erste gemeinsame Buch von Karl Marx und Friedrich Engels, *Die heilige Familie*, herausbrachte und die Gesamtausgaben von Georg Büchner, Ludwig Börne und Karl Gutzkow im Programm führte, veröffentlichte auch den *Struwwelpeter*. Am 18. Januar 1845 hatte Hoffmann den Tutti Frutti daraus vorgetragen und Begeisterungsstürme entfacht. Loening überredete Hoffmann, das Buch zu veröffentlichen und zahlte ihm dafür ein Honorar von 80 Gulden, das Hoffmann verlangt hatte,

5.7 Ehrengrab von Karl Gutzkow (1811–1878). D 272a

weil er bei einem anderen Verleger noch mit diesem Betrag in der Kreide stand.

Der *Struwwelpeter* war und blieb nicht Hoffmanns einzige Veröffentlichung, aber keine andere sollte auch nur annähernd so erfolgreich werden wie diese. Neben anderen Kinderbüchern, von denen *König Nußknacker und der arme Reinhold* nach dem *Struwwelpeter* am erfolgreichsten war, veröffentlichte er auch politische Schriften. Hoffmann hatte die Revolution von 1848 mit Sympathien begleitet und war in das Vorparlament gewählt worden. Als Anhänger einer konstitutionellen Monarchie bekämpfte er aber die Republikaner und publizierte unter dem Pseudonym »Peter Struwwel Demagog« die Satire *Handbüchlein für Wühler oder kurzgefaßte Anleitung in wenigen Tagen ein Volksmann zu werden.* Aristokraten und Erzkonservative verspottete er im *Heulerspiegel*. Die preußische Annexion Frankfurts 1866 begrüßte er und trat in den Siebzigerjahren dem Nationalliberalen Verein bei.

Nach dem Ende seiner Tätigkeit in der Anstalt zog Hoffmann in den nahegelegenen Grüneburgweg 95. Dort und in der Hochstraße 45 erinnern Gedenktafeln an zwei seiner Wohnsitze. In der Freßgass ist an der Stelle seines Geburtshauses eine Gedenktafel in den Boden eingelassen. In Niederrad ist eine Straße nach ihm benannt. Die Anstalt für Irre und Epileptische wurde Ende der Zwanzigerjahre des 20. Jahrhunderts als Städtische und Universitätsklinik für Gemüts- und Nervenkranke nach Niederrad verlegt. Das Irrenschloss wurde abgebrochen. An seiner Stelle errichtete die IG Farben ihre Verwaltungszentrale, in die nach dem Zweiten Weltkrieg die US-Militärverwaltung einzog und wo seit 2001 die Goethe-Universität beheimatet ist.

Arthur Schopenhauer – Der Weise von Frankfurt

6.1 Ehrengrab von Arthur Schopenhauer (1788–1860). A 24

»Wissen Sie, wie es mir in diesem Sommer erging? Ein unaufhörliches Entzücken über Schopenhauer und eine Reihe von geistigen Genüssen, wie ich sie nie gekostet habe. [...] Ich weiß nicht, ob ich einmal meine Anschauung ändern werde, aber jetzt bin ich überzeugt, daß Schopenhauer der genialste Mensch ist. [...] Das ist die ganze Welt in einer unglaublich schönen und hellen Spiegelung. [...] Beim Lesen begreife ich nicht, wie sein Name unbekannt bleiben konnte. Es gibt nur eine Erklärung, dieselbe, die er so häufig wiederholt, daß es fast nur Idioten in der Welt gibt.«

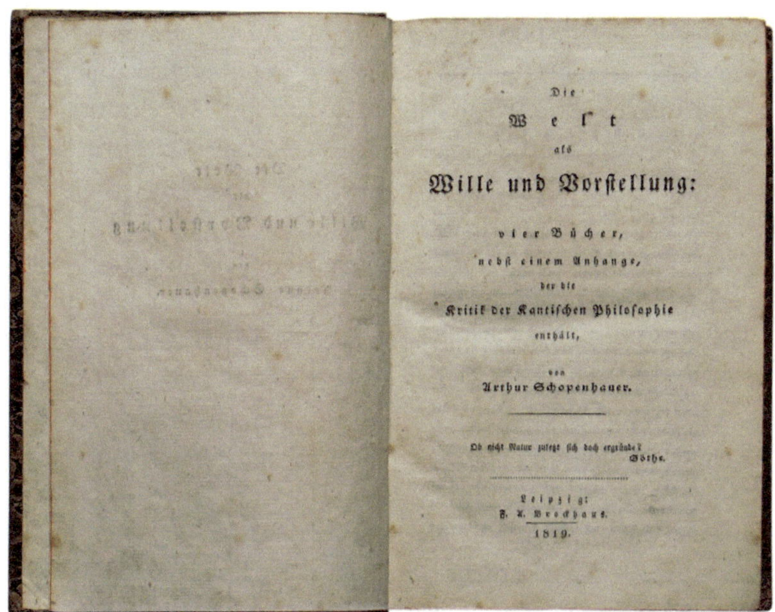

Die
Welt
als
Wille und Vorstellung:
vier Bücher,
nebst einem Anhange,
der die
Kritik der Kantischen Philosophie
enthält,
von
Arthur Schopenhauer.

Ob nicht Natur zuletzt sich doch ergründe?
Göthe.

Leipzig:
F. A. Brockhaus.
1819.

6.2 Die Welt als Wille und Vorstellung. Titelblatt der Erstausgabe

Als der 40-jährige Leo Tolstoi diese begeisterten Zeilen 1869 an seinen Landsmann Fet, Dichter und Faust-Übersetzer, richtete, war Schopenhauer schon neun Jahre tot. Aber sein Stern war noch zu seinen Lebzeiten aufgegangen, wenn er darauf auch lange hatte warten müssen.

Als Schopenhauers Hauptwerk *Die Welt als Wille und Vorstellung* Ende 1818 erschien, war der Verfasser gerade einmal 30 Jahre alt. Der erwartete Erfolg blieb aus. Von dem Werk wurden nur wenige Exemplare verkauft, die Fachwelt nahm es überwiegend nicht zur Kenntnis. Auch die Ergänzung des Werks um einen zweiten Band intensivierte die Rezeption nicht. Erst als er in den 1850er-Jahren kommentierende Ergänzungen unter dem sperrigen Titel *Parerga und Paralipomena* mit den darin enthaltenen »Aphorismen zur

Lebensweisheit« publizierte, wurde man auf ihn aufmerksam und der lange ersehnte Ruhm stellte sich ein. Der Impuls dazu ging von England aus: John Oxenford hatte in der *Times* 1853 eine umfangreiche Rezension zu Schopenhauers *Parerga* veröffentlicht, in der er ihn als *The Sage of Frankfort* bezeichnet, »Der Weise von Frankfurt«.

Schopenhauer, 1788 in Danzig geboren als Sohn eines erfolgreichen Kaufmanns, der von ihm ebenfalls eine kaufmännische Laufbahn erwartete, wandte sich nach dem Tod seines Vaters der Philosophie zu, die er zeitlebens sorgenfrei betreiben konnte, da er aufgrund des väterlichen Erbes nicht zum Broterwerb gezwungen war. So konnte er *für* die Philosophie und musste nicht *von* ihr leben.

1813 promovierte er in Jena mit *Über die vierfache Wurzel des Satzes vom zureichenden Grunde*. Nachdem er sich 1820 in Berlin habilitiert hatte, legte er sein Kolleg auf die gleichen Stunden wie Hegel – und scheiterte. Der »Unsinnsschmierer« (Schopenhauer über Hegel) war bereits damals schon in Mode, Schopenhauers Vorlesung besuchten nur wenige. Tief enttäuscht vom Desinteresse an seinem Werk und seiner Lehre, zog er sich von der Universitätslaufbahn zurück. Erst 17 Jahre später veröffentlichte er seine nächste Schrift *Ueber den Willen in der Natur*. Da lebte er schon in Frankfurt.

Nachdem im Sommer 1831 in Berlin die Cholera ausgebrochen war, ist Schopenhauer in das als cholerafest bekannte Frankfurt umgezogen. Nach einem Jahr übersiedelte er probeweise nach Mannheim. Hier nun stellte er Überlegungen an, ob Mannheim oder Frankfurt der bessere Wohnort für ihn wäre, und notierte diese in englischer Sprache. Die Argumente, die für Frankfurt sprachen, geben wir in der Übersetzung von *Wilhelm Gwinner (1825–1917 – Grab E an der Mauer 398a)*, Freund und Testamentsvollstrecker Schopenhauers, wieder:

»Gesundes Klima. Schöne Gegend. Annehmlichkeiten großer Städte. Abwechslung großer Städte. Besseres Lesezimmer. Das Naturhistorische Museum. Besseres Schauspiel, Oper und Concerte. Mehr Engländer. Bessere Kaffeehäuser. Kein schlechtes Wasser. Die Senckenbergische Bibliothek. Keine Überschwemmungen. Weniger beobachtet. Die Freundlichkeit des Platzes und seiner ganzen Umgebung. Du bist uneingeschränkter und weniger mit Gesellschaft behelligt, die der Zufall, nicht deine Wahl dir gibt, und hast die Freiheit, dir mißliebigen Umgang abzuschneiden und zu meiden. Ein geschickter Zahnarzt und weniger schlechte Aerzte. Keine so unerträgliche Hitze im Sommer. Das Physikalische Kabinet.«

Im Sommer 1833 kehrte er nach Frankfurt zurück, wo er bis zu seinem Tode blieb. Lediglich zu Tagesausflügen in den Taunus, nach Mainz und Aschaffenburg sowie zu einer viertägigen Rheinreise bis Koblenz verließ er die Stadt. Er beantragte allerdings nie das Bürgerrecht und blieb »Permissionist«. »Frankfort is a comfortable place«, schrieb er seiner Schwester Adele, die Stadt sei der eigentliche Mittelpunkt Europas. »Hierher nach Frankfurt kommt Alles. Da sieht und hört man, was in der Welt vorgeht.« Nachdem er mehrfach die Wohnung gewechselt hatte, ließ er sich 1843 in der Schönen Aussicht 17 nieder, wo er bis 1859 wohnte. Nach einem Streit mit dem Hauswirt zog er ins Nachbarhaus mit der Nr. 16, wo er im Folgejahr verstarb. Schopenhauer hat seine Entscheidung, sich in Frankfurt niederzulassen, nie bereut. 1854 schrieb er an seinen Freund Julius Frauenstädt, den »Erzevangelisten« seiner Lehre: »Ich bin der Cholera dankbar, daß sie mich vor 23 Jahren daraus (aus Berlin) vertrieben hat und hierher in's mildere Klima und sanftere Leben. Guter Ort für eine Eremitage!« Alle Wohnsitze Schopenhauers in Frankfurt sind den Luftangriffen im Zweiten Weltkrieg zum Opfer gefallen.

Die meisten seiner Veröffentlichungen erschienen in den knapp drei Jahrzehnten, die er in Frankfurt lebte: 1836 *Ueber den Willen in der Natur* (2. Auflage 1854), 1841 *Die beiden Grundprobleme der Ethik, behandelt in zwei akademischen Preisschriften* (darin die Abhandlung *Ueber die Freiheit des Willens*, die 1839 von der Königlich Norwegischen Gesellschaft der Wissenschaft preisgekrönt worden war), 1844 die Neuauflage von *Die Welt als Wille und Vorstellung*, ergänzt durch den 1840–43 verfassten zweiten Band (laut Schopenhauer »das Beste was ich geschrieben habe«, eine dritte, nochmals erweiterte Auflage erschien 1859), 1851 *Parerga und Paralipomena* (Nebenwerke und Zurückgebliebenes, inklusive der populären »Aphorismen zur Lebensweisheit«, letztere gewissermaßen eine Philosophie zur Bewältigung der Probleme und Schwierigkeiten des Alltags). All diese Schriften erläutern und erweitern seine bereits in der Erstauflage der *Welt als Wille und Vorstellung* niedergelegte Philosophie.

Schopenhauers Lehre fußt auf Platon, Kant und den indischen Upanishaden. Während Kant betont hatte, dass wir über das »Ding an sich« nichts wissen können, da unsere Erkenntnis an die Kategorien Raum, Zeit und Kausalität gebunden sei, definierte Schopenhauer das Ding an sich als »Willen«, als Quelle aller Erscheinungen und Hervorbringer der sichtbaren Welt und alles Lebens, als blinden Drang und Trieb nach Dasein und Wohlsein. Der Wille vervielfältigt sich in zahllosen Erscheinungen: Tiere, Pflanzen und unbelebte Natur. Da sich der Wille in unzähligen Einzelwillen manifestiert, befindet er sich im ständigen Kampf gegen sich selbst. Die höchste Form der Objektivation ist der Mensch: der Wille manifestiert sich als unser Leib. Als unmittelbares Objekt kann er von uns erkannt werden. Er ist uns nicht nur als Vorstellung gegeben, mit ihm haben wir die einzige Möglichkeit einen äußerlichen Vorgang auch aus seinem Innern zu verstehen. Der Mensch ist verkörperter Wille, der sich seiner selbst bewusst wird. Alles Wollen aber entsteht aus Mangel, ist also Leiden. Die Erfüllung eines Wunsches zieht etliche unerfüllte Wünsche nach sich. Nur wenn wir uns vom Willen losreißen können, stellt sich Ruhe ein. Nur wenn wir die Dinge objektiv, ohne Bezug auf unseren Willen betrachten, wenn wir uns dem willenlosen Erkennen hingeben, sind wir vom Sklavendienst des Willens befreit. Sobald wir erkennen, dass das Einzeldasein eine Täuschung ist und unser wahres Selbst nicht bloß in der eigenen Person vorhanden ist, sondern in allem, was lebt, können wir unseren Egoismus überwinden und Mitleid mit anderen empfinden. Echte Liebe ist ihrem tiefsten Wesen nach Mitleid.

Neben der Tatsache, dass Schopenhauer als einziger Philosoph ein umfassendes in sich stimmiges Welterklärungsmodell liefert, verdient vor allem seine Sprache Bewunderung. Franz Fühmann schrieb, dass Schopenhauer »ein wunderbares Deutsch schreibt, das klarste und anschaulichste vielleicht, in dem je philosophiert worden ist«. Franz Kafka nannte ihn einen »Sprachkünstler« und meinte: »Wegen der Sprache allein muß man ihn unbedingt lesen.« Friedrich Dürrenmatt hielt ihn »für einen der größten deutschen Prosa-Schreiber«. Jorge Luis Borges betonte, dass er die deutsche Sprache nur deshalb gründlich studiert habe, um Schopenhauer im Original lesen zu können.

Neben philosophischen Fragen beschäftigte sich Schopenhauer mit den Erkenntnisfortschritten der empirischen Wissenschaften. Dazu suchte er die Sammlungen der »Senckenbergischen Naturforschenden Gesellschaft« und des »Physikalischen Vereins« auf. Die ihm dort zur Kenntnis gelangenden Bestätigungen seiner Philosophie stellte er in der Schrift *Ueber den Willen in der Natur* zusammen. Von der Politik hielt er sich fern. Den Staat begriff er als Zwangseinrichtung, um die egoistischen Menschen voreinander zu schützen. Nur einmal kam er mit der Politik in sehr direkte Berührung, und zwar während der Revolution von 1848. Da er jegliche Form von Nationalismus und Gewalt ablehnte und sich

6.3 Schopenhauer-Büste in den Wallanlagen nach Entwurf von Friedrich Schierholz

überdies in seiner wirtschaftlichen Unabhängigkeit durch den Aufstand bedroht sah, stand er auf der Seite der Reaktion und äußerte seinen Hass auf die »Paulskirchenkerle«. In seinem Testament setzte er die invalide gewordenen preußischen Soldaten und die Hinterbliebenen der in der Revolution Gefallenen als Universalerben ein.

Er hat sich nur in seltenen Fällen zu öffentlichen Belangen in Frankfurt zu Wort gemeldet. So äußerte er sich 1837 zu dem Vorhaben, ein Denkmal für Goethe zu errichten, und sprach sich für eine Büste anstelle eines Standbilds aus, blieb damit aber ohne Erfolg. In der gleichen Schrift kritisierte er auch die fehlerhafte lateinische Inschrift auf dem Portikus der 1820–25 erbauten Stadtbibliothek, wo er drei Fehler in vier Worten erkannt hatte, und gleich eine korrekte Version lieferte. Die Korrektur wurde erst 102 Jahre später vorgenommen.

Der als ungesellig geltende Schopenhauer war doch bei einigen Zeitgenossen ein gesuchter Gesprächspartner an der Table d'Hôte (gemeinsame Tafel im Hotel, überwiegend des »Englischen Hofs«), wo er zu speisen pflegte. Zu seinem kleinen Freundeskreis in Frankfurt zählten der Lustspieldichter Georg Römer, der Anwalt Martin Emden, der Bankangestellte August Gabriel Kilzer und sein nachmaliger Testamentsvollstrecker Wilhelm Gwinner. Darüber hinaus besuchten ihn auswärtige Anhänger seiner Philosophie sowie Bekannte aus seiner Weimarer und Berliner Zeit, darunter Ottilie von Goethe, die Schwiegertochter des Dichters, und Caroline Medon, seine frühere Geliebte.

Schopenhauers Werk war in Teilen seiner Zeit voraus und wurde zum Teil erst sehr viel später in einigen seiner Grundgedanken durch die weitere wissenschaftliche Entwicklung bestätigt. Seine Erkenntnis, dass der Intellekt dem Willen nachgeordnet ist, quasi als sein Diener erst die Gründe findet für dessen Handlungen, nimmt die Psychoanalyse vorweg. Bei Freud ist Schopenhauers Wille das Unbewusste, und das Ich steht für den Intellekt. Im späten 20. Jahrhundert bestätigte die moderne Hirnforschung Schopenhauers Erkenntnis. Auch hat Schopenhauer neben Marx die Anfänge der Kritischen Theorie (→ Adorno und die Frankfurter Schule) am stärksten beeinflusst.

Im Nordend wurde 1877 eine Straße nach Schopenhauer benannt. In den Wallanlagen, nahe dem Rechneigraben, steht seine Büste, nach einem Entwurf von *Friedrich Schierholz (1840–1894 – Grab J 634)*. Das Schopenhauer-Archiv ist in der Universitätsbibliothek J. C. Senckenberg beheimatet. Ein Schopenhauer-Museum gibt es in Frankfurt bisher nicht, nur das biografische Kabinett »Schopenhauers Frankfurt« im Historischen Museum.

Gwinner hat auf Schopenhauers Grabstein, der aus schwarzem belgischen Granit besteht, lediglich dessen Namen anbringen lassen, so wie es der Verstorbene gewünscht hatte. Auf Gwinners Frage, wo er denn liegen wolle, hatte der Philosoph geantwortet: »Es ist einerlei, sie werden mich finden.« Sein Grab nahe beim Alten Portal ist das einzige auf dem Frankfurter Hauptfriedhof, auf das ein Schild hinweist.

In der Nähe von Schopenhauers Grab befindet sich das Grab seines Hausarztes *Salomo Friedrich Stiebel (1792–1868 – Grab E an der Mauer 417)*. Eine Anekdote will es, dass Schopenhauer den Arzt auch zu sich kommen ließ, wenn er keine Beschwerden hatte, nur um sich mit ihm unterhalten zu können.

Ebenfalls nur wenige Schritte von Schopenhauers Grab entfernt ist *Alfred Schmidt (1931–2012 – Grab A 15)* bestattet. Dieser war – genau wie sein akademischer Lehrer Max Horkheimer, dessen Lehrstuhl er übernahm – Schopenhauerianer.

Direkt neben Schopenhauer wurde der langjährige Präsident der Schopenhauer-Gesellschaft und Herausgeber seiner Werke *Arthur Hübscher (1897–1985 – Grab A 24a)* bestattet.

Beschließen wir dieses Kapitel mit einem Schopenhauer-Zitat, demzufolge wir »auf unsere hingeschiedenen Freunde zurücksehn mit Befriedigung, erwägend, daß sie ihre Lektion überstanden haben, und mit dem herzlichen Wunsch, daß sie angeschlagen habe; und vom selben Gesichtspunkt aus sollen wir unserem eigenen Tode entgegensehn, als einer erwünschten und erfreulichen Begebenheit; – statt, wie meistens geschieht, mit Zagen und Grausen«.

Friedrich Stoltze – Freiheitsfreund und Preußenfeind

Friedrich Stoltze und die Freie Stadt Frankfurt wurden im gleichen Jahr geboren: 1816. Stoltze aber hat sie um 25 Jahre überlebt. Als Frankfurt 1866 von den Preußen annektiert wurde und seinen Status als freie Stadt verlor, ging der Preußen- und Bismarckkritiker vorübergehend ins Exil.

7.1 Ehrengrab von Friedrich Stoltze (1816–1891). J 306a

Dass sich Friedrich Stoltze ein Leben lang auf Seiten von Demokratie und Freiheit engagieren würde, hatte sich schon früh angedeutet. Stoltzes Vater war Pächter des Gasthofs »Zum Rebstock«, wo Friedrich am 21. November 1816 zur Welt kam. Das Lokal war Treffpunkt von Demokraten und Republikanern, und wenn der junge Stoltze sich als Kellner nützlich machte, hörte er den Diskussionen über die gesellschaftlichen und politischen Zustände zu und übernahm früh die Forderungen nach Einheit, Freiheit, Gleichheit und Gerechtigkeit.

Als 15-Jähriger begleitete er seinen Vater zum Hambacher Fest, wo im Mai 1832 30 000 Patrioten nationale Einheit und bürgerliche

7.2 Annett Stoltze

Freiheit forderten. Dort traf er auch den aus Frankfurt stammenden Publizisten Ludwig Börne, der zu dieser Zeit schon in Paris lebte, und als Ehrengast eingeladen war. Stoltze erkor ihn zu seinem literarischen Vorbild. Hauptredner in Hambach war *Johann Georg Wirth (1798–1848 – Grab A 98 88)*, dem als Ehrengeschenk der Frankfurter Delegation von *Johann Friedrich Funck (1804–1857 – Grab F 1261)* das »Deutsche Schwert« überreicht wurde.

Ein weiteres wichtiges Ereignis seiner politischen Sozialisation war der Frankfurter Wachensturm von 1833, bei dem eine zahlenmäßig kleine Gruppe von Aufständischen mit einem Überfall auf die Hauptwache und die Konstablerwache – beides militärische Wachlokale – den Sturz des Deutschen Bundes und eine allgemeine Revolution in Deutschland mit dem Ziel der Errichtung einer Republik auslösen wollte. Das Vorhaben – an dem auch der Seifen- und Parfümfabrikant *Georg Mouson (1812–1894 – Grab V 163)* teilhatte – scheiterte unter anderem an Verrat. Stoltzes Schwester Annett, äußerst couragiert aktiv in der Unterstützung von Flüchtlingen und Gefangenen, wurde wegen versuchter Befreiung eines der in der Folge des Wachensturms inhaftierten Revolutionäre zu einer vierwöchigen Haftstrafe verurteilt. Dass die Strafe nicht höher ausfiel, ist wahrscheinlich der Fürsprache → Marianne von Willemers zu verdanken, deren Mann der Schwiegervater des Richters war. Annett war es, die den Bruder nicht nur für Politik begeisterte, sondern auch für Literatur und ihn zum Lesen und Schreiben ermunterte.

»Daß ich zu em Dichter bin warn, hat mei Schwester zu verantworte. Ich wäsch' mei Händ in Unschuld.«

7.3 Friedrich Stoltze um 1850

Freilich musste Stoltze zunächst einmal auf Wunsch des Vaters – ähnlich wie Schopenhauer – eine Kaufmannslehre absolvieren, die er 1831 in Frankfurt im »Haus zum roten Männchen« am Fahrtor, das den Willemers (→ Marianne von Willemer) gehörte, begann. 1838 bis 1840 hielt er sich in Paris und Lyon auf, wo er seine kaufmännischen Kenntnisse erweiterte. Es folgte eine Tätigkeit als Privatsekretär beim Frankfurter Kaufmann Marquard Georg Seufferheld, der ihm auch den Frankreich-Aufenthalt finanziert hatte, und ein Studium der Pädagogik bei dem Pestalozzi-Schüler und Begründer des Kindergartens Friedrich Fröbel in Thüringen. Zurück in Frankfurt wurde Stoltze 1845 Vorleser im Hause Rothschild. Im gleichen Jahr lernte er Marie Messenzehl kennen, die er 1849 heiratete, als sie bereits das dritte gemeinsame Kind erwartete. Marie war katholisch, Friedrich protestantisch. Sie heirateten in der evangelischen Katharinenkirche, in der Stoltze – wie Goethe – schon getauft und konfirmiert worden war. Es war die erste in Frankfurt geschlossene »Mischehe« mit kirchlichem Segen.

Stoltzes literarische Tätigkeit begann mit einem 1841 erschienenen Gedichtband, dessen Druck Seufferheld finanziert hatte. Es folgten literarische Auftragsarbeiten für das Frankfurter Bürgertum, die ihn als Autor bekannt machten. Politisch engagierte er sich im 1844 gegründeten linksliberalen Montagskränzchen, dem u. a. auch der Jurist Friedrich Jucho angehörte. Jucho hatte am Wachensturm von 1834 teilgenommen und Stoltzes Schwester nach der missglückten Gefangenenbefreiung juristisch beraten. 1848 wurde er als Vertreter Frankfurts in die Nationalversammlung gewählt, wo er Schriftführer wurde.

Die Revolution begleitete Stoltze mit »Freiheitsliedern«, die er im Selbstverlag veröffentlichte. Nach dem Scheitern der deutschen Einheit, der Verfassung und dem Ende der Nationalversammlung, beteiligte sich Stoltze an der Reichsverfassungskampagne, die vergeblich versuchte, die Verfassung in Teilen Deutschlands doch noch durchzusetzen. Seine Erfahrungen publizierte er in der Schrift *Skizzen aus der Pfalz*. Die in der Revolution errungenen Grundrechte, darunter die Pressefreiheit, wurden vom Deutschen Bund wieder aufgehoben, was erhebliche Auswirkungen auf Stoltzes publizistische Tätigkeit haben sollte.

Neben seiner Tätigkeit als Auftragsdichter versuchte Stoltze sich als Herausgeber und Zeitungsmacher. Sein *Sonntagsblatt* von 1851 blieb eine Eintagsfliege. Aber der 1852 gegründeten, in Frankfurter Mundart geschriebenen *Frankfurter Krebbel- und Warme Bröderscher-Zeitung* blieb anhaltender Erfolg beschert. In unregelmäßiger Folge erschienen bis 1879 zu den verschiedensten Anlässen und mit teils wechselnden Namen insgesamt 44 Nummern in Auflagen zwischen 10 000 und 30 000 Exemplaren, die das Zeitgeschehen und Großereignisse behandelten und jeweils binnen Kurzem vergriffen waren.

Ähnlich erfolgreich war die *Frankfurter Latern*, die er zusammen mit dem Maler Ernst Schalck 1860 gegründet hatte und die bis 1893 unter wechselndem Namen existierte. Stoltze charakterisierte sie als »illustrirtes-satyrisches, humoristisch-lyrisches, kritisch-raisonnirendes, ästhetisch-annoncirendes Wochenblatt, wo die Woch zehn Tage hat«. Im Gegensatz zur *Krebbel-Zeitung* konnte die *Latern* abonniert werden. Stoltze begleitete mit der letzteren kritisch die sozialen und politischen Verhältnisse seiner Zeit. Zentrale Zielscheibe seiner Angriffe blieb über Jahrzehnte Bismarck, dessen Steuerpolitik er genauso kritisierte wie die Sozialistenverfolgung, den Kulturkampf und die zunehmende Militarisierung der Gesellschaft. Das blieb nicht ohne Folgen. Stoltze wurde mehrfach wegen Majestäts- und »Bismarckbeleidigung« zu Haft- und Geldstrafen verurteilt, konnte sich Inhaftierungen aber immer erfolgreich entziehen.

Als die Preußen 1866 die Stadt annektierten, ging Stoltze ins süddeutsche und Schweizer Exil, aus dem er nach einem Vierteljahr wieder zurückkehrte. Seine Zeitung blieb für fünf Jahre verboten, aber sein publizistisches Engagement kam dadurch nicht zum Erliegen. Er gründete neue Blätter, mit denen er seine Angriffe auf die Preußen fortsetzte und sich materiell über Wasser hielt: *Der wahre Jacob* (1867–1871), den er einfach den Abonnenten der *Latern* schickte, und den keiner zurückwies; die *Frankfurter Pechfackel* (1867); die *Frankfurter Leuchte* (1868); die *Frankfurter Wüste-Demagogen-Zeitung* (1869); zusammen mit Wilhelm Busch die *Deutsche Latern* (1870).

Ab 1871 erschien die *Frankfurter Latern* wieder. Dort machte Stoltze, der selbst keiner Partei angehörte, auch Wahlwerbung für den Verleger der *Frankfurter Zeitung* Leopold Sonnemann, der Stadtverordneter und Reichstagsabgeordneter der Deutschen Volkspartei war, zu deren Gründern er auch gehörte. Wie Stoltze war auch Sonnemann dezidierter Gegner Bismarcks.

Auch wenn im Mittelpunkt von Stoltzes publizistischer Tätigkeit sein kritischer Journalismus stand und den größten Teil seines Schrifttums ausmacht, ist er vielfach eher als Mundartdichter wahrgenommen worden. Bis heute am populärsten sind seine Verse:

7.4 Stoltze-Brunnen auf dem Hühnermarkt

Es is kää Stadt uff der weite Welt,
die so merr wie mei Frankfort gefällt.
Un es will merr net in mein Kopp enei:
Wie kann nor e Mensch net von Frankfort sei!

Die letzten beiden Verse schmücken heute die Fassade des Hauses Reuterweg 104. Stoltze hat eine große Anzahl an hochdeutschen und mundartlichen Gedichten, Novellen und Erzählungen hinterlassen, von denen die Erzählung »Von Frankfurts Macht und Größe« sicher eine der schönsten ist.

Der Stoltze-Brunnen mit seiner Büste steht seit 2018 wieder auf seinem angestammten Platz auf dem Hühnermarkt in der Neuen Altstadt, wenige Schritte von Stoltzes Geburtshaus entfernt. Um seine Errichtung hatte sich im Jahre 1891 ein Komitee verdient gemacht, dem u. a. der Intendant der Städtischen Bühnen *Emil Claar (1842–1930 – Grab I 183)*, der Gründer der Degussa *Heinrich Roessler (1845–1924 – Grab F 899)*, der Bankier *Albert Metzler (1839–1918 – Grab C 86–88)*, der Architekt und Glasmaler *Alexander Linnemann (1839–1902 – Grab F 1355/56)* und → Heinrich Hoffmann angehörten. Ebenfalls nur ein paar Schritte von seinem Denkmal entfernt befindet sich das Stoltze-Museum (Markt 7), wo man sich in einer thematisch geordneten Dauerausstellung über Leben und Werk des Dichters und Schriftstellers informieren kann. Der Platz hinter der Katharinenkirche ist nach ihm benannt. Die Fassade des Römers ziert seine Sandsteinbüste. Darüber hinaus gibt es eine Stoltzestraße in der Innenstadt und eine Stoltzeschneise im Stadtwald.

Mit Marie Messenzehl hatte er elf Kinder, von denen nur sieben das Erwachsenenalter erreichten. Aus der Beziehung mit seiner Jugendliebe Christine Retting war sein Sohn *Adolf Stoltze (1842–1933 – Grab II GG 23)* hervorgegangen, der seinerseits zu einem populären Bühnendichter (*Alt-Frankfurt*) in Frankfurt wurde. Adolfs Tochter Susanna Drescher war Klavierlehrerin des jungen → Theodor Adorno. Die Familien Calvelli-Adorno und Adolf Stoltze waren befreundet.

Die Gefallenen der Revolution von 1848

8.1 Denkmal für die Gefallenen aus dem Volk 1848. E 18–21

Die drei zuletzt vorgestellten Frankfurter waren Zeitgenossen der Revolution von 1848, in der sie unterschiedliche Positionen ergriffen. Schopenhauer stellte österreichischen Soldaten einen Fensterplatz in seiner Wohnung zur Verfügung, damit sie einen besseren

Blick auf die Barrikadenkämpfer hatten. Hoffmann engagierte sich für eine parlamentarische Monarchie und verhöhnte in seinen Schriften sowohl die Linken als auch die Reaktion. Stoltze schließlich war auf Seiten der Demokraten und Republikaner zu finden, begleitete die Revolution mit Versen und beteiligte sich an der Reichsverfassungskampagne.

Die Revolution von 1848 in den Staaten des Deutschen Bundes – ausgelöst durch die französische Februarrevolution – machte sich die unerfüllten Forderungen des Vormärz zu eigen. Man verlangte Pressefreiheit, Bauernbefreiung, Schwurgerichte und die Durchführung von Wahlen für eine Nationalversammlung.

In Frankfurt versammelten sich schon am 3. März mehr als zweitausend Liberale und Demokraten in der Städtischen Reithalle. Eine Deputation unter Führung von Maximilian Reinganum trug tags darauf im Römer den beiden Bürgermeistern die Forderungen der Versammlung vor: allgemeine Volksbewaffnung, Einberufung eines allgemeinen deutschen Parlaments, unbedingte Pressefreiheit, Gleichheit ohne Rücksicht auf den Glauben, Amnestie für die politischen Gefangenen. Als die Bürgermeister erklärten, die am gleichen Tage stattfindende gesetzgebende Versammlung werde sich mit den Punkten befassen, für die die Stadt zuständig sei, und alles andere müsse den Behördenweg gehen, stürmte die ungeduldige Menge, die sich vor dem Römer versammelt hatte, das Rathaus und verschaffte sich Zutritt zum Sitzungssaal. Eine von Reinganum eingebrachte Entschließung, wonach die Presse frei sei und keine Zensur mehr stattfinden dürfe, wurde sofort verabschiedet und vom Senat verkündet. Die ebenfalls geforderte Gleichstellung der Juden hingegen wurde abgelehnt.

Auch in anderen deutschen Städten wie Berlin, München, Dresden, Stuttgart und Kassel kam es Mitte März zu revolutionären Erhebungen. Bei heftigen Barrikadenkämpfen am 18. März in

Berlin setzten sich die Aufständischen gegen das Militär durch, mussten aber über 230 Tote beklagen. Der preußische König Friedrich Wilhelm IV. sah sich gezwungen, den Gefallenen des Volkes seine Ehrerbietung zu erweisen, der Volksbewaffnung zuzustimmen und sein Ministerium zu entlassen.

Vom 31. März bis zum 4. April tagte in der Frankfurter Paulskirche das Vorparlament, eine Versammlung von 574 Männern, die sehr ungleichmäßig aus allen deutschen Staaten stammten und die die Wahlen zur Nationalversammlung vorbereiteten. Frankfurt entsandte elf Abgeordnete, unter ihnen → Heinrich Hoffmann, *Georg Ludwig Kriegk (1805–1878 – Grab E 93)*, *Maximilian Reinganum (1798–1878 – Grab B 68)*, *Eduard Souchay (1800–1872 – Grab C an der Mauer 64)* und *Georg Varrentrapp (1809–1886 – Grab A an der Mauer 148)*. Am Tag der Eröffnung des Vorparlaments war die ganze Stadt feierlich mit Tannengrün geschmückt und über 7500 schwarz-rot-goldene Fahnen hingen an den Häusern. Beim Zug der Abgeordneten vom Römer zur Paulskirche läuteten die Glocken, und das Volk jubelte.

8.2 Persönlichkeitsgrab von Maximilian Reinganum. B 68

Bei den Beratungen verfolgten die Demokraten das Ziel, die demokratische Republik auszurufen, mussten sich aber den Liberalen unter Heinrich von Gagern geschlagen geben, die sich mit ihrer Forderung durchsetzten, eine nach allgemeinem, direktem, geheimem und gleichem Wahlrecht gebildete Nationalversammlung in die Paulskirche einzuberufen. Da die Liberalen im Vorparlament in der

Mehrheit waren, brachten sie auch das Vorhaben der Demokraten zu Fall, dass das Vorparlament in Permanenz weitertagen sollte.

Am 18. Mai trat die Nationalversammlung in der Paulskirche zusammen. Es war die erste gesamtnationale Repräsentation auf deutschem Boden. Auf der Grundlage des vom Deutschen Bund sechs Wochen zuvor verabschiedeten Bundeswahlgesetzes waren in den Einzelstaaten 586 Abgeordnete gewählt worden. Da das Prinzip der direkten Wahl nicht bindend war und von den Ländern nach eigenem Gutdünken ausgelegt werden konnte, wurde nur in sechs Staaten direkt gewählt, während in den anderen das Wahlmännersystem angewandt wurde. Wahlberechtigt waren nur Vollbürger, ein Status, der unter anderem an vermögensrechtliche Bedingungen geknüpft war. Frauen und Fremde durften nicht wählen. Wer z. B. in Frankfurt nicht das Bürgerrecht besaß, hatte kein Wahlrecht. Das betraf auch die zahlreichen wandernden Handwerksgesellen, die zur Wahl nicht in ihre Heimatorte zurückreisen konnten. Trotz der rund 50 000 Einwohner wurden in Frankfurt nur 8615 Stimmen abgegeben. Gewählt wurde der gemäßigte Linke Friedrich Siegmund Jucho, der 6650 Stimmen erhielt. Für ihn hatte sich ein Bürgerkomitee stark gemacht, dem u. a. → Heinrich Hoffmann und Georg Varrentrapp angehörten. Der Vorsitzende des Montagskränzchens Maximilian Reinganum erzielte nur 1404 Stimmen. Jucho, der den evangelischen Gemeindevorstand darum gebeten hatte, der Nationalversammlung die Paulskirche als Tagungsort zur Verfügung zu stellen, wozu man sich »mit Freuden einverstanden« erklärte, wurde zum Schriftführer der Nationalversammlung gewählt.

Die gewählten 586 Abgeordneten waren zu keinem Zeitpunkt vollzählig in Frankfurt versammelt. Bei der Eröffnung waren nur 330 Abgeordnete anwesend, später schwankte die Zahl um 500. Das Parlament wurde dominiert von Juristen, Beamten und Intellektuellen. Es bestand aus rund 550 Akademikern, darunter 49

Universitätsprofessoren, 157 Richter und Staatsanwälte sowie 66 Rechtsanwälte. Hinzu kamen Fabrikanten, Kaufleute und Großgrundbesitzer, einige Handwerker, ein Bauer und kein Arbeiter. Schon bald entstanden Fraktionen, die sich nach ihren Tagungsorten, Frankfurter Gaststätten, benannten, und die den Grundstock für das politische Parteiensystem in Deutschland bilden sollten: die demokratische Linke (Donnersberg bzw. Deutscher Hof), das liberale Zentrum mit einem rechten Flügel (Casino) und einem linken (Württemberger Hof), die konservative Rechte (Café Milani).

Die sich als Folge der industriellen Revolution mit der Ausbildung eines Fabrikproletariats entwickelnde Arbeiterbewegung war in der Paulskirche kaum vertreten. Allenfalls einige Abgeordnete der Fraktion Donnersberg nahmen Arbeiterinteressen wahr. Das war dem Arbeiterverein, der sich am 14 Mai gegründet hatte, zu wenig. Es kam immer häufiger zu Petitionen an die Nationalversammlung, zu Versammlungen und Demonstrationen. Als Redakteure der Arbeiterzeitung ins »Ausland« ausgewiesen wurden, das schon in Bockenheim begann, formierte sich als Reaktion am 25. Mai ein Demonstrationszug. In Sachsenhausen kam es im Juli zu Auseinandersetzungen zwischen Revolutionären und Bürgerlichen. Als gegen die Radikalen das verhasste Linienmilitär – eine Militäreinheit, die der Deutsche Bund seinen Mitgliedern auferlegt hatte – eingesetzt wurde, entlud sich der Volkszorn und trieb die Soldaten auf die andere Mainseite zurück, ohne dass der revolutionäre Funke nach Frankfurt übergesprungen wäre.

Zu einem Zeitpunkt da die Macht der Einzelstaaten im Deutschen Bund erheblich geschwächt war, kam der Paulskirche die Aufgabe zu, einen Nationalstaat zu schaffen und diesem eine Verfassung zu geben. Um die eigene Souveränität zu unterstreichen, wählte die Nationalversammlung am 29. Juni Erzherzog Johann von Österreich zum Reichsverweser als provisorisches Oberhaupt eines angestrebten deutschen Nationalstaats. Der Vorschlag dazu stammte von Gagern, der mit der Nominierung des sehr populären Erzherzogs der demokratischen Linken den Wind aus den Segeln nahm, gleichzeitig aber die Forderungen der Liberalen erfüllte, indem ein Mitglied eines Fürstenhauses Reichsverweser wurde, der überdies der Nationalversammlung gegenüber nicht verantwortlich war. Damit hatten die Befürworter einer Monarchie bereits einen wichtigen Sieg über die Demokraten errungen.

Die Nationalversammlung versäumte überdies die Gelegenheit, feste Grundlagen für einen Nationalstaat zu schaffen und beschäftigte sich lieber intensiv mit der Beratung der Grundrechte. Die Einzelstaaten waren aber wenig gewillt, eine Beschneidung ihrer Macht hinzunehmen. So verweigerten Preußen, Österreich und ein Teil der Königreiche die vom Reichskriegsminister angeordnete Huldigung der Einzelstaatentruppen an den Reichsverweser. Die Unentschlossenheit der Nationalversammlung aber zeigte sich am deutlichsten in der Schleswig-Holstein-Frage. Im März hatte der dänische König verkündet, Schleswig nach Dänemark einzuverleiben, was zu einer nationaldeutschen Erhebung führte. In Kiel bildete sich eine provisorische Regierung, die vom Deutschen Bundestag anerkannt wurde. Im Auftrag des Deutschen Bundes begann Preußen einen Krieg gegen Dänemark, den Frankfurt mit der Entsendung seines Linienbataillons unterstützte. Auf Druck Englands und Russlands, die der deutschen Intervention entgegentraten, schloss der preußische König einen Waffenstillstand mit Dänemark, der auch die Räumung der Herzogtümer von Bundestruppen und die Ablösung der provisorischen Regierung in Kiel vorsah. Damit hatte Preußen in den Augen vieler Verrat begangen und eigene Interessen über die Deutschlands gestellt.

Nun war die Nationalversammlung gefragt. In einer ersten Abstimmung am 5. September hatte sie den Abzug der Bundestruppen noch abgelehnt, was zu einer Krise des Reichsministeriums führte. In einer zweiten Abstimmung am 16. September billigte dann eine knappe Mehrheit von 257 gegen 236 Stimmen den Waffenstillstand und kapitulierte damit vor Preußen. Daraufhin radikalisierte sich in Frankfurt die außerparlamentarische Opposition. Abgeordnete, die für den Waffenstillstand gestimmt hatten, wurden beim Verlassen der Paulskirche bedroht. Am nächsten Tag versammelten sich die Anhänger von fünf Vereinen – Montagskränzchen, Deutscher Verein, Demokratischer Verein, Arbeiterverein und Demokratisch-republikanischer Verein – und andere revolutionär Gesinnte, auch aus Nachbarstädten, auf der Pfingstweide. Die Versammlung mit etwa 15 000 Teilnehmern verlangte von den Linken den Austritt aus der Nationalversammlung und die Fortführung der Revolution.

Inzwischen hatte der Frankfurter Senat das Reichsministerium um militärische Hilfe ersucht. Da sich das Linienbataillon in Schleswig-Holstein befand und die Bürgerwehr mit den Aufständischen sympathisierte, wurden österreichische und preußische Truppen aus Mainz zusammengezogen, die am 18. September den Paulsplatz besetzten. Die Linken beschwerten sich im Parlament über den Truppenaufmarsch, der die Freiheit der Beratung gefährdete. Als eine unbewaffnete Menge in die Paulskirche eindringen wollte, wurde sie von den Soldaten angegriffen. »Preußen raus« skandierte die Menge und verteilte sich in die umliegenden Straßen, wo sie auf Teilnehmer einer Versammlung traf. Arbeitervereine, Turnerschaften, Bauern aus der Umgebung schlossen sich ebenso an wie Einwohner von Hanau und Offenbach. Sachsenhäuser stießen hinzu, Teile der Bürgerwehr machten mit. In der Altstadt wurden über 30 Barrikaden errichtet. Als die Truppen gegen die Barrikaden vorgingen, wurde von beiden Seiten geschossen. Linke Abgeordnete versuchten zu vermitteln, aber der Erzherzog weigerte sich, sich einzumischen. Als die Truppen Verstärkung durch Artillerie aus Darmstadt erhielten und auf 7000 Mann aufgestockt wurden, wichen die Barrikadenkämpfer zurück.

8.3 Denkmal für Lichnowsky und Auerswald. E 243

62 Soldaten und 34 Aufständische verloren in den Kämpfen ihr Leben. Hinzu kamen viele Verletzte. Außerhalb der eigentlichen Kampfzone wurden die Abgeordneten *Felix Fürst von Lichnowsky (1814–1848) und Generalmajor Hans von Auerswald (1792–1848)* – beide Mitglieder der Casino-Fraktion – von Aufständischen getötet. Sie waren herannahenden württembergischen und preußischen Truppen entgegengeritten, um ihnen den Weg zur Umgehung eines Teils der Aufständischen zu weisen. Auch ihnen wurde ein Denkmal auf dem Hauptfriedhof gewidmet *(E 243)*.

Als Täter wurden zwei Männer verurteilt und eine Frau, Henriette Zobel. Ihr wurde vorgeworfen, mit Schirm und Steinen auf Auerswald eingeschlagen zu haben. Zwar starb der Abgeordnete an einer Kugel, aber an der Revolutionärin wurde ein Exempel statuiert: Sie wurde zu 16 Jahren Zuchthaus verurteilt und dort wohl vergessen. Denn man ließ sie erst nach 17 Jahren aufgrund ihres schlechten Gesundheitszustandes frei. Der Schirm, mit dem sie Auerswald geschlagen haben soll, ist im Historischen Museum ausgestellt.

Die Toten aus dem Volk wurden am 22. September 1848 in aller Stille beerdigt, eine Feier war verboten. Der Gedenkstein – eine hohe Pyramide aus rotem Sandstein – wurde aus Spenden errichtet, zu denen einige Frankfurter Bürger, darunter → Friedrich Stoltze, aufgerufen hatten. Auf der Vorderseite stehen die Namen von acht getöteten Frankfurtern, auf der Rückseite die von zwei Sachsenhäusern, auf den Seiten stehen die Namen von 24 Nicht-Frankfurtern.

Das marmorne Denkmal für die gefallenen Soldaten sowie für Lichnowsky und Auerswald wurde vom Prinz von Preußen gestiftet, dem späteren Kaiser Wilhelm I. Die Trauerfeier fand bereits am 21. September nach feierlichem Zug und mit allen Ehrenbezeigungen statt.

Über Frankfurt wurde der Ausnahmezustand verhängt, die Bürgerwehr wurde aufgelöst und eine Garnison aus preußischen, österreichischen und bayerischen Bataillonen stationiert. Die Nationalversammlung, die weiter über die Reichsverfassung beriet und sich in Kämpfen zwischen Kleindeutschen und Großdeutschen verausgabte, beschloss mit 267 gegen 263 Stimmen, dass an der Spitze des Reiches ein erblicher Kaiser stehen sollte, neben ihm ein Reichstag. Am 28. März 1849 wurde Friedrich Wilhelm IV. von Preußen mit 290 Stimmen bei 248 Enthaltungen zum Deutschen Kaiser gewählt. Die ihm angetragene Kaiserkrone wies er als »Reif aus Dreck und Letten« zurück. Die inzwischen von 28 Regierungen anerkannte Reichsverfassung lehnte er ebenfalls ab. Im Mai wurden die österreichischen und preußischen Abgeordneten aus der Nationalversammlung abberufen. Das Rumpfparlament zog nach Stuttgart um, wo es vom württembergischen Militär aufgelöst wurde. Die Bestrebungen von radikalen Demokraten, in der Reichsverfassungskampagne und mittels Aufständen in Sachsen, in der Pfalz und im Rheinland doch noch die Anerkennung der Paulskirchenverfassung zu erreichen, wurden von preußischem Militär zunichte gemacht.

Nationalstaat, Demokratie und Freiheit waren vorerst gescheitert. Das Bürgertum hatte sich aus Angst vor dem Volk mit Fürsten und Adel verständigt. Die alten Mächte blieben an der Macht. Der Deutsche Bundestag behielt seinen Sitz in Frankfurt und nahm wieder seine Geschäfte auf. Mit dem Scheitern der Reichsverfassung unterband der Senat der Stadt auch die für Frankfurt geplante Verfassungsreform, an der neben den bereits als Mitglieder des Vorparlaments erwähnten Jucho, Reinganum, Souchay und Varrentrapp auch der Arzt *Johann David Behaghel (1804–1850 – Grab D 473)* und der Lehrer *Nicolaus Hadermann (1805–1871 – Grab G 116)* mitgearbeitet hatten. Aber die anstehenden politischen Aufgaben waren nur vertagt.

Carl Constanz Viktor Fellner und das Ende der Freien Stadt Frankfurt

9.1 Ehrengrab von Carl Constanz Victor Fellner (1807–1866). D an der Mauer 164

In den Frankfurter Wallanlagen in Höhe der Friedberger Anlage liegt eine Gedenkplatte mit dem Text:

> »Carl Constanz Victor Fellner, letzter Regierender Bürgermeister der Freien Stadt Frankfurt, schied an dieser Stelle am 24.7.1866 freiwillig aus dem Leben, weil er den Verlust der städtischen Freiheit nicht ertragen konnte.«

Wie war es dazu gekommen? Um diese Frage zu beantworten, müssen wir zeitlich etwas zurückgehen. Nach dem Untergang des Heiligen Römischen Reiches wurde Frankfurt 1806 durch den Rheinbundvertrag vom Fürstentum Aschaffenburg einverleibt, das von Karl Theodor von Dalberg beherrscht wurde, der auch Regensburg regierte. 1810 übergab Napoleon Regensburg an Bayern, dafür erhielt Dalberg die Fürstentümer Hanau und Fulda hinzu. Das neu geschaffene Territorium Dalbergs wurde zum Großherzogtum

Frankfurt vereinigt, das nach der Völkerschlacht bei Leipzig 1813 bereits wieder verfiel. Nach dem Wiener Kongress von 1815 wurde Frankfurt erstmals souverän. Die ehemalige Reichsstadt wurde zur Freien Stadt und war völkerrechtlich ein selbstständiger Staat innerhalb des Deutschen Bundes. Dies war ein Staatenbund von zunächst 34 souveränen Fürsten und vier freien Städten Deutschlands. Zentrales Organ war der Bundestag, der seinen Sitz im Palais Thurn und Taxis in der Großen Eschenheimer Gasse hatte (heute Große Eschenheimer Straße) und nur geringe Vollmachten besaß. Damit wurde Frankfurt erneut, wie schon als Wahl- und Krönungsort der deutschen Könige zur Zeit des Alten Reiches, »heimliche Hauptstadt« Deutschlands.

Zwar hatte sich Frankfurt schon im Heiligen Römischen Reich als Freie Reichsstadt bezeichnet, war dies aber nie gewesen. Frankfurt war Reichsstadt, die dem deutschen König als Souverän unterstand. Von 1815 bis 1866 aber war Frankfurt tatsächlich autonom. 1816 gab sich die Stadt eine neue Verfassung, die in Vielem an die vornapoleonische anknüpfte und dalbergische Reformen rückgängig machte. Man verabschiedete sich von der Trennung von Verwaltung und Justiz und vom fortschrittlichen Code Napoléon und machte die von Dalberg eingeleitete Judenemanzipation wieder rückgängig. Der alte Rat nannte sich nun zwar Senat, wurde aber noch immer von den patrizischen Geschlechtern beherrscht und blieb als Exekutive der bestimmende Faktor in der Politik. Neben dem Senat gab es als weitere Verfassungsorgane den Gesetzgebenden Körper, der u. a. für Gesetzgebung und Steuererhebung zuständig war, sowie die Ständige Bürgerrepräsentation, die für die Kontrolle des Rechnungswesens verantwortlich zeichnete. Aus den Reihen des Senats wurden jährlich die beiden Bürgermeister bestimmt, von denen der Ältere Bürgermeister den Vorsitz im Senat führte und für Militär und auswärtige Beziehungen zuständig war, während der Jüngere Bürgermeister sich um die Polizei, das Zunftwesen und Bürgerrechtsangelegenheiten kümmerte. Das Bürgerrecht blieb an einen Vermögensnachweis von 5000 Gulden gebunden. Juden, Beisassen, Permissionisten (unter ihnen → Arthur Schopenhauer) und die Bewohner der zu Frankfurt gehörenden Dörfer Oberrad, Niederrad, Bornheim, Hausen, Niederursel, Bonames, Nieder-Erlenbach und Dortelweil hatten keine politischen Rechte.

Die undemokratischen Zustände blieben für Jahrzehnte ein nicht abreißendes Thema in Frankfurt. Als 1848 eine revolutionäre Situation in Deutschland herangereift war, wurden auch in Frankfurt die Forderungen nach Volksbewaffnung, Pressefreiheit und Versammlungsrecht von Liberalen und Demokraten an den Senat herangetragen und von diesem zugestanden. Wie im letzten Kapitel bereits ausgeführt, wurde nach dem Scheitern der Revolution das Rad der Geschichte jedoch abermals zurückgedreht. Eine bereits von Demokraten ausgearbeitete Verfassungsreform für Frankfurt wurde vom Senat ad acta gelegt.

Aber auch in der sich anschließenden Phase erneuter Reaktion blieb die Opposition nicht untätig. Neben → Friedrich Stoltzes und Leopold Sonnemanns publizistischen Angriffen auf Bismarck hatte sich in Frankfurt nach Auftritten von Ferdinand Lassalle und Johann Baptist von Schweitzer die Arbeiterbewegung organisiert. Auch kam es zu einzelnen Reformen in der Stadt: Juden und Landbewohner wurden gleichberechtigt, Gerichtsverfahren modernisiert, Gewerbefreiheit durchgesetzt und das Wahlrecht demokratisiert.

Als 25 deutsche Fürsten und die Bürgermeister der vier Freien Städte auf Anregung des österreichischen Kaisers Franz Joseph 1863 den Versuch machten, den Deutschen Bund zu reformieren, wurde dies vom preußischen Ministerpräsidenten Bismarck hintertrieben, indem er den preußischen König drängte, sich nicht daran zu beteiligen. Der für die Geschichte des Deutschen Bundes bestimmende österreichisch-preußische Dualismus wurde von dem preußischen Ministerpräsidenten zum militärischen Konflikt ausgeweitet. Die Stadt, die sich geweigert hatte, in den Preußisch-Österreichischen Krieg einzutreten, wurde dennoch von Preußen als feindlicher Staat behandelt und am 16. Juli 1866 von preußischen Truppen besetzt.

9.2 Gedenktafel in den Wallanlagen für Carl Constanz Victor Fellner von Georg Mahr (1958)

Zu dieser Zeit war Carl Constanz Victor Fellner Älterer Bürgermeister der Stadt. Fellner, der in verschiedenen Firmen kaufmännisch tätig gewesen war, war 1852 in den Senat gewählt worden, wo er für die städtischen Finanzen zuständig war. Auch der Gesetzgebenden Versammlung gehörte er zeitweise an. Er war liberal gesinnt und hatte sich für die 1864 endgültig durchgesetzte Gewerbefreiheit engagiert.

Die preußische Militärverwaltung ernannte Fellner und den Senator Samuel Gottlieb Müller zu ihren ausführenden Bevollmächtigten. Fellner war kein prinzipieller Gegner eines Anschlusses an Preußen gewesen und versuchte zwischen preußischen Stellen und den Frankfurter politischen Organen zu vermitteln. Allerdings scheiterte er an völlig überzogenen finanziellen Forderungen von preußischer Seite. Nach Einquartierungen, üppigen Verpflegungsforderungen und arrogantem Auftreten verlangten die Besatzer am 18. Juli eine erste Kontributionszahlung von 5,7 Millionen Gulden in Silber, die auch prompt bezahlt wurde. Es handelte sich um 77

Tonnen Edelmetall, die in acht Eisenbahnwaggons nach Berlin transportiert wurden. Doch bereits zwei Tage später forderten die Preußen weitere 25 Millionen Gulden. Fellner setzte sich für eine Ratenzahlung ein, während die Frankfurter Verfassungsorgane nicht zahlungswillig waren und die Preußen aufforderten, ihre Forderung zurückzunehmen. Daraufhin verlangte die Militärverwaltung von Fellner, Namen und Besitzverhältnisse aller Mitglieder der Verfassungsorgane offenzulegen. In diesem Konflikt zwischen Pflichterfüllung gegenüber der preußischen Seite, der er den Amtseid geschworen hatte, und der Solidarität mit seinen politischen Kollegen, sah Fellner keinen anderen Ausweg, als sich am frühen Morgen des 24. Juli im Garten seines Hauses in der Seilerstraße 8 das Leben zu nehmen. Die Preußen legten die Beerdigung auf 4:30 Uhr am 26. Juli fest und untersagten der Familie die Bekanntgabe des Beerdigungstermins. Dennoch folgten Fellners Sarg mehrere tausend Menschen.

Das Amt eines vom Militär eingesetzten Bevollmächtigten wurde von den Preußen in der Folge wieder aufgehoben. Die Annexion Frankfurts allerdings wurde am 23. September vom Preußischen Landtag bestätigt. Frankfurt erhielt eine sogenannte echte Magistratsverfassung, nach der mit Magistrat und Stadtverordnetenversammlung zwei Selbstverwaltungsorgane begründet wurden, die allerdings den preußischen Gesetzen unterstanden. Die beiden Bürgermeister mussten vom König bestätigt werden. Das Wahlrecht blieb an bestimmte Vermögensverhältnisse gebunden und war alles andere als demokratisch.

Mit dem Deutschen Krieg fand auch der Deutsche Bund sein Ende und wurde im Sommer 1866 aufgelöst. Damit war Frankfurt auch nicht länger Sitz einer Zentralgewalt. Die Stadt gehörte zur neugeschaffenen preußischen Provinz Hessen-Nassau mit der Hauptstadt Kassel. Innerhalb dieser gehörte es zum Regierungsbezirk Wiesbaden. Das gewaltsame Ende der Frankfurter Selbstständigkeit und die Umwandlung der ehemaligen Kaiserstadt, der Messe- und Handelsstadt, der Stadt der ersten deutschen Nationalversammlung und der heimlichen Hauptstadt Deutschlands in eine preußische Provinzstadt stellten eine erhebliche Zäsur in der Stadtgeschichte dar. Das Verhältnis zwischen Frankfurtern und Preußen sollte noch lange Zeit von gegenseitiger Ablehnung geprägt sein. Mehr als tausend Worte sagt eine kleine Anekdote:

> Ein Straßenkehrer wurde von einem preußischen Offizier angesprochen: »Mein Bester, ick möchte jerne nach die Eschenheimer Jasse jehn.« Der Angesprochene antwortete ohne aufzublicken: »Als hiegange, was leiht mir draa.«

Als der preußische König Wilhelm I. ein Jahr nach der Annexion erstmals Frankfurt besuchte, brannte in der vorangehenden Nacht der Domturm ab. Friedrich Stoltze dichtete:

> Alles, was uns lieb und theuer,
> Was uns heilig, hoch und werth:
> Unsre Tempel fraß das Feuer,
> Unsre Freiheit fraß das Schwert.

Dass Preußens Forderung nach Zahlung der zusätzlichen Kontribution von 25 Millionen Gulden schließlich fallengelassen wurde, dürfte zum Teil auch *Emma Metzler (1827–1880 – Grab C 71)* zu verdanken sein. Die Gattin des Bankiers Wilhelm Peter Metzler leitete einen der bekanntesten Salons der Stadt, an dem während seiner Frankfurter Zeit auch Otto von Bismarck häufig teilgenommen hatte. Emma, die mit Bismarck eine enge Freundschaft verband, wandte sich 1867 brieflich an den preußischen Ministerpräsidenten und bat erfolgreich um Schonung Frankfurts. 1869 wurden der Stadt sogar die sechs Millionen Gulden der ersten Kontribution zurückerstattet.

Fellners Grabstein, geschaffen von Heinrich Petry, ist ein roter Sandsteinpfeiler mit einer Bronzebüste des Verstorbenen. Der Pfeiler trägt den Frankfurter Adler und die Inschrift: »Dem letzten aelteren Bürgermeister / der freien Stadt Frankfurt / Carl Constanz Victor Fellner / geboren den 24. Juli 1807 / gestorben den 24. Juli 1866 / Die Bürger Frankfurts.« Im Westend wurde eine Straße nach Fellner benannt.

Johannes von Miquel und die Phase der Konsolidierung

10.1 Ehrengrab von Johannes von Miquel (1828–1901). Detail. D 297

Das Grabmal von Johannes von Miquel ist mit Sicherheit das beeindruckendste von allen Gräbern Frankfurter Oberbürgermeister. Schon von den äußeren Dimensionen handelt es sich um eine imponierende Anlage, die halbkreisförmig von Muschelkalkstelen eingefasst ist, welche durch Bronzeketten miteinander verbunden

10.2 Ehrengrab von Johannes von Miquel. Gesamtansicht. D 297

sind. Die ebenfalls aus Muschelkalk gefertigte zentrale Stele trägt ein Bildnis Miquels im Profil, das von einer Girlande eingerahmt wird, über der sich eine Mauerkrone erhebt. Darüber steht in großen Buchstaben »MIQUEL«, beidseitig flankiert von verschleierten Köpfen.

Die Schrift unterhalb des Porträtreliefs lautet: »IHREM EHRENBÜRGER IN DANKBARER VEREHRUNG DIE STADT FRANKFURT A M«. Vor der Stele liegt ein Pultstein, auf dessen mit Lorbeerzweigen dekorierter Bronzeplatte ein weiterer Text zu lesen ist: »HIER RUHT JOHANNES V. MIQUEL / KGL. PREUSSISCHER / STAATSMINISTER / GEB. ZU NEVENHAUS / DEN 19. FEB. 1828 / † ZU FRANKFURT A M / DEN 8. SEPT. 1901«. Der Entwurf für das Grabmal stammt von dem italienischen Bildhauer *Augusto Varnesi (1866–1941 – Grab F 638)*.

Vergleichsweise bescheiden nimmt sich das Grab seines Vorgängers *Daniel Heinrich Mumm von Schwarzenstein* aus, ein einfaches Kreuz aus weißem Marmor. Nachdem Frankfurt preußisch geworden war und seine Freiheit verloren hatte, war der gebürtige Frankfurter Mumm von Schwarzenstein der erste Oberbürgermeister, der für zwölf Jahre ins Amt gewählt wurde. Obwohl seine Amtszeit nicht unbedeutend war, ist er heute weitgehend in Vergessenheit geraten, während seine beiden Nachfolger Miquel und Adickes im historischen Gedächtnis wesentlich präsenter sind. Das schlägt sich schon darin nieder, dass jeweils eine zentrale Verkehrsader nach ihnen benannt ist, während an Mumm nur eine kleine Straße im Stadtteil Nied erinnert. Auch wurden Miquel und Adickes zu Ehrenbürgern der Stadt ernannt, was Mumm verwehrt blieb.

10.3 Ehrengrab von Daniel Heinrich Mumm von Schwarzenstein (1818–1890). A 84

Es soll aber nicht unerwähnt bleiben, dass während Mumms Amtszeit (1868–1880) zahlreiche für die Stadt bedeutsame Bauvorhaben in Angriff genommen bzw. fertiggestellt worden sind, darunter der Eiserne Steg, 1869 errichtet von *Peter Schmick (1833–1899 – Grab J an der Mauer 465a)*, die Untermainbrücke (1874, ebenfalls Schmick), die Obermainbrücke (1878, wiederum Schmick, »kaa Brick ohne Schmick«), die Kleinmarkthalle, die erste Markthalle Deutschlands (1878), die Wiederherstellung des ausgebrannten Doms, jetzt mit Turmspitze, wie sie Dombaumeister Madern

Gertener schon im 15. Jahrhundert vorgesehen hatte (1878), das Städel (1878), die Börse 1879, nach Plänen von *Oskar Sommer und Heinrich Burnitz (1827–1880 – Grab G an der Mauer 516)*, die Osterweiterung der Zeil über die Konstablerwache hinaus, diverse Straßendurchbrüche, die Kanalisation und die Quellwasserleitung aus dem Vogelsberg (1873). Ab 1872 hatte Frankfurt seine erste Trambahn, zunächst noch von Pferden gezogen. Aus der anfänglichen Strecke von Bockenheim zur Hauptwache wurden bis 1898, als auf Strombetrieb umgestellt wurde, 16 Linien. Auch fällt in Mumms Amtszeit die Eröffnung des Palmengartens (1870), der – wie der Bau des Eisernen Stegs – auf eine bürgerliche Initiative zurückgeht.

All diese Neuerungen wurden von den Frankfurter Malern der Sechziger- und Siebzigerjahre des 19. Jahrhunderts kaum zur Kenntnis genommen. *Carl Theodor Reiffenstein (1820–1893 – Grab G 372), Carl Morgenstern (1811–1893 – Grab F 864), Jakob Fürchtegott Dielmann (1809–1885 – Grab J 548)* und *Peter Becker (1828–1904 – Grab F 1889)* malten romantische Bilder vom alten Frankfurt und hielten fest, was sie bedroht sahen.

Mit Bornheim wurde 1877 ein erster Vorort eingemeindet. Die Einwohnerzahl Frankfurts stieg von 78 000 auf über 137 000. Aufgrund der zukunftsweisenden Bauvorhaben waren die städtischen Finanzen am Ende der Amtszeit Mumms arg strapaziert. Dies und sein mitunter als eigenmächtig empfundener Führungsstil veranlassten die Stadtverordnetenversammlung, ihn nicht im Amt zu bestätigen, sondern Johannes von Miquel zu seinem Nachfolger zu wählen.

Miquel, ein gebürtiger Niedersachse, hatte sich in der Revolution von 1848 noch als Radikaldemokrat engagiert und an Barrikadenkämpfen teilgenommen. Er war Mitglied im Bund der Kommunisten und stand im Briefwechsel mit Karl Marx. 1867 gehörte er aber zu den Gründern der nationalliberalen Partei, die die Interessen des Besitz- und Bildungsbürgertums vertrat und der es im Wesentlichen darum ging, unter Hintanstellung ihrer liberalen Grundsätze als parlamentarische Stütze Bismarcks zu fungieren. Er war auch Mitinitiator des Deutschen Kolonialvereins, der 1882 in Frankfurt gegründet wurde und eine deutsche Kolonialpolitik forderte.

10.4 Johannes von Miquel

Dass die ersten drei Frankfurter Oberbürgermeister nach 1866 – Daniel Heinrich Mumm von Schwarzenstein (1868–1880), Johannes von Miquel (1880–1890) und Franz Adickes (1891–1912) – allesamt nationalliberal orientiert waren, mag überraschen angesichts der Tatsache, dass diese Partei in der Stadtverordnetenversammlung gegenüber den Demokraten in der Minderheit war. Dies war aber dem Umstand geschuldet, dass der Oberbürgermeister vom preußischen König bestätigt werden musste, womit bei einem demokratischen Kandidaten nicht zu rechnen gewesen war.

Nach Stationen als Abgeordneter in Preußen und im Deutschen Reich sowie als Bankdirektor und Oberbürgermeister in Osnabrück, trat Miquel im März 1880 sein Amt als Frankfurter Oberbürgermeister an. Als zentrales Ziel seiner politischen Aufgabe sah er die Sanierung des städtischen Haushalts an, womit er sich im Einklang mit den Absichten der Stadtverordnetenversammlung befand. Deren Vorstellungen allerdings, dem Oberbürgermeister politische Maßnahmen quasi diktieren zu können, wurden von ihm nicht geteilt. Er beharrte auf einer gleichberechtigten Zusammenarbeit zwischen Legislative und Exekutive. Miquel reformierte das städtische Rechnungswesen, verstärkte Kontrollmechanismen und verordnete der Stadt ein Sparprogramm, ohne dabei das Fürsorgewesen zu vernachlässigen. Zankapfel zwischen den Stadtverordneten und ihm war die städtische Steuerpolitik.

Eins der Bauwerke, die die Stadtkasse erheblich belastet hatten, war das Opernhaus, das in Miquels erstem Amtsjahr (1880) eröffnet wurde. Der Bau geht zurück auf eine Anregung Mumms und wurde durch eine private Initiative forciert, aber letztlich zu fast 90 % von der Stadt finanziert. Die von Bürgern gesammelten 500 000 Mark musste die Stadt noch einmal um sechs Millionen aufstocken. Als Kaiser Wilhelm I. zur Eröffnungsfeier kam und den von Richard Lucae geplanten Monumentalbau im Stil der Hochrenaissance bestaunte, soll er gesagt haben, dass er sich so etwas in Berlin nicht leisten könne. Intendant der Frankfurter Bühnen wurde *Emil Claar (1842–1930 – Grab I 183)*, und er blieb es bis 1912.

Ungeachtet seiner Sparpolitik trieb Miquel einige Projekte voran, die für Frankfurts Entwicklung von größter Bedeutung waren. Er erreichte bei Bismarck, dass Preußen den Main kanalisierte. Frankfurt seinerseits baute den Westhafen (1886), was binnen Kurzem zu einer Vervielfachung des Güterverkehrs führte. 1885 wurde der Schlachthof in Betrieb genommen und 1887 die erste europäische Großkläranlage. Straßenbahnen und Gaswerke blieben aber in privater Hand, auch auf Eingemeindungen verzichtete Miquel. Dennoch wuchs Frankfurts Einwohnerzahl während seiner Amtszeit von 137 000 auf 180 000.

Das bedeutendste Projekt in dieser Periode aber war der Bau des Hauptbahnhofs. Er ersetzte drei klassizistische Kopfbahnhöfe, die nebeneinander an der Gallusanlage aufgereiht waren: Taunusbahnhof, Main-Weser-Bahnhof und Main-Neckar-Bahnhof. Nachdem Ende 1835 die erste Eisenbahnfahrt von Nürnberg nach Fürth stattgefunden hatte, bekam Frankfurt im Jahre 1839 seine erste Bahnstrecke. Sie führte vom Taunusbahnhof nach Höchst und

10.5 Hauptbahnhof 1888

wurde von Paul Denis gebaut, der auch für die Strecke Nürnberg–Fürth verantwortlich zeichnete. In den nächsten Jahren wurde sie bis Wiesbaden verlängert. In den Jahren 1845–50 wurde südlich vom Taunusbahnhof der Main-Neckar-Bahnhof errichtet, von wo Züge nach Heidelberg fuhren, nördlich der Main-Weser-Bahnhof mit Ziel Friedberg und später Kassel.

Bereits Mitte der Siebzigerjahre aber gab es im preußischen Verkehrsministerium Überlegungen, die drei Bahnhöfe durch eine Centralstation zu ersetzen, da sich das Nebeneinander der verschiedenen Eisenbahngesellschaften für die Transporte während des deutsch-französischen Krieges als unzulänglich erwiesen hatte. 1880 wurde ein nationaler Architektenwettbewerb ausgeschrieben. 55 Entwürfe wurden eingereicht, den ersten Preis erhielt Hermann Eggert. Er errichtete ein repräsentatives dreiflügeliges Empfangsgebäude aus gelbem Sandstein, mit weit vorspringender tonnengewölbter Schalterhalle. Die Gleishallen wurden von Johann Wilhelm Schwedler konstruiert. Nach fünfjähriger Bauzeit wurde im

Jahr 1888 der damals größte Kopfbahnhof Europas (erst 1915 von Leipzig übertroffen) mit damals drei Gleishallen über 18 Gleisen eröffnet. An das 200 Meter breite und bis zu 28 Meter hohe Empfangsgebäude schloss sich die 168 Meter breite, 186 Meter lange und 28 Meter hohe Bahnhalle an. Zwischen 1914 und 1924 kamen zwei weitere Hallen und sechs zusätzliche Gleise hinzu. Mit diesem Bauwerk, das fast 35 Millionen Mark kostete, manifestierte sich Frankfurts Stellung als bedeutender Verkehrsknotenpunkt im Reich.

Johannes von Miquel leistete nicht ganz die volle Amtszeit in Frankfurt, denn er war mit seinem Programm der Haushaltskonsolidierung derart erfolgreich gewesen, dass der 1888 an die Macht gekommene Kaiser Wilhelm II. auf ihn aufmerksam wurde und ihn bat, preußischer Finanzminister zu werden. Miquel folgte dem Ruf, sagte aber zum Abschied, dass er in Frankfurt begraben liegen wolle. Sein Wunsch ging in Erfüllung.

Franz Adickes und der Aufstieg Frankfurts zur Großstadt

11.1 Ehrengrab von Franz Adickes (1846–1915). II GG 24

Kein Oberbürgermeister in Frankfurt war länger im Amt als Franz Adickes. Und keiner war bedeutender für die Entwicklung der Stadt. Die Einwohnerzahl wuchs in der Ära Adickes von 180 000 auf 417 000. Während sein Vorgänger Miquel Eingemeindungen aus Kostengründen abgelehnt hatte, verfolgte Adickes die entgegensetzte Strategie. Während seiner Amtszeit, die von 1891 bis 1912 währte, hat er nicht weniger als 15 Vororte eingemeindet und damit Frankfurts Stadtfläche nahezu verdoppelt. 1910 war Frankfurt flächenmäßig die größte Stadt Deutschlands.

Adickes verfolgte das Ziel, neue Wohn- und Industriegebiete zu erschließen. Um Bodenspekulanten das Wasser abzugraben, reformierte er permanent Bauvorschriften, setzte 1902 im preußischen Landtag das *Gesetz betreffend die Umlegung von Grundstücken in Frankfurt am Main* (»Lex Adickes«) durch und erwarb umfangreichen Grundbesitz für die Stadt. Durch den Bau von Ring- und Radialstraßen verband er die neuen Außenbezirke mit der Innenstadt. In diesen Dingen war der gebürtige Niedersachse Adickes erfahren, hatte er doch bereits als Oberbürgermeister des damals noch selbstständigen Altona Erfolge als Städteplaner vorzuweisen. Dies und seine Erfahrungen im Fürsorgewesen als Zweiter Bürgermeister von Dortmund hatten Leopold Sonnemann, den Verleger der *Frankfurter Zeitung*, bewogen, sich für seine Wahl zu engagieren.

Trotz seiner konservativen Grundeinstellung und seiner Gegnerschaft gegenüber der Sozialdemokratie war Adickes im Bereich der Sozialpolitik außerordentlich stark engagiert. Um auch Arbeiterfamilien akzeptable Wohnverhältnisse zu ermöglichen, förderte er familiengerechten Siedlungsbau und ließ Volksparks, Sport- und Spielstätten anlegen. Die soziale Lage der städtischen Bediensteten verbesserte er nachhaltig. Er gründete ein Wohnungsamt, eine Rechtsauskunftsstelle und eine Arbeitsvermittlung. Die Armenpflege war nach seiner Auffassung eine der zentralen Aufgaben der Stadt. Hier dürfe man sich nicht auf freiwillige Hilfe verlassen, städtische Unterstützung sei unerlässlich. Wegen seines sozialpolitischen Engagements hat man ihn abwertend als »Munizipalsozialisten« bezeichnet, eine Benennung, die im Laufe der Zeit einen immer positiveren Klang bekam und schließlich als Anerkennung verstanden wurde.

Volksbildungsbestrebungen wurden von ihm unterstützt. Auch auf dem Gebiet von Wissenschaft, Kunst und Kultur wirkte er unermüdlich. Er ließ bevorzugt Werke Frankfurter Künstler ankaufen und unterstützte die Gründung der Skulpturensammlung im Liebieghaus (1909) sowie des Völkerkundemuseum (1904). Dessen erster Direktor war *Bernhard Hagen (1853–1919 – Grab XIV 386).* 1902 wurde das neue Schauspielhaus eröffnet, 1905 die Festhalle. Letztere war zu ihrer Zeit der größte Kuppelbau Europas und bot 18 000 Zuschauern Platz. Zur Jahrhundertwende wurden Erweiterung und Neubau des Römer abgeschlossen. Der höhere der dabei errichteten Türme wurde zu Ehren des Oberbürgermeisters »Langer Franz« genannt (Adickes hatte eine Körpergröße von 1,91 m).

11.2 Franz Adickes 1891

Auch auf dem Gebiet der Infrastruktur erfuhr Frankfurt durch Adickes einen mächtigen Modernisierungsschub. Der private Pferdebahnbetrieb wurde in eine städtische elektrische Straßenbahn umgewandelt. Auf der »Internationalen Elektrotechnischen Ausstellung«, die 1891 in Frankfurt stattfand, wurde demonstriert, dass sich Elektrizität ohne nennenswerte Verluste über weite Strecken übertragen ließ. Adickes schlug daher vor, ein städtisches Elektrizitätswerk in Frankfurt zu errichten. Bereits 1895 nahm es seinen Betrieb auf. Die größte Investition – 57 Millionen Mark – veranlasste Adickes für den Bau des Osthafens, der um ein Vielfaches größer war als der Westhafen. Mit ihm wurde Frankfurt zu einem der größten deutschen Binnenhafen-Standorte. Auch für die Luftfahrt setzte sich Adickes ein. Die »Internationale Luftschiffahrt-Ausstellung«, die er 1909 nach Frankfurt holte, hatte zur Folge, dass 1912 auf dem Rebstockgelände ein Luftschiffhafen eröffnet wurde. Von dort starteten auch die Luftpioniere Kätchen Paulus und *August Euler (1868–1957 – Grab IV 120)*. 1913 wurde der Ostbahnhof in Betrieb genommen.

Das wichtigste Vorhaben Adickes' aber war die Gründung der Universität, ein Projekt, das er über zwanzig Jahre seit Amtsantritt zielstrebig und unermüdlich verfolgte. Das Projekt sollte Frankfurt aus eigener Kraft und mit den finanziellen Mitteln seiner Bürger stemmen, ganz ohne staatliche Zuschüsse, freilich auch ohne staatliche Einflussnahme. Im Preußischen Abgeordnetenhaus wurden diese Bestrebungen misstrauisch verfolgt. Die benachbarten Universitäten in Marburg und Gießen schienen ausreichend zu sein. Auch der in Frankfurt herrschende linke Geist und die »mannigfachen Gefahren« einer Großstadt wie Frankfurt sprachen in den Augen der Kritiker gegen eine Universitätsgründung. Kultusminister von Trott zu Solz hingegen begrüßte das Vorhaben und überzeugte auch Wilhelm II. davon. Unter Umgehung parlamentarischer Mehrheiten genehmigte dieser schließlich qua eigener Machtfülle die Gründung im Jahre 1914.

Doch es war ein weiter Weg bis dorthin. Die Idee, in Frankfurt eine städtische Universität nach dem Vorbild Brüssels zu gründen, geht zurück auf eine Denkschrift von Otto Kanngießer aus dem Jahre 1892. Die Hochschule sollte aus einer Zusammenfassung verschiedener Institutionen und Vereine hervorgehen, die es auf wissenschaftlichem Gebiet bereits in Frankfurt gab. Hierbei arbeitete Adickes von Anfang an sehr eng mit dem Chef der Metallgesellschaft *Wilhelm Merton (1848–1916 – Grab II GG 9–12*, →Große Frankfurter Stifter und Mäzene) zusammen, wenn sich auch im Laufe der Jahre zeigte, dass die Ziele, die die beiden verfolgten, teilweise divergierten.

Der Industrielle Merton war ebenso wie Adickes an sozialpolitischem Fortschritt interessiert. Als Dachorganisation diverser Hilfs- und Forschungseinrichtungen hatte er bereits 1892 das Institut für Gemeinwohl (IfG) gegründet, das zu Ursachen und Möglichkeiten der Überwindung sozialer Missstände forschte. Aus dem IfG ging 1901 die Akademie für Sozial- und Handelswissenschaften hervor. Merton verfolgte damit ein Bildungsideal, das gänzlich an praktischen Fragen ausgerichtet war: Betriebsleiter sollten sich mit der Lebenswirklichkeit der Arbeiter auseinandersetzen, Verwaltungsbeamte sich mit ökonomischen Fragen vertraut machen. Eine Universitätsgründung hatte er zunächst nicht vor Augen. Dennoch wurde seine Akademie – nach langjähriger Überzeugungsarbeit durch Adickes – zu einem der Grundpfeiler der Universität Frankfurt. Merton beteiligte sich auch an Adickes' Werbefeldzug, um die erforderlichen Stiftungsgelder zusammenzubekommen. Er stellte selbst 2,3 Millionen Mark zur Verfügung und stiftete den Lehrstuhl für Pädagogik, auf den *Julius Ziehen (1864–1925 – Grab D 228)* berufen wurde.

Weitere bedeutende Stifter und Spender waren der Bankier *Eduard Beit von Speyer (1860–1933 – Grab II GG 15)*, die Familien der Gründer der Farbwerke Hoechst *Eugen Lucius (1834–1903 – Grab F 2046/2047)* und *Wilhelm Meister (1827–1895 – Grab F an der Mauer 450)*, der Bankier *Robert Flersheim (1843–1915 – Grab A 281)*, die Mitinhaber der Cassella-Werke *Leo Gans (1843–1935 – Grab III GG 9)* sowie Carl und *Arthur von Weinberg (1860–1943 – Grab II GG 29)*, der Kaufmann *Karl Kotzenberg (1866–1940 – Grab VI 150)*, Bürgermeister *Adolf Varrentrapp (1844–1916 – Grab D an der Mauer 144)*, Baumeister *Ludwig Neher (1850–1916 – Grab II GG 69)*, die Familie des Verlagsbuchhändlers *Carl Christian Jügel (1783–1869 – Grab D 242)*, der Neurologe *Ludwig Edinger (1855–1918)* und seine Frau, die Sozialpolitikerin, Friedensaktivistin und Frauenrechtlerin *Anna Edinger (1863–1929 – Grab II*

GG 21), der Chemiker *Fritz Hallgarten (1865–1925 – Grab II GG 60)*, *Emma Mumm von Schwarzenstein (1852–1922 – Grab B 53)* und viele andere. Adickes gelang es, eine Summe von über 20 Millionen Mark einzuwerben. Damit war die erste deutsche Stiftungsuniversität bei Gründung bereits die zweitreichste deutsche Hochschule (nach Berlin).

Neben der sozial- und wirtschaftswissenschaftlichen Fakultät, die aus der Akademie der Sozial- und Handelswissenschaften hervorgegangen war, gab es als weitere Fakultäten die philosophische, die naturwissenschaftliche, die juristische und die medizinische Fakultät. Aus den Mitteln der Jügel-Stiftung war an der Viktoriaallee (heute Senckenberganlage) das Universitätsgebäude im neobarocken Stil nach einem Entwurf Ludwig Nehers errichtet worden. Die Stadt hatte außerdem Nachbargrundstücke erworben, wo den alten Stiftungen, die bislang am Eschenheimer Tor beheimatet waren, Neubauten zur Verfügung gestellt werden konnten. Damit wurden die Dr. Senckenbergische Stiftung, die Senckenbergische Naturforschende Gesellschaft und der Physikalische Verein in den Aufbau der Universität einbezogen.

In der Aula des Jügelhauses wurde die »Königliche Universität zu Frankfurt am Main« am 26. Oktober 1914 feierlich eröffnet (den Namen Goethes trug sie erst ab 1932). Der Lehrbetrieb wurde kurz danach aufgenommen. Franz Adickes, der aus gesundheitlichen Gründen Ende 1912 vom Amt des Oberbürgermeisters zurückgetreten war, hatte damit sein Lebenswerk erfüllt. Er starb am 4. Februar 1915. Ein Teil des Alleenrings wurde nach ihm benannt. 2011 gründete die Stadt den Franz-Adickes-Fonds, mit dem Exzellenz in Forschung, Lehre und Weiterbildung der Goethe-Universität gefördert wird.

Ludwig Landmann, Ernst May und das Neue Frankfurt

12.1 Ehrengrab von Ludwig Landmann (1868–1945). A 290/291

Bei der Wahl zum Oberbürgermeister 1924 gab es ein Kuriosum, denn es traten zwei Linksliberale gegeneinander an: der bisherige Oberbürgermeister Georg Voigt und sein Wirtschaftsdezernent Ludwig Landmann. Voigt hatte die Stadt gut durch die schwierigen Kriegs- und Nachkriegsjahre geführt, aber man traute ihm nicht zu, die zukünftigen Entfaltungsmöglichkeiten einer Stadt wie Frankfurt zu erkennen und umzusetzen. In einer Kampfabstimmung verlor

12.2 Ludwig Landmann

er mit 26:35 Stimmen gegen Landmann, der nicht nur von der DDP, sondern auch von der SPD und dem Zentrum unterstützt wurde.

Ludwig Landmann war 1868 in Mannheim in ärmlichen jüdischen Verhältnissen geboren worden. Er studierte mit ausgezeichneten Ergebnissen Jura, arbeitete bald für den Mannheimer Oberbürgermeister und wurde Stadtsyndikus. 1917 wurde er Stadtrat in Frankfurt. Kurz zuvor waren seine Eltern gestorben, was dem areligiösen Landmann Gelegenheit gab, aus der jüdischen Gemeinde auszutreten.

Landmann erhielt das Dezernat für Wirtschaft, Verkehr und Wohnungswesen. In der Abstimmung setzte er sich klar gegen den sozialdemokratischen Kandidaten *Max Quarck (1860–1930 – Grab E 743)* durch, Redakteur der *Volksstimme* und später Dozent an der Akademie der Arbeit und der Universität. Landmann forderte eine Wiederbelebung der zwischenzeitlich bedeutungslos gewordenen Frankfurter Messe und eine Verbesserung der durch den Krieg beeinträchtigten internationalen Handelsbeziehungen. Bereits 1919 fand mit großem Erfolg die erste Frankfurter Internationale Messe, eine Einfuhrmesse, statt, zu deren Eröffnung Reichspräsident Ebert eigens angereist war. Darüber hinaus verfolgte Landmann das Ziel, zentrale wirtschaftliche Bereiche in städtische Regie zu nehmen, sie aber nach privatwirtschaftlichen Prinzipien zu führen. Genauso bedeutsam war für ihn aber von Anfang an die Förderung des sozialen Kleinwohnungsbaus. Mit diesem Ansatz gelang es ihm, auch die Politiker der Zentrumspartei und der Sozialdemokratie auf seine Seite zu ziehen.

Unmittelbar nach seiner Wahl zum Oberbürgermeister 1924 stieß Landmann eine ganze Reihe von Projekten an, um die wirtschaftliche Entwicklung Frankfurts voranzutreiben. Neben der Fertigstellung bereits laufender Projekte, wie dem Bau des Waldstadions, das 1925 eröffnet wurde, und dem Neubau der Alten Brücke (1926), waren dies u. a. die Regulierung der Nidda und der Hafenausbau. Bei der Projektierung der vierspurigen, kreuzungsfreien Autostraßen hatte er im Förderverein HaFraBa (Hansestädte–Frankfurt–Basel) die Schirmherrschaft inne. Sein Ziel war es, Frankfurt zum Verkehrsknotenpunkt Südwestdeutschlands zu machen. Diesem Ziel diente auch sein Engagement für den Flugverkehr. 1926 wurde auf dem Rebstockgelände erstmalig ein regulärer Flugbetrieb aufgenommen. Als im gleichen Jahr die Lufthansa gegründet wurde, saß Landmann im Gründungsvorstand. Der Flugpionier *August Euler (1868–1957 – Grab IV 120)* hatte schon zwischen 1910 und 1918 zahlreiche Piloten in seiner Flugschule in Niederrad ausgebildet.

Zwischen 1926 und 1928 entstand nach den Plänen Martin Elsaessers die Großmarkthalle, die bei ihrer Eröffnung mit 250 Meter Länge und 50 Meter Breite die weltweit größte freitragende Betondecke hatte. Die langgestreckte Halle, eine verklinkerte Betonskelettkonstruktion, wurde von turmartigen Endstücken (Büro- bzw. Kühlhaus) flankiert und mittels Gleisanschluss mit dem Bahnnetz verbunden. Mit der Großmarkthalle verfolgte Landmann das Ziel, in Frankfurt den Umschlagplatz für Obst und Gemüse für einen Umkreis von 150 bis 200 Kilometern zu schaffen. Von verschiedenen Seiten wurden ihm die hohen Baukosten von über 15 Millionen Mark vorgehalten. Seinen Kritikern entgegnete Landmann, es habe sich noch nie eine Stadt »emporgeknausert«.

12.3 Großmarkthalle um 1930

Den Vorwurf der Verschwendung erhob man auch bezüglich eines kulturellen Großereignisses. 1927 fand als Frankfurts Beitrag zur Völkerverständigung der »Sommer der Musik« mit der Ausstellung »Musik im Leben der Völker« statt. Letztere vermittelte einen umfassenden Überblick über die Epochen der europäischen Musikentwicklung und zeigte Instrumente, Manuskripte und Musikalien. Zeitgleich fanden zahlreiche Konzerte verschiedener Musikrichtungen statt. Hier traf der deutsche Außenminister Gustav Stresemann auf Édouard Herriot, damals Kulturminister in der französischen Regierung, und der Völkerbund schickte eine Delegation. Landmanns Anliegen, die völkerverbindende Kraft der Musik einer Welt der Aufrüstung und gegenseitiger Drohgebärden entgegenzustellen, rechtfertigte allemal das dabei entstehende finanzielle Defizit.

Im gleichen Jahr wurde der Goethe-Preis gestiftet. Die Idee dazu stammte von *Ernst Beutler (1885–1960 – Grab C 214a)* vom Freien Deutschen Hochstift. Geehrt werden damit seither Persönlichkeiten, deren schöpferisches Wirken einer dem Andenken Goethes gewidmeten Ehrung würdig ist. Kuratoriumssekretär wurde der Journalist und Schriftsteller *Alfons Paquet (1881–1944 – Grab A 276a)*. Zu den Geehrten gehören die Schriftstellerin und Historikerin *Ricarda Huch (1864–1947 – Grab II 204)* und der Literaturkritiker *Marcel Reich-Ranicki (1920–2013 – Grab XIV 34 UG)*.

Ein weiteres herausragendes Ereignis im Sinne der Völkerverständigung während Landmanns Amtszeit war 1925 das Erste Internationale Arbeiter-Olympia, die erste Großveranstaltung im gerade fertiggestellten Waldstadion. Hier ging es nicht um das Abspielen von Nationalhymnen und einen Wettkampf der Nationen, sondern um Arbeitersport unter dem Motto »Nie wieder Krieg!«. 3000 Sportlerinnen und Sportler aus elf Ländern nahmen daran teil. An einem »Tag der Massen« präsentierten sich verschiedene Gruppen des Arbeitersports. Hieran nahmen 70 000 Sportler aus 18 Ländern teil. Die Teilnehmer wurden in 100 Schulen in und um Frankfurt untergebracht sowie bei Privatleuten. Nahezu eine halbe Million Zuschauer wohnte den Sportveranstaltungen bei.

12.4 Plakat von Willibald Krain (1925)

Nachdem sein Vorgänger Voigt auf Eingemeindungen verzichtet hatte, setzte Landmann 1928 das Werk Adickes' fort. Mit der Eingemeindung Fechenheims im Osten wurden die Cassella-Farb-

12.5 Persönlichkeitsgrab von Ernst May (1886–1970). A 274

werke Steuerzahler in Frankfurt. Auch nach Westen dehnte Landmann das Frankfurter Stadtgebiet erheblich aus mit der Eingemeindung von Griesheim, Nied, Sossenheim, Schwanheim und vor allem Höchst, wo der Weltkonzern Farbwerke Hoechst (1925–1952: IG Farben) seinen Standort hatte. Damit schuf er gleichzeitig Raum für die Ansiedlung neuer Industrieunternehmen in der Stadt.

Bei Amtsantritt hatte Landmann »neue Bahnen in der Siedlungspolitik« angekündigt und dabei die Umsiedelung von Menschen aus den unhygienischen, engen und elenden Altstadtquartieren in großzügigere, lichtdurchflutete Neubausiedlungen im Auge. Hierzu schuf er ein mit neuer Machtfülle versehenes Dezernat für Städtebau, in dem das Hochbauamt mit den Abteilungen für Typisierung, Wohnungsbau, Schulbau und Großbauten, Baupolizei, Siedlungsamt, Gartenamt und Planung zusammengefasst waren. Die für die

Großbauten zuständige Abteilung leitete Martin Elsaesser, als Chef der Behörde aber fungierte Ernst May. Der gebürtige Frankfurter war zuvor für eine schlesische Siedlungsgesellschaft tätig gewesen und kam 1925 zurück in seine Heimatstadt. Mit einem massiven öffentlichen Investitionsprogramm sollte der Wohnungsnot in Frankfurt ein Ende gesetzt werden. Für die finanzielle Abwicklung hatte der linksliberale Landmann den Sozialdemokraten Bruno Asch als Stadtkämmerer berufen, mit dem er genauso eng zusammenarbeitete wie mit dem parteilosen May.

12.6 Ernst May 1926

Dieser verfolgte städteplanerisch das Prinzip der Trabantenstädte. Rund um das Stadtzentrum und von diesem durch einen breiten Grüngürtel, der der Erholung dienen sollte, getrennt, wurden autarke Neubausiedlungen angelegt. Auf diese Art entstanden zwischen 1925 und 1929 neun bedeutende Siedlungen in Niederrad (»Zickzackhausen«), im Riederwald, am Bornheimer Hang (wo heute ein Platz Mays Namen trägt), in Praunheim, in Westhausen, die Siedlung Hellerhof im Gallus, die Heimatsiedlung in Sachsenhausen, Höhenblick in Ginnheim und – am bekanntesten – die Siedlung Römerstadt in Heddernheim mit einem Gesamtvolumen von über 9000 Wohnungen, in Aquarellen festgehalten von *Hermann Treuner (1876–1962 – Grab K 2100)*. Hinzu kam eine Reihe von kleineren Siedlungen. Insgesamt wurden so im Neuen Frankfurt rund 12 000 öffentlich geförderte Wohnungen geschaffen. Das größte Siedlungsprojekt Goldstein in Schwanheim mit geplanten 8500 Wohnungen konnte während Mays Amtszeit nicht mehr ver-

12.7 Hermann Treuner: Römerstadt. (1929)

wirklicht werden. Es entstand erst in den Dreißigerjahren in deutlich primitiverer Form für kinderreiche Erwerbslose.

May bevorzugte in seinen Siedlungen das zweigeschossige Einfamilienreihenhaus mit Garten zur Selbstversorgung. Sparsame Grundrisse sollten die Baukosten senken, aber dennoch modernes Wohnen ermöglichen. May stellte dazu ein Arbeitsteam zusammen, das sich auch mit der Innenausstattung beschäftigte. Die aus Wien abgeworbene Margarete Schütte-Lihotzky entwarf die weltweit erste funktionelle und ästhetisch überzeugende Einbauküche.

Die »Frankfurter Küche« war eine reine Arbeitsküche, die Wege verkürzte und Arbeitsabläufe rationalisierte. Ferdinand Kramer, wie Schütte-Lihotzky in der Abteilung T – Typisierung tätig, entwarf zweckmäßige und zu den Wohnungsgrößen passende Möbel, die über die städtische Hausrat GmbH vertrieben wurden. In Zusammenarbeit mit dem Schlosser *August Schanz (1871–1935 – Grab K 165)* wurden neuartige Stahlzargen entwickelt. Einzelne Siedlungen wurden voll elektrifiziert und mit Elektroherd, Heißwasserboiler und Zentralradio ausgestattet. Um die Kosten zu senken, entwickelte die Abteilung T das als »Frankfurter Montageverfahren« bekannt gewordene Plattenbausystem. In einer eigenen »Häuserfabrik« wurden genormte Betonplatten gefertigt, die in kürzester Zeit zu Häusern zusammengefügt wurden. Mindestens 1000 Einheiten entstanden auf diese Weise.

Das Wohnungsbauprogramm endete durch Finanzierungsprobleme Ende der Zwanzigerjahre. Ernst May ging nach Moskau und wurde Chefingenieur für den Städte- und Siedlungsbau in der Sowjetunion, etliche seiner Mitarbeiter folgten ihm. Von 1934 bis 1954 war er in Afrika tätig, ehe er wieder nach Deutschland zurückkehrte und verschiedene Projekte leitete, unter anderem des Wohnungsbauunternehmens »Neue Heimat« des DGB.

Die von 1926 bis 1931 publizierte Monatsschrift *Das Neue Frankfurt*, mit der May seine Arbeit marketingmäßig begleitete, hatte Abonnenten auf allen Kontinenten. Der programmatische Titel griff eine Formulierung Ludwig Landmanns auf, der die neue Frankfurter Wohnarchitektur eingebettet sehen wollte in eine Vorstellung, die durch einen einheitlichen Kultur- und Gestaltungswillen den Neuen Menschen schaffen sollte. Selbst die städtischen Drucksachen wurden grundlegend überarbeitet. Die Entwürfe der zu Mays Team gehörenden Grafiker Grete und Hans Leistikow bestanden aus klaren, geometrischen Formen, verzichteten auf jegliche Schnörkel, und entsprachen damit den durch horizontale und vertikale Bänder gegliederten Neubauten.

Ein Teil der in der Zeitschrift *Das Neue Frankfurt* veröffentlichten Fotografien steuerte Dr. Paul Wolff bei. Der 1887 in Mülhausen

12.8 Persönlichkeitsgrab von Paul Wolff (1887–1951). II GG 17a

geborene Wolff war Mediziner und musste 1919 das Elsass, das nun zu Frankreich gehörte, verlassen. Über die Zwischenstation Karlsruhe kam er nach Frankfurt, wo es ihm aus finanziellen Gründen nicht gelang, eine Arztpraxis zu eröffnen. Wolff, der sich schon früh mit der Fotografie beschäftigt hatte, arbeitete zunächst in der Werbebranche. 1924 gründete er eine eigene Firma, die vorrangig Filme und Fotos für Industrieunternehmen produzierte. Zudem legte er auch drei Bildbände über das alte Frankfurt vor. Für die von der Stadt verbreitete Werbebroschüre über den Sommer der Musik lieferte Wolff 29 Aufnahmen. Zwischen 1926 und 1928 stellte Wolff fünf Kurzfilme über das Neue Frankfurt her und fotografierte die neuen Siedlungen und die Großmarkthalle für die Zeitschrift *Das Neue Frankfurt*. Für seine Aufnahmen nutzte er nicht mehr die vertraute Plattenkamera, sondern die Kleinbildkamera der Firma Leitz in Wetzlar. In mehreren Publikationen beschrieb er seine Arbeit mit der Leica, der er damit zum Erfolg verhalf. Wolff wurde zu einem der namhaftesten Fotografen Deutschlands. Seine Aufnahmen werden heute noch im Historischen Bildarchiv Dr. Paul Wolff & Tritschler in Offenburg verwaltet.

Ludwig Landmann, dessen Charakter als introvertiert beschrieben wurde, war die prägende Persönlichkeit Frankfurts in der Weimarer Republik. Mit Fantasie, Enthusiasmus und visionären Konzepten trieb er die Entwicklung der Stadt zum kulturellen und wirtschaftlichen Zentrum Südwestdeutschlands voran, bis er von den Nazis gestoppt wurde. Im März 1933 trieben die Nationalsozialisten Landmann aus seinem Amt. Er ging zunächst nach Berlin und 1939 in die niederländische Heimat seiner Frau. Nach dem deutschen Einmarsch 1940 verbargen ihn Freunde. Von den Nazis ausgeplündert starb er im März 1945 verarmt und unterernährt.

12.9 Paul Wolff

1947 wurde die durch die May-Siedlungen Praunheim und Westhausen ver-

12.10 Gedenktafel für Ludwig Landmann an seinem Wohnhaus in Sachsenhausen

laufende Straße nach ihm benannt. Aber dann wurde die Erinnerung an ihn in Frankfurt weitgehend verdrängt. Seine Witwe berichtete, dass er im Exil eine Liste seiner Wegbegleiter angelegt hatte, die ihm treu geblieben waren: sie habe nur wenige Namen enthalten.

Erst 1987 wurden seine sterblichen Überreste und die seiner Frau infolge eines Magistratsbeschlusses aus dem niederländischen Voorburg nach Frankfurt überführt und in einem Ehrengrab beigesetzt. Am Schaumainkai 7, wo Landmann während seiner gesamten Frankfurter Zeit von 1917 bis 1933 in einer Mietswohnung im zweiten Stock gelebt hatte, wurde 1998 eine Gedenktafel angebracht. 2021 wurde erstmals der »Ludwig-Landmann-Preis für Mut und Haltung« verliehen. Die Gesellschaft der Freunde und Förderer des Jüdischen Museums zeichnet damit Persönlichkeiten aus, die sich für eine offene und moderne Gesellschaft, für die Vermittlung von jüdischer Geschichte und Kultur, gegen Antisemitismus und Menschenfeindlichkeit, für transkulturelle Verständigung und interreligiösen Dialog, für respekt- und wirkungsvolle Formen der Erinnerung an den Holocaust und die Verteidigung des Existenzrechts des Staates Israel einsetzen.

Johanna Kirchner und der Widerstand gegen den Nationalsozialismus

13.1 Persönlichkeitsgrab von Johanna (1889–1944) und Karl Kirchner (1883–1945). I 242

Nachdem Reichspräsident Hindenburg auf Druck von Industriellen und Bankiers Adolf Hitler zum Reichskanzler ernannt und damit die offen antidemokratische und terroristische NSDAP zur Regierungspartei gemacht hatte, kannten auch die Frankfurter Nationalsozialisten kein Halten mehr. Im letzten Kapitel haben wir schon erwähnt, dass Oberbürgermeister Landmann aus dem Amt getrieben wurde und fliehen musste. Nachdem die NSDAP bei den Kommunalwahlen in Frankfurt am 12. März 1933 mit 47,9 % der Stimmen stärkste Partei geworden war, wurde der Landgerichtsrat Friedrich Krebs von Hermann Göring, dem kommissarischen Innenminister Preußens, zum Oberbürgermeister ernannt. Krebs war zwar kommunalpolitisch gänzlich unerfahren, besaß aber seit 1929 das Parteibuch der NSDAP. Wie überall im Reich richtete sich der nationalsozialistische Terror zunächst in erster Linie gegen die Arbeiterparteien und die Juden. Aus dem Magistrat, städtischen Behörden und der Justiz wurden Mitglieder von SPD, KPD, aber auch der Deutschen Staatspartei entfernt, Juden beurlaubt und durch Nazis ersetzt. Bürgermeister Schlosser von der SPD wurde inhaftiert, ebenso Karl Kirchner, der Vorsitzende der SPD-Fraktion in der Stadtverordnetenversammlung.

Karl Kirchner war der Ehemann von **Johanna Kirchner**, geb. Stunz. Aufgewachsen in einer altsozialdemokratischen Familie war sie selbst, die immer nur Hanna genannt wurde, 1908 im Alter von 19 Jahren in die SPD eingetreten. Erst ab diesem Jahr war es Frauen aufgrund einer Gesetzesänderung überhaupt möglich, politischen Parteien beizutreten. Karl Kirchner war im SPD-Parteisekretariat angestellt und schrieb nebenher für sozialdemokratische Organe. Hanna wurde seine Mitarbeiterin. 1913, ein halbes Jahr nach der Geburt ihres ersten Kindes, heirateten die beiden. Während des Ersten Weltkrieges arbeiteten beide in der Kriegsfürsorge, die sich u. a. um die Schulkinderspeisung kümmerte. 1919 gehörte das Ehepaar zu den Gründern der Arbeiterwohlfahrt, die damals noch keine Trägerin sozialer Einrichtungen war, sondern innerhalb der freien Wohlfahrtspflege die Interessen der Arbeiterschaft wahrnahm. Bald aber wurde die AWO selbst in der Sozialarbeit beratend, betreuend und unterstützend tätig. Während des Ruhrkampfs 1923/24 organisierte Hanna Kirchner Erholungsaufenthalte für hunderte von

13.2 Johanna Kirchner

Kindern arbeitsloser Familien aus dem Ruhrgebiet in Frankfurt. 1925 wurden Karl und Hanna Kirchner geschieden. Sie heiratete Paul Schmidt, trennte sich aber bereits nach einem Jahr auch von ihm. Den Namen Kirchner behielt sie zeitlebens bei und blieb ihrem ersten Mann, mit dem sie zwei Töchter hatte, immer in Freundschaft verbunden. 1926 wurde sie hauptamtliche Parteisekretärin der Frankfurter SPD. Da sie die vom Nationalsozialismus ausgehende Gefahr früh erkannt hatte, lud sie 1932 eigenmächtig Vertreter der Frankfurter KPD zu einer Sitzung des SPD-Parteivorstands ein, um das von den Kommunisten ihr gegenüber geäußerte Einheitsfront-Angebot zu ventilieren. Die seit Jahren intensiv gepflegten gegenseitigen Vorbehalte der beiden Arbeiterparteien verhinderten aber eine Zusammenarbeit.

Schon kurz nach der nationalsozialistischen Machtübernahme wurden Frankfurter Sozialdemokraten, Kommunisten und Gewerkschafter in Lager verschleppt. Hanna Kirchner versuchte vergeblich, den Sozialdemokraten Carlo Mierendorff freizubekommen, geriet dadurch selbst in den Blick der Nazis und sollte verhaftet werden. Sie emigrierte ins Saargebiet, das damals unter Völkerbundverwaltung stand, und wohin sich viele Antifaschisten abgesetzt hatten. Zunächst arbeitete sie als Serviererin in einem Lokal, das Marie Juchacz betrieb, die von 1920 bis 1933 Abgeordnete der SPD im Reichstag und Vorsitzende der Arbeiterwohlfahrt gewesen war. Bald bekam Johanna Kirchner aber eine Stelle im Büro der Saar-SPD. Sie half anderen Emigranten, schrieb Artikel, hielt – auch über ihre Töchter – Kontakt zu Genossen in Hessen und informierte den

Exil-Vorstand der SPD in Prag (SOPADE) über die Situation in Deutschland. Nach den neuen Gesetzen in Nazi-Deutschland erfüllte ihre Tätigkeit den Tatbestand des Hochverrats und konnte mit Zuchthaus oder dem Tod bestraft werden.

Im Februar 1936 endete die internationale Kontrolle über die Saar. Vor der Volksabstimmung über den zukünftigen Status des Saargebiets hatten sich SPD und KPD auf die gemeinsame Forderung nach der Beibehaltung des Status quo geeinigt. Aber über 90 % der saarländischen Wähler stimmten für den Anschluss des Saarlandes an Deutschland. Hanna Kirchner musste abermals emigrieren und ging ins nahegelegene Forbach in Lothringen, wo sie sich in der »Beratungsstelle für Saarflüchtlinge« engagierte. 1937 wurde sie aus Deutschland ausgebürgert. Nach dem Ende der Volksfrontregierung in Frankreich änderte sich die französische Asylpolitik, die nun sehr restriktiv mit den Emigranten verfuhr. Hanna Kirchner wechselte mehrfach den Wohnort und wurde als Gegnerin Hitlers so behandelt, als sei sie seine Anhängerin.

13.3 Gedenktafel für Johanna Kirchner und alle Frankfurter Widerstandskämpfer an der Paulskirche

Nach dem Einmarsch deutscher Truppen in Paris im Juni 1940 schloss Marschall Pétain mit den Deutschen einen Waffenstillstandsvertrag. Der nördliche Teil Frankreichs wurde von der Wehrmacht besetzt, im Süden herrschte das mit den Deutschen kollaborierende

Vichy-Regime. Die französische Regierung verpflichtete sich, in Frankreich befindliche Deutsche auf Verlangen an Deutschland auszuliefern.

Im Juni 1942 wurde Hanna Kirchner in Aix-les-Bains von der französischen Geheimpolizei verhaftet und nach Deutschland ausgeliefert. Sie wurde im Frauenzuchthaus Cottbus eingekerkert. Im Mai 1943 verurteilte sie der Volksgerichtshof in Berlin zu zehn Jahren Zuchthaus. Roland Freisler, der berüchtigte Präsident des Gerichts, kassierte das Urteil und verurteilte sie im April 1944 zum Tode. Am 9. Juni 1944 wurde sie hingerichtet. Ihr Name steht zwar auf dem Grabstein ihres ersten Mannes Karl Kirchner, aber sie wurde nicht hier bestattet. Ihre Mörder hatten Angst, dass ihr Begräbnis zu einer Kundgebung gegen das nationalsozialistische Terrorregime hätte werden können.

Hanna Kirchner war eine von vielen, die sich dem menschenverachtenden NS-System entgegenstellten. Sie war keine Heldin im herkömmlichen Sinn. Sie vollbrachte keine spektakulären Taten, legte keine Bomben, plante keine Attentate, hegte keine Umsturzpläne. Sie tat das, was – auch unter schwierigsten Bedingungen – notwendig war: sie half, sie unterstütze, sie beriet, sie informierte, sie organisierte, sie kämpfte für ein besseres Deutschland. Sie stand für Humanität und Solidarität. An der Paulskirche erinnert eine Gedenktafel an sie und alle »Frankfurter Bürgerinnen und Bürger, die der Barbarei des Nationalsozialismus Widerstand entgegensetzten«. In Praunheim ist eine Straße nach ihr benannt.

Im Untersuchungsgefängnis in Berlin-Moabit – und zuvor schon im Saargebiet und in Forbach – hatte Hanna Kirchner eine alte Bekannte aus Frankfurt wiedergetroffen: **Lore Wolf** *(1900–1996 – anonymes Urnengrab im Gewann XVI)*. Die Antifaschistin aus Höchst war ab 1916 als Stenotypistin unter Karl Kirchner tätig, der sie an die Gewerkschaft, die Sozialistische Arbeiterjugend und die Natur-

13.4 Lore Wolf

freunde heranführte. 1929 wanderte sie mit ihrem Mann – beide waren inzwischen arbeitslos geworden – in die USA aus, in der Hoffnung dort Arbeit und ein besseres Leben zu finden. Enttäuscht von den Verhältnissen, insbesondere vom Widerspruch zwischen Überfluss auf der einen und extremer Armut auf der anderen Seite, emigrierten sie 1932 in die Sowjetunion und arbeiteten dort in einem Autowerk.

Als sie im April 1933 in den Ferien auf Besuch nach Frankfurt reisten, wurden ihnen Pässe und Rückfahrkarten abgenommen, und sie mussten in Deutschland bleiben. Lore Wolf schloss sich sofort dem Kampf gegen Hitler an und wurde Mitglied der inzwischen illegalen KPD. Sie wurde in die Bezirksleitung der »Roten Hilfe« gewählt. Die Arbeit dieser der KPD nahestehenden Organisation hatte zwei Schwerpunkte: zum einen die Herstellung und Verteilung der illegalen Zeitungen *Das proletarische Volksgericht* und *Die Information*, die in Frankfurt monatlich in Auflagen von 4000 bzw. 8000 Exemplaren erschienen; zum anderen die Unterstützung der Hinterbliebenen der vom Nazi-Regime Ermordeten bzw. der Familien der inhaftierten Widerstandskämpfer. Dabei arbeitete die Kommunistin Lore Wolf mit Naturfreunden, Gewerkschaftern und Sozialdemokraten zusammen. Durch Verrat wurde ein Teil der Gruppe verhaftet.

Wolf floh ins Saargebiet, das sie nach der Angliederung ans Reich Richtung Frankreich verlassen musste. Zeitweilig arbeitete sie für die Rote Hilfe in der Schweiz, wurde aber nach Frankreich ausgewiesen. In Forbach arbeitete sie zusammen mit Hanna Kirchner in der Flüchtlingshilfe. In Paris lernte sie 1936 die Schriftstellerin Anna Seghers kennen, deren weltberühmter Roman *Das siebte Kreuz*, der die Flucht von sieben Gefangenen aus dem KZ Osthofen zum Inhalt hat, zum Teil in Frankfurt spielt. Wolf lieferte ihr wichtige Informationen über die Frankfurter Gegebenheiten und tippte

LORE WOLF
1900 – 1996

Hier wohnte zwischen 1924 und 1934 die Widerstandskämpferin Lore Wolf. Sie lebte zunächst in der Gerlachstraße 24, später zog sie in die Paul-Schwerin-Str. 2b.

Foto: Studienkreis Deutscher Widerstand

Als Kommunistin und Mitglied der Widerstandsgruppe „Rote Hilfe“ wurde sie ab 1933 von den Nationalsozialisten verfolgt. Mit Flugblättern und Schriften engagierte sie sich gegen das verbrecherische System. 1934 floh sie in das damals als Mandatsgebiet des Völkerbundes autonome Saargebiet, 1935 nach Frankreich und in die Schweiz. Im Exil unterstützte sie emigrierte NS-Verfolgte sowie deren Angehörige und schloss Freundschaft mit der Schriftstellerin Anna Seghers. 1940 wurde Lore Wolf in Paris verraten und zu 12 Jahren Zuchthaus verurteilt. 1945 erfolgte die Befreiung aus dem KZ Fuhlsbüttel. Für ihren Widerstand ehrte die Stadt Frankfurt am Main Lore Wolf 1991 mit der Johanna-Kirchner-Medaille.

13.5 Gedenktafel am Wohnhaus von Lore Wolf in Höchst

das Manuskript ab. Aufgrund eines neuerlichen Verrats wurde Lore Wolf 1940 schließlich in Paris verhaftet und nach Deutschland überstellt. Nach Gefängnisaufenthalten in Wiesbaden und Höchst wurde sie nach Berlin gebracht. Der Volksgerichtshof verurteilte sie 1941 wegen Vorbereitung zum Hochverrat zu zwölf Jahren Zuchthaus, die sie bis 1945 in Berlin-Moabit und in Ziegenhain absaß. Kurz vor Kriegsende wurde sie in das KZ Fuhlsbüttel überführt, wo sie im Mai 1945 freikam.

Auch nach der Befreiung war Lore Wolf weiter in der Kommunistischen Partei tätig. 1946 war sie Mitglied des Beratenden Landesausschusses von Groß-Hessen, einem Vorläufer des Hessischen Landtags. In der Betreuungsstelle für politisch, rassisch und religiös Verfolgte des Naziregimes war sie stellvertretende Leiterin. Bis zu

13.6 Grab von Emil Carlebach (1914–2001). XIV 1142 UG

ihrer Pensionierung arbeitete sie bei der Stadt Frankfurt, die ihr 1991 die Johanna-Kirchner-Medaille verlieh. Sie starb 1996 und wurde in einem anonymen Urnengrab im Gewann XVI beigesetzt. An ihrem Wohnhaus in Höchst wurde eine Gedenktafel für sie angebracht.

1947 hatte Lore Wolf zusammen mit anderen Leidensgenossen die Vereinigung der Verfolgten des Naziregimes (VVN) gegründet. Einer von ihnen war **Emil Carlebach**. Geboren 1914 in Frankfurt war der einer jüdischen Familie entstammende Carlebach schon als 17-Jähriger dem Kommunistischen Jugendverband Deutschlands beigetreten. 1934, im Alter von 19 Jahren, wurde er wegen Verteilens antifaschistischer Gewerkschaftszeitungen zu drei Jahren Gefängnis verurteilt, kam aber bis zum Ende der Naziherrschaft nicht mehr frei. Man verbrachte ihn 1937 ins KZ Dachau und 1938 ins KZ Buchenwald. Nach der Befreiung wurde er von seinen Mithäftlingen zum Vizepräsidenten des Internationalen Buchenwaldkomitees gewählt. Carlebach war weiter für die KPD aktiv: als Frankfurter Stadtverordneter, hessischer Landtagsabgeordneter und Mitarbeiter an der Hessischen Verfassung. Er war Mitgründer und Lizenzträger der *Frankfurter Rundschau*, wurde aber 1947 von der amerikanischen Militärregierung in Hessen seines Postens enthoben. Wie Lore Wolf erhielt er 1991 die Johanna-Kirchner-Medaille der Stadt Frankfurt.

Von 1920 bis 1928 war auch **Wolfgang Abendroth** Mitglied der KPD gewesen, hatte sich dann aber wegen ihres ultralinken Kurses von ihr abgewandt. Die KPD-Führung um Ernst Thälmann erklärte 1928 die SPD zu ihrem Hauptfeind und vertrat die verhängnisvolle Sozialfaschismusthese. Als Sozialfaschismus wurde eine Form der Unterdrückung bezeichnet, die sich gleichzeitig sozialer Phrasen bedient. Damit war die SPD gemeint. Eine Gruppierung um Heinrich Brandler und August Thalheimer lehnte diesen Kurs ab und

13.7 Grab von Wolfgang Abendroth (1906–1985). I 399

trat für die Einheitsfront mit der SPD ein. Sie wurden aus der KPD ausgeschlossen und gründeten die KPD-Opposition, kurz KPO, der sich Abendroth anschloss.

Die Politik der SPD in den ersten Monaten der nationalsozialistischen Herrschaft war durchaus geeignet, die kommunistischen Vorbehalte gegen sie zu belegen. Die Führung der SPD versuchte, ein Parteiverbot zu verhindern, indem sie aus der Sozialistischen Internationale austrat, Juden in ihrem Vorstand nicht mehr zuließ, und indem die verbliebenen Reichstagsabgeordneten am 17. Mai 1933 Hitlers »Friedensresolution« zustimmten. Das nützte freilich nichts, denn bereits am 22. Juni 1933 wurde die Partei verboten.

Abendroths Tätigkeit in der KPO während des Nationalsozialismus bestand darin, einen Pressedienst herzustellen, der Informationen aus ausländischen Zeitungen und von illegal arbeitenden Genossen zusammentrug und antifaschistischen Stadtteil- und

Betriebszeitungen zur Verfügung stellte. Schon am 1. April 1933 wurde Abendroth verhaftet, aber bald wieder freigelassen. Allerdings hatte seine Verhaftung zur Folge, dass er kurz vor dem Examen aus dem juristischen Referendariat entlassen wurde und ohne Beruf dastand. Um seine Qualifikationen zu erweitern, ging er nach Basel, wo er mit einem völkerrechtlichen Thema promovierte. Währenddessen setzte er seine Widerstandstätigkeit fort, indem er Informationen und Materialien nach Deutschland schleuste und den Einheitsfrontgedanken propagierte. Anfang 1934 setzten sich in der KPD tatsächlich die Einheitsfront-Befürworter durch und es kam punktuell – wie z. B. bei der Saarabstimmung – zum gemeinsamen Handeln mit der SPD. Ehe sich die Parteiführungen zum gemeinsamen Kampf gegen die Nazis bereitfanden, praktizierte die Basis diesen in vielen Fällen bereits, wie wir bei Hanna Kirchner und Lore Wolf gesehen haben.

Nachdem 1937 ein führendes Mitglied der KPO verhaftet worden war, flog deren Reichsleitung auf. Auch Abendroth wurde verhaftet. Wegen Hochverrats wurde er zu vier Jahren Zuchthaus verurteilt. Im Kerker setzte er seine illegale Tätigkeit fort. Nach Verbüßung seiner Haftstrafe kam er zur Strafdivision 999, in der politische Gefangene zusammen mit Kriminellen zum Kriegsdienst herangezogen wurden. Abendroths Bataillon wurde auf der Insel Lemnos in Griechenland eingesetzt, wo er mit griechischen Partisanen Kontakt aufnahm. Kurz vor dem Rückzug der deutschen Truppen aufs Festland im Sommer 1944 gelang es ihm und seinen Genossen, die geplante Zerstörung von Produktions- und Energieunternehmen zu verhindern. Die Saboteure zogen sich in die Berge zurück, wurden aber später von den Griechen an die Engländer ausgeliefert. Abendroth kam in englische Kriegsgefangenschaft, wo er und andere »Politische« gegenüber Angehörigen der Wehrmacht und Mitgliedern der NSDAP benachteiligt wurden, da man glaubte,

13.8 Ehrengrab von Anna Beyer (1909–1991). XII 700

diese für den Wiederaufbau in Deutschland zu benötigen. Er kam erst über ein Umerziehungslager Ende November 1946 nach Deutschland zurück.

Abgestoßen vom stalinistischen Terror war Abendroth während seiner Kriegsgefangenschaft in die SPD eingetreten, die ihn 1961 wieder ausschließen sollte, da er den SDS (Sozialistischer Deutscher Studentenbund) unterstützte, zu dem die SPD einen Unvereinbarkeitsbeschluss gefasst hatte. In der Sowjetischen Besatzungszone konnte er endlich sein zweites Staatsexamen ablegen und bekleidete in der Folge Professuren in Leipzig, Jena und Wilhelmshaven. 1950 erhielt er die Professur für wissenschaftliche Politik an der Philipps-Universität in Marburg, die er bis zu seiner Emeritierung 1972 innehatte. Abendroth gehörte 1967 zu den Gründungsmitgliedern des »Studienkreis Deutscher Widerstand 1933–1945« und des zu ihm gehörigen Dokumentationsarchivs in Frankfurt. Jürgen Habermas, der sich bei ihm habilitierte, bezeichnete ihn als »Partisanenprofessor im Lande der Mitläufer«.

Anna Beyer hatte sich als 14-Jährige der Sozialistischen Arbeiterjugend (SAJ) angeschlossen und wechselte später zum Internationalen Sozialistischen Kampfbund (ISK). Der ISK vertrat einen ethisch ausgerichteten Sozialismus, war dem Tierschutz, dem Vegetarismus und der Alkohol- und Tabakabstinenz verpflichtet sowie antiklerikal eingestellt. 1933 durch die Nationalsozialisten verboten, leistete der ISK Widerstandsarbeit, indem er politisch Verfolgten zur Flucht verhalf, Sabotageakte verübte und antifaschistische Flugblätter verteilte.

Anna Beyer druckte mittels eines präparierten Koffers die Parole »Nieder mit Hitler« auf das Straßenpflaster. 1936 eröffnete sie im Steinweg eine vegetarische Gaststätte, die als Anlaufstelle für Widerstandskämpfer diente. Als dort ihr Genosse Ludwig Gehm, der anlässlich der Eröffnung eines ersten Teilstücks der Autobahn eine antifaschistische Parole an eine Brücke gemalt und Kabel der Lautsprecheranlage zerschnitten hatte, verhaftet wurde, floh sie ins französische Exil. Dort half sie bei der Herstellung des »Reinhart-Briefs«, der über politische, wirtschaftliche und kulturelle Entwicklungen im Reich informierte und illegal nach Deutschland gebracht wurde. Von Paris ging Beyer in die Schweiz und dann weiter nach England. Dort leistete sie Jugendarbeit in einer Orga-

13.9 Grab von Else Alken (1877–1942). F 1773

nisation deutscher Gewerkschafter. Ihren Lebensunterhalt verdiente sie sich mit Küchenarbeit in einer vegetarischen Gaststätte. Nach der Befreiung ging sie zurück nach Frankfurt, wo sie für die SPD in die Stadtverordnetenversammlung gewählt wurde. Sie war außerdem Mitglied im SPD-Parteivorstand und beruflich tätig in der Hessischen Landesregierung. Nach ihr wurde eine Straße im Nordend benannt.

13.10 Gedenkstätte Katzbach. E157

Wenn auch Kommunisten und Sozialdemokraten die Hauptlast des Widerstands gegen den Nationalsozialismus getragen haben, so gab es doch auch Widerstand in bürgerlichen und christlichen Kreisen. **Else Alken**, Mitglied der Zentrumspartei, gehörte von 1924 bis 1928 und von 1929 bis 1933 dem Frankfurter Magistrat an. Die Gestapo verfolgte sie, da sie im Verdacht oppositioneller Gesinnung stand, aber auch, weil sie gemäß der NS-Rassenlehre als »Volljüdin« galt. 1942 wurde sie verhaftet, ausgebürgert und ins KZ Theresienstadt gebracht, wo sie noch im gleichen Jahr zu Tode kam. Eine Straße in Niederrad trägt ihren Namen.

Für die Opfer des Nationalsozialismus in Frankfurt gibt es mehrere Gedenkorte auf dem Hauptfriedhof. Bereits 1948 wurde eine Gedenktafel am *Gemeinschaftsgrab für die polnischen Zwangsarbeiter des KZ-Außenlagers Katzbach (E 157)* angebracht. Seit 1997 findet sich dort ein Text in deutscher und polnischer Sprache zu den Hintergründen:

> »Zum Gedenken. Hier ruhen 528 Menschen. Sie starben zwischen August 1944 und März 1945 in den Adler-Werken, in Frankfurt am Main. Sie wurden durch Arbeit, Zwangsarbeit vernichtet. Sie verhungerten, starben an Entkräftung, an unbehandelten Krankheiten, wurden zu Tode geprügelt. Sie starben mitten in Frankfurt, die Adler-Werke waren eine Außenstelle des Konzentrationslagers Natzweiler. Der Schoß ist fruchtbar noch, aus dem das kroch. Bert Brecht.«

Erst 1959 wurde eine *Gräberanlage für Opfer des Nationalsozialismus (Gewann I)* neugestaltet. Sie enthält die sterblichen Überreste von 539 Deutschen, die in Konzentrationslagern, Straf- oder Heilanstalten ums Leben kamen, von 617 Kriegsgefangenen und Zwangsarbeitern aus der Sowjetunion, von 126 polnischen Kriegsgefangenen und Zwangsarbeitern, von 175 Toten, überwiegend aus Jugoslawien und den baltischen Staaten, und von 27 nicht identifizierbaren Toten. An der Grabanlage ist die Skulptur *Hiob* von Gerhard Marcks aufgestellt. Auf später hinzugekommenen Gedenktafeln wird an die Opfer des politischen und rassistischen Terrors, an die Ermordung von Sinti und Roma sowie an die Opfer der Wissenschaft und »Rassekunde« erinnert.

13.11 Hiob von Gerhard Marcks

Wilhelm Hollbach und das Ende des Zweiten Weltkriegs

14.1 Grab von Wilhelm Hollbach (1893–1962). I 1118

Am 29. März 1945 hatten amerikanische Truppen Frankfurt eingenommen und eine größtenteils zerstörte Stadt vorgefunden. Das Ergebnis des von Hitler angezettelten Weltkrieges bedeutete nach zwei verheerenden Bombenangriffen im März 1944 für Frankfurt: Von einst 177 000 Wohnungen war die Hälfte völlig zerstört, ein Viertel beschädigt und ein Viertel noch intakt. Davon beschlagnahmte die US-Armee 8350 Wohnungen für ihre Zwecke, sodass 33 000 Frankfurter ihre Wohnungen verlassen mussten. Die

US-Armee richtete ein Sperrgebiet ein, das vom Palmengarten im Westen bis zum Oeder Weg im Osten, von der Wolfsgangstraße im Süden bis zum Dornbusch im Norden reichte, und machte das IG-Farben-Haus zu ihrem Hauptquartier.

120 000 Menschen waren obdachlos, ein nach Kriegsende unaufhörlicher Strom von Flüchtlingen und Heimkehrern (bis August 1945 etwa 90 000) verschärfte die Lage. Der einstmals schönste mittelalterliche Stadtkern Deutschlands, wenn nicht Europas, existierte nicht mehr. Strom- und Wasserversorgung waren unterbrochen, Verkehrsmittel verkehrten nicht mehr, Schulen waren geschlossen, Brücken zerstört, es gab weder Telefon noch Postverkehr, die Versorgung mit Lebensmitteln war prekär und blieb es bis zur Währungsreform. Einen optischen Eindruck vom Zustand der Altstadt nach Kriegsende vermittelt das sogenannte Zerstörungsmodell. Es steht als Kontrast neben dem Altstadtmodell von *Hermann Treuner (1876–1962 – Grab K 2100)* und seinem Bruder Robert,

14.2 Zerstörungsmodell der Frankfurter Altstadt 1945 im Historischen Museum

14.3 Paul Wolff: Römer vor 1944 …

14.4 … und nach März 1944

das den Zustand vor dem Krieg wiedergibt, im Historischen Museum. Auch die vor und nach den Fliegerangriffen gemachten Frankfurt-Fotografien des Leica-Pioniers *Paul Wolff (1887–1951 – Grab II GG 17a)* vermitteln einen beklemmenden Eindruck von den Zerstörungen.

Die Einwohnerzahl war zwischen Beginn und Ende des Kriegs von 550 000 auf 270 000 gesunken. Von den 32 000 Juden, die Mitte der Dreißigerjahre in Frankfurt lebten, gab es noch 140. Die anderen waren ermordet worden oder verschollen.

Der Oberbefehlshaber der amerikanischen Streitkräfte in Deutschland und Militärgouverneur in der amerikanischen Besatzungszone Dwight David Eisenhower erklärte: »Wir kommen als siegreiches Heer; jedoch nicht als Unterdrücker«. Sechs Wochen vor der bedingungslosen Kapitulation Deutschlands wurde in Frankfurt bereits begonnen, den Nachkriegsalltag zu organisieren.

Die Ernennung des Amtierenden Bürgermeisters durch die amerikanische Militärverwaltung wurde bereits einen Tag vor der endgültigen Einnahme Frankfurts, am 28. März, vorgenommen. Sie vollzog sich den Umständen entsprechend eher spontan. Die amerikanische Stadtverwaltung hatte sich als Quartier das unzerstörte Gebäude der Metallgesellschaft genommen. Sie wollte zunächst den Direktor der Gesellschaft Hermann Lumme zum Bürgermeister ernennen. Nachdem dieser ablehnte, fiel die Wahl auf den Journalisten Wilhelm Hollbach. Der gebürtige Aachener hatte seit Anfang der Dreißigerjahre erfolgreich das weitgehend unpolitische *Illustrierte Blatt* herausgegeben, war nicht in der NSDAP gewesen, galt als unbelastet und hatte von sich aus den Amerikanern seine Mitarbeit angeboten.

Nach zwölf Jahren Nazi-Propaganda herrschte nicht nur in den zerstörten Straßen das Chaos, sondern auch in den Köpfen der Bevölkerung. Daraus ergab sich als eine der ersten Aufgaben Hollbachs, die die US-Kommandantur ihm auferlegte, Nazis aus der Stadtverwaltung zu entfernen. Bis August wurden rund 3500 Beamte und Angestellte entlassen. Nicht unerwähnt soll in diesem Zusammenhang der Oberbürgermeister unter den Nationalsozia-

14.5 Wilhelm Hollbach (rechts) und der amerikanische Stadtkommandant Criswell

listen Krebs bleiben. Er war bereits vom amerikanischen Militär verhaftet und in einem Camp für schwer belastete Nationalsozialisten in Darmstadt interniert worden. Nachdem treue Untergebene sich für ihn verwandt hatten, wurde er in einem Spruchkammerverfahren als »Minderbelasteter« eingestuft und schon Anfang 1948 aus dem Lager entlassen. Ende 1949, als der Kalte Krieg bereits ausgebrochen war, wurde er – »Alter Kämpfer« und von 1933 bis 1945 Oberbürgermeister einer der bedeutendsten deutschen Städte – sogar zum »Mitläufer« herabgestuft. 1952 kandidierte er als Landesvorsitzender der Deutschen Partei (DP), in der viele ehemalige NS-Funktionäre organisiert waren, für die Kommunalwahl in Frankfurt. Das Abgeordnetenmandat, das er errang, musste er allerdings auf starken Druck der Stadt, der anderen Parteien und der Medien niederlegen.

Hollbach erhielt zu seiner Unterstützung einen Rat zur Seite gestellt, dem Pfarrer, Unternehmer und altgediente, unbelastete Kommunalpolitiker angehörten. Außerdem wurde er anfangs von einem ausgewählten Kreis an Akademikern sowie einigen Journalistenfreunden unterstützt, darunter der spätere Intendant des Hessischen Rundfunks, Eberhard Beckmann, und der spätere Leiter der Lokalredaktion der *Frankfurter Neuen Presse*, Richard Kirn. Diese wurden später nach und nach von Verwaltungsfachleuten abgelöst. Außerdem schlug Hollbach bereits Mitte April den Amerikanern vor, zu seiner Unterstützung Kurt Blaum, der von 1921 bis 1933 Oberbürgermeister von Hanau gewesen war und aktuell dort als Amtierender Bürgermeister fungierte, nach Frankfurt zu holen und zu seinem Stellvertreter zu machen. Die Berufung Blaums als Zweiter Bürgermeister erfolgte erst am 11. Juni, Hollbach war seitdem Oberbürgermeister.

Sein Büro hatte er in der unzerstörten Villa Bonn in der Siesmayerstraße 12. Von hier organisierte er zusammen mit seinem Beraterstab die dringendsten anstehenden Aufgaben: Räumung der zwölf Millionen Kubikmeter Trümmer, Wohnraumbeschaffung, Reparatur von Gas- und Stromleitungen, Wiederherstellung von Kliniken, Schulen und Verkehr, Bekämpfung der Hungersnot. Darüber hinaus veranlasste er die Wiederaufhebung von Straßenumbenennungen nach Nazi-Größen, reorganisierte die Polizei und kümmerte sich um die Rückführung ehemaliger KZ-Insassen nach Frankfurt. Sein Ziel, die Universität wiederzueröffnen, konnte er nicht mehr erreichen. Bereits drei Monate nach seiner Ernennung setzten die Amerikaner ihn am 4. Juli ohne offizielle Begründung wieder ab und ernannten den ausgewiesenen Verwaltungsfachmann und bisherigen Zweiten Bürgermeister Kurt Blaum zu seinem Nachfolger.

Blaum setzte Hollbachs Bemühungen um den Aufbau einer funktionierenden Verwaltung und die Sicherstellung der Versorgung der Bevölkerung mit dem Lebensnotwendigen fort. In seine Amtszeit, die bis zum 30. September 1946 währte, fällt die Wiedereröffnung der Universität, des Hauptbahnhofs und des Eisernen Stegs. »Radio Frankfurt«, Vorläufer des Hessischen Rundfunks, nahm seinen Sendebetrieb auf. Als erste Zeitung erhielt die *Frankfurter Rundschau* eine Lizenz. Der konservative Blaum bezeichnete sie als »kommunistisches Hetzblatt«. Um die Bürgerschaft an Entscheidungsprozessen zu beteiligen, wurde auf Anweisung der Militärregierung ein Bürgerrat gebildet, dem je acht Kommunisten und Christdemokraten angehörten, sieben Liberale und fünf Sozialdemokraten. Am 26. Mai 1946 fand die erste Kommunalwahl statt. Die SPD erhielt 39,9 % der Stimmen, die CDU 33,6 %, die KPD 11,6 % und die Liberalen 11,3 %. Wegen der einmalig geltenden 15 %-Klausel zogen nur SPD und CDU ins Stadtparlament ein, mit 32 bzw. 28 Stadtverordneten.

Nach Kurt Blaum wurde eine Straße in Nied benannt. Wilhelm Hollbach erfuhr keine Ehrung.

Walter Kolb und der Wiederaufbau Frankfurts

15.1 Ehrengrab von Walter Kolb (1902–1956). A 55a

Als im September 1956 Frankfurts Oberbürgermeister Walter Kolb zu Grabe getragen wurde, sprachen bei der Trauerfeier in der Paulskirche neben anderen Bundespräsident Theodor Heuss, Kirchenpräsident Martin Niemöller, der Hessische Ministerpräsident Georg August Zinn und der Vorsitzende der SPD Erich Ollenhauer. Tags zuvor hatten im Römer 40 000 Frankfurter an seinem Sarg Abschied von Kolb genommen. Dem Trauerzug zum Hauptfriedhof gaben über hunderttausend Menschen das Geleit. Eine ganze Stadt war in Trauer. Beileidsbekundungen aus ganz Deutschland und auch aus dem Ausland erreichten den Magistrat. Wer war dieser überaus populäre und weit über die Stadt, ja die Landesgrenzen hinaus bekannte Mann?

Walter Kolb wurde 1902 in Bonn geboren. Schon als Abiturient trat er der SPD und der Gewerkschaft bei. Als Student der Rechts- und Staatswissenschaften gründete er 1922 den Deutschen Republikanischen Studentenbund und wurde dessen Vorsitzender. 1924 gehörte er zu den Gründern des Reichsbanners Schwarz-Rot-Gold, einem Wehrverband zur Verteidigung der Weimarer Republik und ihrer Verfassungsordnung. Nach Abschluss seines Studiums 1924 arbeitete er in kommunalen und staatlichen Behörden und wurde 1932 Landrat in Schmalkalden. 1933 wurde er als »untragbar« aus dem öffentlichen Dienst entlassen. Kolb arbeitete fortan als Rechtsanwalt, der Verfolgte des Nazi-Regimes juristisch unterstützte. 1941 wurde er zur Wehrmacht einberufen und 1944 in Gestapo-Haft genommen. Kurz vor Kriegsende gelang ihm die Flucht. Nach dem Krieg wurde er Oberbürgermeister bzw. Oberstadtdirektor in Düsseldorf.

Nachdem sich die Frankfurter Sozialdemokraten auf Walter Kolb als Kandidaten für die Oberbürgermeisterwahl geeinigt hatten, wählte ihn die Stadtverordnetenversammlung am 25. Juli 1946 mit den 32 Stimmen der SPD gegen die 28 Stimmen der CDU, die den bisherigen Amtsinhaber Kurt Blaum nominiert hatte. Kolb war damit der erste demokratisch gewählte Oberbürgermeister nach dem Krieg, nachdem seine zwei Vorgänger noch von der Besatzungsmacht eingesetzt worden waren. In seiner Antrittsrede als Oberbürgermeister formulierte Kolb sein politisches Credo: »Es ist eine große Aufgabe, die Weltanschauungen der Arbeiterbewegung und

15.2 Oberbürgermeister Kolb bei der Trümmerbeseitigung

des Christentums zu verbinden, eine Aufgabe, die mir als religiösem Sozialisten am Herzen liegt.« Daraus zog er den Schluss, einen Mehrparteienmagistrat und eine große Römerkoalition aus SPD und CDU anzustreben, die dann lange über seine Amtszeit hinaus Bestand haben sollte (bis 1972).

An den drängendsten Aufgaben, die sich ihm stellten, hatte sich gegenüber der Amtszeit seiner Vorgänger nichts geändert. Noch immer standen die Aufgaben der Trümmerbeseitigung, der Beschaffung von Wohnraum und der Lebensmittelversorgung im Vordergrund. Schon sechs Wochen nach seinem Amtsantritt organisierte er einen zweitägigen freiwilligen Arbeitseinsatz zur Trümmerbeseitigung, an dem er selbst, der Magistrat und alle Stadtverordneten sich beteiligten. Sein Vorgänger Blaum hatte bereits die Trümmerverwertungsgesellschaft (TVG) gegründet. In einer eigens gebauten Feldbahn wurden die Trümmer in den Osthafen geschafft, wo sie zerkleinert und zu Baumaterial für den Wiederaufbau recycelt wurden. Bis zum Jahr 1954 wurden so aus knapp zehn Millionen Kubikmetern Trümmern rund 30 Millionen Voll- und Hohlblocksteine gewonnen.

Vorrangig verfolgte Kolb auch den schnellen Wiederaufbau der zerstörten Paulskirche, die er als Symbol für Demokratie und Freiheit sah. Die Wiedereröffnung der Paulskirche zum 100. Jahrestag der Nationalversammlung von 1848 betrachtete er als nationale

Aufgabe und rief deutschlandweit zu Spenden auf. Die Frankfurter KPD lehnte das Vorhaben ab, da sie den Bau von Wohnungen als wichtiger betrachtete und eine Bevorzugung bestimmter Firmen monierte; aber das Zentralkomitee der SED in Ostberlin beteiligte sich an den Aufbaukosten mit 10 000 Reichsmark. Der Wiederaufbau erfolgte nicht originalgetreu, sondern in vereinfachter Form. Das politische Desaster, das zur Zerstörung dieses Gebäudes geführt hatte, sollte nicht verleugnet werden. Die Paulskirche wurde als Mahnmal wiedererrichtet, nicht als Ort der Geschichtsverdrängung. Zur Wiedereröffnung am 18. Mai 1948 – genau einhundert Jahre nach dem Einzug der Abgeordneten zur ersten Paulskirchen-Versammlung – sprach der aus dem amerikanischen Exil angereiste frühere Frankfurter Dichter Fritz von Unruh.

Anders als bei der Paulskirche verfuhr man beim (umstrittenen) Wiederaufbau des Goethe-Hauses. *Ernst Beutler (1885–1960 – Grab C 214a)*, der Direktor des Freien Deutschen Hochstifts, und *Georg Hartmann (1870–1954 – Grab III 26)*, Leiter der Bauerschen Gießerei, hatten für einen originalgetreuen Wiederaufbau gekämpft, und sie bekamen Unterstützung u. a. von Hermann Hesse, dem Goethe-Preisträger von 1946, von dem Philosophen Karl Jaspers und dem französischen Literaturnobelpreisträger André Gide. 7000 Einzelspenden ermöglichten den Bau. Die Inneneinrichtung und die wertvolle Handschriftensammlung hatte Beutler rechtzeitig auslagern lassen und damit vor der Vernichtung bewahrt.

Dass Frankfurt die Hauptstadt der Bundesrepublik werden sollte, galt als ausgemachte Sache. Nahezu alles sprach dafür. Frankfurt war nicht nur Wahlort der Könige und Krönungsort der Kaiser gewesen sowie 1848 Tagungsort der ersten deutschen Nationalversammlung, sondern seit dem Mittelalter Handels- und Messezentrum. Die Stadt war Verkehrsknotenpunkt für den Straßenverkehr und die Eisenbahn und hatte den größten Flughafen

15.3 Walter Kolb

Kontinentaleuropas. Hier hatten die Alliierten ihr Hauptquartier, hier haben die Militärgouverneure der Westzonen den Ministerpräsidenten der Bundesländer die *Frankfurter Dokumente* überreicht, die die Gründung eines westdeutschen Separatstaates vorsahen. Frankfurt war der Sitz der bizonalen Verwaltung, der Bank deutscher Länder als Vorläufer der Bundesbank und der Ort der Währungsreform. Ökonomische und politische Entscheidungen über Deutschlands Zukunft wurden in vertraulichen Gesprächen zwischen wirtschaftlichen und politischen Größen im Hotel Monopol am Hauptbahnhof getroffen.

Längst waren Vorkehrungen auch baulicher Natur getroffen. So war an der Bertramswiese ein Rundbau für den Bundestag errichtet worden. Oberbürgermeister Kolb war so fest von Frankfurts Wahlsieg überzeugt, dass er am Tag vor der Wahl bereits seine Dankesrede beim Hessischen Rundfunk aufnehmen ließ, die dann niemals gesendet werden sollte.

Dass sich eine Mehrheit des Bundestages für Bonn aussprach, geht auf eine sehr unerfreuliche Mischung von rheinischem Klüngel, Fehlinformationen, Intrigen und Bestechung zurück – Vorgänge, die der frühere Leiter der Rhein-Main-Redaktion der *Frankfurter Allgemeinen Zeitung* Erich Helmensdorfer als »am äußersten Rand der Legalität angesiedelt« bezeichnete. Das Plenarsaalgebäude wurde an den Hessischen Rundfunk verkauft, der dort bis heute seinen Großen Sendesaal hat.

Walter Kolb wandte sich den nächsten Aufgaben zu. Wenn Frankfurt nicht zum politischen Zentrum der Bundesrepublik werden würde, dann eben zum Finanz-, Handels- und Wirtschaftszentrum. Im Herbst 1948 fand mit großem Erfolg die erste Nachkriegsmesse statt, im Herbst 1949 die erste Frankfurter Buchmesse. 1950 folgte die Pelzmesse und 1951 die erste Internationale Automobilausstellung. Für die Wirtschaftsentwicklung waren die Sparten Chemie, Elektrotechnik und Maschinenbau zentral. Die großen Frankfurter Unternehmen wie Degussa, Hoechst, Metallgesellschaft, Adler und Philipp Holzmann prosperierten. Die AEG verlegte ihre Zentralverwaltung nach Frankfurt. Hinzu kamen Neugründungen wie etwa die Neckermann Versand KG. In Bahnhofsnähe entstand ein bedeutendes Pelzhandelszentrum. Nach und nach verlegten immer mehr Banken ihren Firmensitz nach Frankfurt. Das alles hatte Einfluss auf die Beschäftigung. Während 1950 in der Bundesrepublik eine Arbeitslosenquote von elf Prozent zu verzeichnen war, lag sie in Frankfurt unter vier Prozent.

Mit der Währungsreform war die Zwangsbewirtschaftung aufgehoben worden, Bezugsscheine fielen weg und der Schwarzmarkt verschwand. Mit der Zunahme von Beschäftigung und Wohlstand gewann auch der Individualverkehr immer größere Bedeutung. Das auch von Walter Kolb vertretene Ziel einer autogerechten Stadt führte in ästhetischer Hinsicht zu ähnlich problematischen Lösungen wie der von vielen als eintönig empfundene Wohnungsbau. Am 18. September 1956 eröffnete Kolb an der Hauptwache das erste deutsche Parkhaus – seine letzte größere Amtshandlung. Zwei Tage später starb er.

Kolb war nicht nur für die Stadt rund um die Uhr tätig gewesen. 1950 war er auch zum ersten Vorsitzenden des Deutschen Turner-Bundes gewählt worden. Darüber hinaus wurde der sportbegeisterte Kolb Vorsitzender des Sportausschusses des Deutschen Städtetages und erreichte nach zähen Verhandlungen mit der Militärregierung, dass ab 1950 Waldstadion und Stadionbad wieder

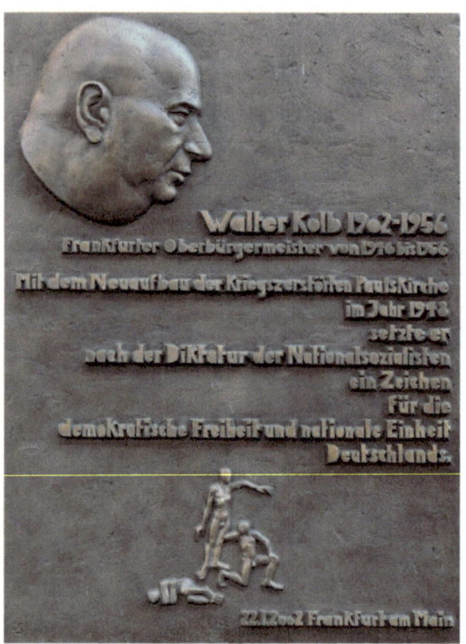

15.4 Gedenktafel für Walter Kolb an der Paulskirche

von der Bevölkerung genutzt werden durften. Nicht zuletzt Kolbs Engagement für den Sport dürfte ausschlaggebend dafür gewesen sein, dass sich der Deutsche Sportbund und der Deutsche Fußballbund in Frankfurt niederließen.

Auch auf kultureller Ebene bewies Walter Kolb im Verein mit seinem Kulturdezernenten *Karl vom Rath (1915–1986 – Grab A 43)* eine sehr glückliche Hand. Mit der Berufung von Harry Buckwitz als Generalintendant und Georg Solti als Generalmusikdirektor erlangten die Städtischen Bühnen Frankfurt in den 1950er-Jahren Weltgeltung.

Seine vielen 16-Stunden-Tage forderten ihren Tribut. Der schwer an Diabetes erkrankte Oberbürgermeister vermochte es nach einem längeren Klinikaufenthalt nicht, seinen Arbeitsstil seinem Gesundheitszustand anzupassen, und verstarb am 20. September 1956 nach einem Herzinfarkt. Im Jahr seines Todes fanden Kommunalwahlen statt, die der SPD das beste jemals in Frankfurt erzielte Ergebnis einbrachten: 54,5 %. Nach Walter Kolb wurde in Sachsenhausen eine Straße benannt, in Unterliederbach eine Schule, in Preungesheim eine Siedlung, in Höchst die Mainfähre und im Westend das von Ferdinand Kramer gebaute Studentenwohnheim.

Theodor W. Adorno und die Frankfurter Schule

16.1 Ehrengrab von Theodor W. Adorno (1903–1969). K 119

»Teddie war ein Frankfurter, ein zutiefst mit der Stadt verbundener Frankfurter.« Mit diesen Worten begann Max Horkheimer seine Grabrede auf den Freund und Kollegen Theodor W. Adorno. Dieser war 1903 in der Schönen Aussicht Nr. 9 zur Welt gekommen – wenige Schritte entfernt von der Nr. 16, wo der große Frankfurter Philosoph → Arthur Schopenhauer im Jahr 1860 verstorben war. Auch Adorno sollte zu einem Philosophen werden, der internationale Bekanntheit erreichte. Beide Philosophen teilten einen pessimistischen Blick auf die Welt. Ansonsten weist beider Werk kaum Gemeinsamkeiten auf. Hat Schopenhauer eine in sich geschlossene Welterklärung in klarer und anschaulicher Sprache geliefert, so lehnte Adorno jegliches philosophische System ab und schrieb in einer Diktion, die von vielen als abstrakt, hermetisch oder unverständlich empfunden wird.

Adorno galt in frühen Jahren schon als Wunderkind. Seine Eltern waren Oscar Wiesengrund, ein erfolgreicher Weinhändler mit jüdischen Wurzeln, der zum Protestantismus übergetreten war, und Maria Calvelli-Adorno, eine Opernsängerin französischer Abstammung und katholischen Glaubens. Ihr einziges Kind kam in der elterlichen Wohnung am 11. September 1903 zur Welt und wurde katholisch getauft. In der Geburtsurkunde wurde sein Name mit Theodor Ludwig Wiesengrund angegeben. Erst in der Emigration in den USA nannte er sich nach dem Namen der Mutter.

Theodor, zuhause Teddie genannt, wuchs in sehr behüteten Verhältnissen auf, in enger Bindung an die Mutter und deren unverheiratete Schwester Agathe, die bis zu ihrem Tode 1935 mit im Haushalt lebte. Seine glückliche Kindheit in Verbindung mit seiner überragenden Intelligenz haben ihn zeitlebens mit einem unerschütterlichen Selbstbewusstsein ausgestattet, dem auch die philosophisch diagnostizierte Negativität nichts anhaben konnte. Sie bewahrte ihn allerdings auch davor, die bedrängende Außenwelt mit ihren politischen und gesellschaftlichen Konflikten und ihrer Trostlosigkeit allzu nahe an sich heranzulassen. Ab 1914 wohnte die Familie in der Seeheimer Straße 19 im Stadtteil Oberrad. Theodor besuchte das Kaiser-Wilhelms-Gymnasium (heute Freiherr-vom-Stein-Schule) am Südbahnhof in Sachsenhausen. Seinen Abschluss legte er als bester aller Abiturienten mit 17 Jahren ab, nachdem er aufgrund eines Ministererlasses ein Jahr der Prima übersprungen hatte. Er studierte dann an der Frankfurter Goethe-Universität Philosophie, Soziologie, Musikwissenschaft und Psychologie, wurde mit 21 von Hans Cornelius mit einer Arbeit über Husserl promoviert und habilitierte sich im Alter von 28 Jahren mit einer Arbeit über Kierkegaard.

Auch wenn Adornos Bedeutung überwiegend in seiner philosophischen und soziologischen Arbeit begründet liegt, so hat er doch von Anfang an der Musik einen großen Stellenwert in seinem Leben beigemessen. Seine erste Klavierlehrerin war Susanne

Stoltze, die Enkelin von → Friedrich Stoltze, dessen Gedichte in Frankfurter Mundart Adorno auswendig vortragen konnte. Mehr als die interpretierende Musik interessierte ihn aber das Komponieren. Wie Paul Hindemith studierte er dieses Fach bei Bernhard Sekles an Dr. Hoch's Konservatorium (→ Die großen Frankfurter Stifter und Mäzene). 1925 übersiedelte er nach Wien, um bei dem von ihm hoch verehrten Alban Berg sein Studium der Komposition fortzusetzen sowie bei Eduard Steuermann Klavier zu studieren.

Schon als 18-Jähriger schrieb er erste Musikkritiken, zunächst in der *Frankfurter Zeitung*, später in der Zeitschrift *Die Musik*. Von 1928 bis 1931 arbeitete er als Redakteur bei der Wiener Musikzeitschrift *Anbruch*. Jegliche formale Konvention ablehnend zeigen seine zahlreichen Veröffentlichungen Adorno als entschiedenen Befürworter der Neuen Musik und insbesondere Arnold Schönbergs. Jazz hingegen lehnte er zeitlebens ab (→ Albert Mangelsdorff). Seine Texte sind von der Intention geprägt, eine Verbindung von ästhetischer Erfahrung und philosophischer Deutung zu ermöglichen, um mit den Möglichkeiten der Kritik das auszudrücken, was das Kunstwerk von sich aus nicht sagen kann. So war ein Maßstab seiner Beurteilungen die Frage, inwiefern ein künstlerisches Erzeugnis in der Lage ist, die Situation des atomisierten, einsamen Individuums in einer ihm fremd gewordenen Welt zu beleuchten. Aufgrund seines umfassenden Expertenwissens sollte er später im amerikanischen Exil Thomas Mann bei der Abfassung seines *Doktor Faustus* in musikwissenschaftlichen Fragen beraten. In der zweiten Hälfte der 1920er-Jahre, in der Adorno häufig zwischen Frankfurt, Wien und Berlin pendelte, entstanden auch eigene Kompositionen, in denen er bevorzugt expressionistische Gegenwartslyrik vertonte.

Bedeutsam für seine weitere Entwicklung wurden Bekanntschaften mit Personen und Büchern. Schon mit 18 Jahren hatte er den

14 Jahre älteren Feuilletonredakteur und Filmtheoretiker der *Frankfurter Zeitung* Siegfried Kracauer kennengelernt, der ihn mit Kants *Kritik der reinen Vernunft* vertraut machte und ihm ein enger Freund und Mentor wurde. Adorno lernte den Philosophen und Kulturkritiker Walter Benjamin, den Dramatiker Bertolt Brecht, den Philosophen Ernst Bloch und den Literaturwissenschaftler und Philosophen Georg Lukács kennen und wurde nachdrücklich beeinflusst von Benjamins *Ursprung des deutschen Trauerspiels*, von Blochs *Geist der Utopie* sowie von Lukács' *Theorie des Romans* und *Geschichte und Klassenbewusstsein*. Entscheidend aber wurde seine Begegnung mit dem Sozialphilosophen Max Horkheimer. Mit diesem, der ebenso wie er von Hans Cornelius promoviert worden war, war Adorno erstmals während seines Studiums 1922 in Kontakt getreten. Nachdem Horkheimer 1931 Direktor des Instituts für Sozialforschung geworden war, sollte eine äußerst innige, fruchtbare und lebenslange Zusammenarbeit entstehen.

Das Institut für Sozialforschung (IfS) war 1924 gegründet worden. Einerseits war es der zehn Jahre zuvor gegründeten Frankfurter Universität angeschlossen, und sein Leiter musste einen Lehrstuhl an dieser innehaben. Andererseits blieb es unabhängig und selbstbestimmt, da es großzügig finanziert wurde von Hermann und Felix Weil. Hermann Weil war durch Weizenhandel in Argentinien zu großem Vermögen gekommen und hatte sich 1912 mit seiner Familie in Frankfurt niedergelassen. Sein Sohn Felix war in Frankfurt mit einer Arbeit über Sozialisierung promoviert worden und hatte 1923 eine »Marxistische Arbeitswoche« veranstaltet, an der viele spätere Mitarbeiter des Instituts teilnahmen, darunter Georg Lukács, Karl Korsch und Horkheimers Freund Friedrich Pollock. Erster Leiter des Instituts, das sich die Aufgabe setzte, das soziale Leben in seinem gesamten Umfang zu erforschen, war Carl Grünberg. In seiner Einweihungsrede bekannte sich der von der Uni-

16.2 Max Horkheimer (li.) und Theodor W. Adorno (hinten rechts Jürgen Habermas) 1964

versität Wien kommende Gelehrte als erster Professor an einer deutschen Universität zum Marxismus. Seinen Sitz hatte das Institut in einem festungsartigen, kubischen Gebäude im Stil der Neuen Sachlichkeit in der Viktoria-Allee 17 (heute: Senckenberganlage, an der Stelle des »Labsaals«). Vom Volksmund wurde es »Café Marx« genannt. Nachdem Grünberg einen Schlaganfall erlitten hatte, übernahm der Ökonom und Soziologe Friedrich Pollock kommissarisch die Leitung, ehe 1931 Max Horkheimer auf Vorschlag Felix Weils zum Direktor des Instituts und als Ordinarius für Sozialphilosophie der Universität berufen wurde.

Mit Horkheimer bekam das IfS eine andere Ausrichtung. Horkheimer vermied es, marxistisches Vokabular zu verwenden, und etablierte eine interdisziplinäre Forschungseinrichtung, die Ergebnisse der Einzelwissenschaften Soziologie, Volkswirtschaft, Geschichte und Psychologie mit philosophischen Erkenntnissen verbinden sollte. Statt marxistischer Forschungen betrieb man »Kritische Theorie«, die sich von jeglicher politischer Praxis fernhielt und die Arbeiterklasse nicht mehr als Motor einer sozialistischen Entwicklung begriff. Untersucht werden sollte, warum die revolutionären Bewegungen nach dem Ersten Weltkrieg gescheitert waren und wie es zum Aufstieg des Faschismus kommen konnte. Anders als Marx sah Horkheimer den bestimmenden gesellschaftlichen Konflikt nicht mehr im Gegensatz von Kapital und Arbeit. Der Kapitalismus habe die Arbeiterklasse durch Technologie sowie Massenkommunikation und -kultur unter seine totale soziale Kontrolle gebracht. Es ging nur noch darum, die Verhältnisse zu erkennen und zu beschreiben, nicht mehr sie zu verändern. Der Marxismus erfuhr in der Kritischen Theorie seine Akademisierung, die ihn von einer Anleitung zum Handeln zu einer von der Praxis getrennten Theorie machte. Gegenstand der Forschungen wurde der »Überbau«: Wissenschaft, Kunst, Religion, Recht, Sitte, Mode, Vergnügungsweisen, Lebensstil usw.

Die interdisziplinäre Neuausrichtung schlug sich auch in der Personalpolitik nieder. Horkheimer holte neue Mitarbeiter ins Institut: Leo Löwenthal als Literaturwissenschaftler, Erich Fromm als Sozialpsychologe, Herbert Marcuse als politischer Philosoph und Adorno als Musikwissenschaftler und Philosoph, der ab 1931 als Privatdozent an der Universität Frankfurt Vorlesungen hielt. Alle publizierten auch in der vom Institut herausgegebenen *Zeitschrift für Sozialforschung*.

Adorno selbst stand dem interdisziplinären Zugriff skeptisch gegenüber. Horkheimers Ziel, eine »Theorie des Ganzen« anzustreben, hielt er für unmöglich. Seiner Meinung nach ist das Denken nicht in der Lage, die Wirklichkeit als Ganzes aufzufassen. »Das Ganze ist das Unwahre« wird er in den *Minima Moralia* schreiben. Er vertrat die Auffassung, Erkenntnis sei nur durch plötzliche Geistesblitze einzelner Individuen möglich.

Doch zunächst hatte das Institut mit wesentlich profaneren Problemen zu kämpfen. Nach der Machtübertragung an die Nationalsozialisten 1933 wurde das Institutsgebäude vom preußischen Staat eingezogen; die Mitarbeiter wurden beurlaubt. Adorno verlor seine Lehrberechtigung. Der Senat der Universität hatte in vorauseilendem Gehorsam schon zuvor beantragt, die Verbindung mit dem IfS zu lösen. Horkheimer, der die Entwicklung hatte kommen sehen, hatte rechtzeitig für eine Emigration des Instituts nach Genf gesorgt, von wo aus es im Jahr 1934 in die USA umzog. Dort arbeitete es als »International Institute of Social Research« an der Columbia University in New York weiter. Die meisten Mitarbeiter waren Horkheimer gefolgt; Benjamin aber war nach Paris geflüchtet. Adorno ging zunächst nach England, wo er sich als »advanced student« in Oxford einschrieb, kehrte aber bis 1937 immer wieder nach Frankfurt zurück. In London heiratete er seine langjährige Partnerin Gretel Karplus. Gretel, eine enge Vertraute von Walter Benjamin, war promovierte Chemikerin und Teilhaberin einer Firma für Lederhandschuhe. Mit ihr sollte er zeitlebens wissenschaftlich zusammenarbeiten.

Erst 1938 gelang es Horkheimer, Adorno zur Emigration in die USA zu bewegen. Dort musste der Theoretiker zunächst als Mitarbeiter im »Princeton Radio Research Project« in dem für ihn ungewohnten Feld empirischer Sozialforschung arbeiten, noch dazu in einem Projekt, das kommerziellen Zwecken diente. Er und Horkheimer zogen 1941 nach Los Angeles um. Adorno erlebte die USA als Gesellschaft, in der alles, auch die Kultur, zur Ware geworden, die menschlichen Beziehungen dem alles beherrschenden Kommerz unterworfen und die Individuen auf ein Leben als Produzenten und Konsumenten reduziert waren.

Unter dem doppelten Eindruck der faschistischen Barbarei in Europa und dem US-amerikanischen Kapitalismus schrieben Horkheimer und Adorno von 1941 bis 1944 die *Dialektik der Aufklärung.* Das Werk sollte 1947 in Amsterdam erscheinen und ab 1967 für die westdeutsche Studentenbewegung eine erhebliche Bedeutung gewinnen.

»Seit je hat Aufklärung im umfassenden Sinn fortschreitenden Denkens das Ziel verfolgt, von den Menschen die Furcht zu nehmen und sie als Herren einzusetzen. Aber die vollends aufgeklärte Erde strahlt im Zeichen triumphalen Unheils.« Mit diesen Sätzen beginnt das Buch. In Adornos und Horkheimers Augen war die Aufklärung janusköpfig. Der Mensch hatte sich von der Natur emanzipiert, sich die Vernunft auf die Fahnen geschrieben und die Mythologie entzaubert. Aber nun diente die Vernunft dazu, die Menschen zu kontrollieren, berechenbar und ausbeutbar zu machen. Gleichzeitig wurden im Prozess der Säkularisierung auch jegliche moralischen Schranken niedergerissen. Statt zu Freiheit und Autonomie der Menschen führte die Aufklärung zu einem Rückfall in Barbarei und Gewalt. Letzteres nicht nur in den faschistischen Ländern, sondern auch in denen, die gegen die Nazibarbarei kämpften, indem dort Kulturindustrie, Technik und Wissenschaft dazu dienten, die Menschen zu beherrschen und auszubeuten.

Einen ähnlich ausweglosen Pessimismus vertrat Adorno auch in seinem vielleicht berühmtesten Werk, den *Minima Moralia. Reflexionen aus dem beschädigten Leben.* Diese Texte hatte er zwischen 1944 und 1947 verfasst, sie erschienen 1951 im neugegründeten Suhrkamp Verlag (→ Siegfried Unseld), nachdem Gottfried Bermann Fischer, der Verleger des Fischer Verlags, eine Veröffentlichung abgelehnt hatte. Auch in dieser Sammlung kurzer Texte – Essays und Aphorismen – ging es weniger um Auswege aus elenden Verhältnissen als um deren schonungslose Beschreibung, gipfelnd in der berühmten Sentenz: »Es gibt kein richtiges Leben im falschen.« Entsprechend Adornos Präferenzen geht es in diesem Buch fast

16.3 Institut für Sozialforschung in der Senckenberganlage 26

ausschließlich um Überbauphänomene, während das Arbeitsleben vollkommen ausgespart bleibt.

In der amerikanischen Emigration hatten die Mitarbeiter des Instituts mitgeholfen, den Faschismus zu besiegen, indem sie für die amerikanische Regierung arbeiteten, in Justiz- und Kriegsministerium sowie im Geheimdienst. Auch in den USA hatte Horkheimer streng darauf geachtet, dass der Name Marx nicht fiel, um seine Gastgeber nicht zu verärgern. Adorno hatte sich mit dem Persönlichkeitstyp beschäftigt, der den Faschismus ermöglicht hatte: die autoritäre Persönlichkeit. Sie zeichnet sich durch eine Reihe von Merkmalen aus, von denen hier einige genannt seien: Unterwürfigkeit gegen Autoritäten der Eigengruppe; Festhalten an konventionellen Vorstellungen; aggressive Feindseligkeit gegenüber Menschen, die konventionelle Normen verletzen; Abwehr gegenüber dem Fantasievollen, Subjektiven, Sensiblen; Aberglaube und Hang zu Verschwörungstheorien. Es sollte sich zeigen, dass dieser

Persönlichkeitstyp nicht mit dem Faschismus untergegangen ist.

Nach dem Zweiten Weltkrieg war es das Bestreben des Frankfurter Oberbürgermeisters → Walter Kolb, die im Exil lebenden jüdischen Emigranten zur Rückkehr nach Frankfurt zu bewegen. Max Horkheimer war einer der ersten, der auf Kolbs Einladung reagierte und bei einem Besuch die Möglichkeiten einer Rückkehr des Instituts eruierte. Tatsächlich wurde das IfS im November 1951 nicht weit vom alten Wirkungsort in der nun in Senckenberganlage umbenannten Straße wiedereröffnet. Das alte Gebäude war den Bomben zum Opfer gefallen, das neue wurde auf dem Gelände der ehemaligen Villa Kotzenberg (→ Die großen Frankfurter Stifter und Mäzene), die ebenfalls im Krieg zerstört worden war, errichtet, wo es heute noch steht.

Horkheimer war bereits 1949 zum ordentlichen Professor für Philosophie und Soziologie an die Goethe-Universität berufen worden, 1951 und 1952 fungierte er als Rektor der Universität. Adorno kehrte erst 1953 endgültig nach Frankfurt zurück, und erhielt – im Anschluss an eine außerplanmäßige und eine planmäßige außerordentliche Professur – erst 1956 eine ordentliche Professur für Soziologie und Philosophie. Seine Rückkehr war einerseits durch sein Heimweh nach Frankfurt motiviert. »Ich wollte einfach dorthin zurück, wo ich meine Kindheit hatte, am Ende aus dem Gefühl, daß, was man im Leben realisiert, wenig anderes ist als der Versuch, die Kindheit verwandelnd einzuholen.« Zum anderen war seine Remigration auch durch die Bedeutung, die die deutsche Sprache für ihn hatte, bestimmt. Allein in dieser konnte er seine Philosophie in für ihn angemessener Weise formulieren.

Außer Adorno und Horkheimer war aus dem Institut nur noch Friedrich Pollock nach Frankfurt zurückgekehrt, wo er eine Professur für Volkswirtschaftslehre und Soziologie erhielt. Die anderen Institutsmitarbeiter – Marcuse, Löwenthal, Kirchheimer, Neumann,

16.4 Gedenktafel an Adornos Wohnhaus im Kettenhofweg 123

Wittfogel, Gumperz – waren in den USA geblieben, Grossmann war in die DDR gegangen.

Adorno und Horkheimer mussten erkennen, dass der für den Faschismus konstituierende autoritäre Persönlichkeitstyp auch in der Bundesrepublik fortbestand. Keiner wollte Nazi gewesen sein, ein kollektiver Verdrängungs- und Verleugnungsprozess hatte eingesetzt, ein Phänomen, das die Psychoanalytiker *Margarete und Alexander Mitscherlich (1917–2012 bzw. 1908–1982 – Grab J 1049)* in ihrem Buch *Die Unfähigkeit zu trauern* beschreiben sollten.

Vonseiten der Universität hatte sich Professor Wilhelm Gerloff 1946 in einem Schreiben an das Universitätskuratorium dafür ausgesprochen, das Institut für Sozialforschung zur Rückkehr nach Frankfurt aufzufordern. Der gleiche Professor Gerloff hatte 1933 als Rektor die Erklärung unterschrieben, mit der sich die Universität vom Institut distanzierte. Der geschäftsführende Kuratoriumsvorsitzende, Adressat seines Schreibens, war der gleiche Ministerialrat Klingelhöfer, der 1938 im Kultusministerium verfügte, dass die Bibliothek des Instituts auf andere Institutionen verteilt wurde. Wie Max Horkheimer dies empfand, gab er in einem Brief an seine Frau wieder: »Die Fakultät [...] ist überfreundlich und erregt Brechreiz. Die Brüder sitzen noch genauso da und machen ihre heimtückischen kleinen Schelmenstreiche wie vor dem Dritten Reich (und unter ihm), als ob nichts geschehen wäre.«

Horkheimer, der nach seinem 1947 erschienenen Buch *Zur Kritik der instrumentellen Vernunft* nur noch wenig publizierte, beschäftigte sich in erster Linie damit, sein Institut, das ab Ende der Fünfzigerjahre als »Frankfurter Schule« bezeichnet werden sollte, ökonomisch abzusichern. Dazu übernahm er auch staatliche Forschungsaufträge, darunter auch einen des Verteidigungsministeriums. Nach wie vor vermied er es, den Namen Marx in den Mund zu nehmen. Seine Haltung führte sogar dazu, dass ihn die Aktivitäten und politischen Überzeugungen des als zu links empfundenen jungen Forschungsassistenten Jürgen Habermas beunruhigten, und er dessen Habilitation in Frankfurt verhinderte. Habermas ging daraufhin nach Marburg zu Wolfgang Abendroth (→ Johanna Kirchner), dem einzigen bekennenden Marxisten auf einem westdeutschen Lehrstuhl, und schloss dort seine Habilitation ab. Bezeichnenderweise hatte sich der Name »Café Marx« für das IfS inzwischen in »Café Max« (Horkheimers Vorname) geändert. Horkheimer wurde 1959 emeritiert. Die Leitung des Instituts übernahm Adorno. Habermas wurde 1964 auf Betreiben Adornos auf Horkheimers Lehrstuhl berufen.

1966 erschien Adornos *Negative Dialektik*, die er als sein Hauptwerk betrachtete. Hierin verwirft er die Marx'sche These, wonach die Geschichte dialektisch in einer stetigen Fortschrittsbewegung sich entwickele. Zwischen Sache und Begriff bestehe eine Nichtidentität. Freiheit und Vernunft seien zur Ideologie geworden, die den Menschen ihre aufgezwungene Ohnmacht und Beschränktheit nicht zu Bewusstsein kommen lasse. Von allen seinen Büchern ist die *Negative Dialektik* vielleicht am unzugänglichsten. Adorno wollte aber unbedingt vermeiden, durch vereinfachende Formulierungen einem Sachverhalt nicht gerecht zu werden.

Trotz seiner nicht leicht zugänglichen Sprache waren Adornos Vorlesungen im überfüllten Hörsaal VI der Goethe-Universität herausragende Ereignisse im Wissenschaftsbetrieb, die bis zu tausend Hörer anzogen. Adorno, der auch häufig mit Vorträgen im Hessischen Rundfunk zu hören war, besaß die Fähigkeit, in freier Rede druckreif zu formulieren, und dies in unnachahmlicher Sprechweise, die im eigentlichen Sinn sein Charisma begründete.

Für die Forderungen der Ende der Sechzigerjahre aufkommenden Protestbewegung der Studenten hatte Adorno durchaus Verständnis. Die westdeutsche Studentenbewegung, die ihren Ausgang genommen hatte im Kampf gegen den US-amerikanischen Krieg in Vietnam, gegen die Notstandsgesetze und gegen die Springer-Presse, war antikapitalistisch ausgerichtet und zielte auf eine umfas-

16.5 Stolpersteine in der Seeheimer Straße 19

sende Demokratisierung der Gesellschaft. Zu den im SDS organisierten Studenten gehörte auch *Matthias Beltz (1945–2002 – Grab XIII GG 48)*, der später als Kabarettist großen Erfolg haben sollte. Die Hoffnung der Rebellierenden auf praktische Solidarität erfüllte Adorno nicht. Als Studenten sein Institut besetzten, ließ der Theoretiker die Polizei rufen.

Georg Lukács, einst von Adorno bewundert, unterzog Adorno und die Frankfurter Schule 1962 im Vorwort zur Neuauflage seiner *Theorie des Romans* einer beißenden Kritik: »Ein beträchtlicher Teil der führenden deutschen Intelligenz, darunter auch Adorno, hat das ›Grand Hotel Abgrund‹ bezogen, ein [...] schönes, mit allem Komfort ausgestattetes Hotel am Rande des Abgrundes, des Nichts, der Sinnlosigkeit. Und der tägliche Anblick des Abgrunds, zwischen behaglich genossenen Mahlzeiten oder Kunstproduktionen, kann die Freude an diesem raffinierten Komfort nur erhöhen.« Lukács wurde 1970 in der Paulskirche der Goethepreis verliehen.

Gänzlich hat Adorno aber nicht auf politische Praxis verzichtet. Anlässlich der Lesung der Notstandsgesetze im Deutschen Bundestag brachte er eine gemeinsame Erklärung oppositioneller Professoren und Gewerkschaftsvorsitzender zustande. Die Erklärung, in der vor der Gefährdung der Demokratie durch die Notstandsgesetzgebung gewarnt wurde und in der es hieß, dass die Gewerkschaften einem Missbrauch der Notstandsgesetze auch durch das Mittel des politischen Streiks begegnen würden, wurde von akademischer Seite neben Adorno u. a. von Habermas, Mitscherlich, Ludwig von Friedeburg und *Iring Fetscher (1922–2014 – Grab XII 679/680)* unterzeichnet, auf Gewerkschaftsseite unterschrieb u. a. der Vorsitzende der größten Einzelgewerkschaft der Welt, der IG Metall, *Otto Brenner (1907–1972 – Grab E 1479b)*.

Adorno erlag 65-jährig während eines Urlaubs in der Schweiz einem Herzinfarkt. Nach einer schwierigen Übergangszeit – Haber-

16.6 Vadim Zakharov: Adorno-Denkmal

mas verließ Frankfurt und ging als Direktor ans »Max-Planck-Institut zur Erforschung der Lebensbedingungen der wissenschaftlich-technischen Welt« in Starnberg; Horkheimer hatte sich in die Schweiz zurückgezogen; Friedeburg wurde Hessischer Kultusminister – wurde das Institut ab 1973 von einem Direktorium geleitet und lieferte wichtige Beiträge zur Industriesoziologie. An die Stelle des Direktoriums trat ab 1997 ein interdisziplinäres Kollegium mit geschäftsführendem Direktor an der Spitze. Bis 2001 war dies Friedeburg, von 2001 bis 2018 Axel Honneth, Schüler von Habermas und Nachfolger auf dessen Lehrstuhl. Seit 2021 ist Stefan Lessenich Direktor des IfS.

Die dritte große Persönlichkeit der Frankfurter Schule in der Nachkriegszeit neben Adorno und Horkheimer war Jürgen Habermas, der 1983 auf den Lehrstuhl für Philosophie in Frankfurt zurückkehrte. Habermas, der Horkheimers Institutspolitik, die auf enge Zusammenarbeit mit staatlichen Stellen setzte, als opportunistische

Anpassung kritisiert hatte, die den Intentionen der Kritischen Theorie zuwiderlaufe, distanzierte sich ebenso von Adornos Auffassung, dass wahre Erkenntnis nur aufgrund von Geistesblitzen einzelner Individuen möglich wäre. In seiner *Theorie des kommunikativen Handelns* setzt er auf »kommunikative Rationalität«, die eine Verständigung mit dem Anderen ermögliche. Mittels rationaler Diskussionen könnten Vorurteile abgelegt, in einer »unbegrenzten Kommunikationsgemeinschaft« könnte ein rationaler Konsens erreicht werden. Hatte Adorno als soziale Grundstruktur den Tausch gesehen, so ist sie bei Habermas die Kommunikation. Seine Vorstellung von ungehinderten Diskussionen als Grundlage politischen Handelns wird von manchen seiner Kritiker als schöner Traum belächelt.

An die Emigration der Familie Wiesengrund-Adorno in der Zeit des Nationalsozialismus erinnern seit 2021 Stolpersteine vor dem Wohnhaus der Eltern in der Seeheimer Straße 19. An Gretel und Theodor Adornos Wohnhaus im Kettenhofweg 123 hängt eine Gedenktafel. Das von Vadim Zakharov gestaltete Adorno-Denkmal auf dem nach ihm benannten Platz auf dem Uni-Campus Westend stellt Adornos Arbeitsplatz nach mit Schreibtisch, Sessel und Parkettfußboden. 1977 stiftete die Stadt den Theodor-W.-Adorno-Preis, der im Dreijahresrhythmus verliehen wird. Max Horkheimer wurde das Ehrenbürgerrecht der Stadt Frankfurt verliehen, Theodor Adorno nicht.

Robert Gernhardt und die Neue Frankfurter Schule

17.1 Grab von Robert Gernhardt (1937–2006). A 1103

Mit zwei Buchtiteln nehmen Autoren der Neuen Frankfurter Schule (NFS) direkten Bezug zur im vorhergehenden Kapitel behandelten philosophischen Frankfurter Schule: *Wie Max Horkheimer einmal sogar Adorno hereinlegte* von Eckhard Henscheid, in dem er die beiden Hauptprotagonisten der Frankfurter Schule nennt und sie auch in etlichen Anekdoten behandelt, und *Es gibt kein richtiges Leben im valschen* von Robert Gernhardt, wo der vielleicht bekannteste Satz Adornos in humorvoller Weise zitiert wird. Und es gibt eine weitere direkte Bezugnahme: Die von Mitgliedern der NFS verfassten und unter dem Pseudonym Hans Mentz veröffentlichten humorkritischen Artikel zeigten als Autorenporträt eine leicht geänderte Fotografie Adornos. Kreiert wurde der Name »Neue Frankfurter Schule« zu Anfang der Achtzigerjahre, als drei Künstler der NFS, Robert Gernhardt, F. K. Waechter und Hans Traxler, anlässlich einer Ausstellung einen pfiffigen und griffigen Namen brauchten. Die Komiker, Zeichner und Dichter, deren Arbeitsmittelpunkt ebenso wie der von Adorno und Horkheimer Frankfurt war, entschieden sich für einen Hinweis auf die Kritische Theorie, der sie auch nicht ganz abgeneigt waren. Freilich wurden Klassengegensätze von der NFS nicht mittels einer politökonomischen Analyse behandelt, sondern – wie hier von Robert Gernhardt und F. W. Bernstein – ohne Umschweife auf ihren Kern reduziert:

»Der Herr rief: ›Lieber Knecht,
mir ist entsetzlich schlecht!‹
Da sprach der Knecht zum Herrn:
›Das hört man aber gern!‹«

Zur NFS gehörten acht Künstler, die allesamt für die Zeitschrift *pardon* arbeiteten: Robert Gernhardt, Friedrich Karl Waechter, F. W. Bernstein (Fritz Weigle), Hans Traxler, Chlodwig Poth, Peter Knorr, Bernd Eilert und Eckhard Henscheid. *Pardon*, 1962 von Hans A. Nikel und Erich Bärmeier in Frankfurt gegründet, war eine monatlich erscheinende literarisch-satirische Zeitschrift. Ihr Emblem war das von F. K. Waechter entworfene Teufelchen, das seinen Hut lupft. *Pardon* verband kritisch-politische Analysen mit Humor und Satire und bediente sich dabei auch Comic-Illustrationen. Namhafte Autoren schrieben für das Magazin: Hans-Magnus Enzensberger, Günter Grass, Günter Wallraff, Robert Jungk u. a. Zeitweise erschien *pardon* in einer Auflage von über 300 000 Exemplaren. Zur Popularität verhalfen ihr auch juristische Auseinandersetzungen, insbesondere gegen Franz-Josef Strauß, der die Zeitschrift 18-mal vor Gericht zog und 18-mal unterlag.

Fester Bestandteil von *pardon* war »Welt im Spiegel« (WimS), eine zweiseitige Rubrik, die von 1964 bis 1976 erschien und von

Robert Gernhardt, F. W. Bernstein und F. K. Waechter gestaltet wurde. Aufgemacht wie eine Provinzzeitung, trug sie den Untertitel »Die unabhängige Zeitung für eine saubere Welt. Pro bono, contra malum«. Auf zwei Seiten gab es kurze Texte, Comics, Gedichte, die allesamt dem Nonsens frönten und herkömmliche Zeitungen und ihre Rubriken parodierten: »Die frohe Ecke«, »Witz des Monats«, »Kurz und uninteressant«, »WimS intim«, »Gut gesagt« usw.

17.2 Robert Gernhardt 2001

Robert Gernhardt war 1964 zu *pardon* gestoßen. 1937 im damaligen Reval (heute: Tallinn) in Estland geboren, wuchs er, dessen Vater im Krieg gefallen war, nach der Flucht der Mutter zu Kriegsende ab 1946 in Göttingen auf. Nach dem Abitur und ersten Kunstreisen studierte er an der Staatlichen Kunstakademie Stuttgart und an der Hochschule für Bildende Künste in Berlin, wo er Fritz Weigle kennenlernte, Kunst und im Nebenfach Germanistik. In Stuttgart legte er 1961 das Erste Staatsexamen in Bildender Kunst und Kunstgeschichte ab. In der neugegründeten Zeitschrift *pardon* veröffentlichte er Bilder und Texte unter den Pseudonymen Lützel Jeman, Paul H. Burg, Alfred Karch, Arthur Klett und Herr Kin. 1964 trat er in die *pardon*-Redaktion ein, die er zwei Jahre später wieder verließ, um als freier Maler, Zeichner und Schriftsteller zu arbeiten. Erst 1971 gab Gernhardt seine Pseudonyme auf und veröffentlichte unter seinem Geburtsnamen. Ende der Sechzigerjahre erschien das gemeinsam mit Bernstein und Waechter verfasste Werk *Die Wahrheit über Arnold Hau*, die Biografie einer Kunstfigur, die zunächst nur geringen Erfolg hatte, später aber immer wieder neu aufgelegt wurde. In Zusammenarbeit mit Arend Agthe und Bernd Eilert realisierten die drei auch mehrere Filme unter dem Pseudonym Arnold Hau, darunter »Die Hau-Schau« und »Das Casanova-Projekt«, beide Filme mit Alfred Edel in der Hauptrolle.

Als der Komiker Otto Waalkes 1973 unsignierte Texte aus WimS für seine Auftritte verwendete, stellte Gernhardt die Urheberschaft klar. In der Folge kam es zu einer engen Zusammenarbeit. Gernhardt verfasste zusammen mit Peter Knorr und Bernd Eilert über Jahrzehnte Texte für Otto. So sind auch die Drehbücher für »Otto – Der Film«, »Otto – Der neue Film« und »Otto – Der Heimatfilm« Gemeinschaftsproduktionen von Waalkes, Gernhardt, Eilert, Knorr und Bernstein. Von 1975 bis 1978 lief im Hessischen Fernsehen die Serie »Doktor Muffels Telebrause« mit Sketchen und Parodien von Gernhardt, Eilert und Knorr. 1977 erschien mit *Die Blusen des Böhmen* Gernhardts erste Veröffentlichung ohne Co-Autor.

Nachdem sie sich aufgrund von Differenzen mit Herausgeber Nikel über die Neuausrichtung des Blattes von *pardon* getrennt hatten, gründeten Gernhardt, Knorr, Poth, Traxler und Waechter in Frankfurt mit dem Verleger Gerhard Sondermann die bis heute bestehende Monatszeitschrift *Titanic. Das endgültige Satiremagazin*, an dem alle Mitglieder der NFS mitarbeiteten. Von Beginn an war eine der Rubriken die Cartoon-Seite »Gernhardts Erzählungen«.

In der Folge entstanden zahlreiche Gedicht- und Prosabände Gernhardts, bei denen er auch die Einbandgestaltung übernahm. Hatte Gernhardt bisher überwiegend bei den Frankfurter Verlagen Bärmeier & Nikel, Insel und Zweitausendeins veröffentlicht, wechselte er 1982 in den gerade gegründeten Haffmans-Verlag Zürich, in dem *Ich Ich Ich* als erstes Buch erschien. Eine Auswahl seiner Satiren aus 22 Jahren Mitarbeit in *pardon* und *Titanic* veröffentlichte er 1984 in dem Band *Letzte Ölung. Ausgesuchte Satiren 1962–1984* bei Haffmans. Freilich war Gernhardt kein Vertreter der Satire alten

17.3 Das Grüngürteltier auf der Robert-Gernhardt-Brücke am Alten Flugplatz Bonames

Schlages, die oberlehrerhaft auf Missstände aufmerksam machen und Erkenntnis fördern will. »Denn ich bin nicht der Satiriker, der austeilt. [...] Das liegt daran, daß ich nicht weiß, was richtig ist. [...] Die Satire hat keine Aufgabe. Ihre Aufgabe besteht höchstens darin, zu zeigen, daß keiner Meinung zu trauen ist – auch nicht der eigenen.«

Robert Gernhardt war Lyriker, Romancier, Kritiker, Essayist, Satiriker und Komiker und beherrschte alle literarischen Gattungen. Fundiert durch eine intensive Kenntnis der lyrischen, epischen und dramatischen Literatur stehen bei ihm Hommagen und Parodien im Zentrum seines Werks. Da er zudem Maler und Zeichner war, ist sein Œuvre durch die Kombination von Bild und Wort geprägt. Eine musikalische Interpretation erfuhren einige seiner Texte durch die Pianistin und Sängerin *Anne Bärenz (1950–2005 – Grab V 774)*.

Gernhardt, der unter den Mitgliedern der NFS das umfangreichste und vielfältigste Werk hinterließ, hat sich auch immer theoretisch und kritisch mit Komik auseinandergesetzt und dabei auch sein eigenes Werk kommentiert und erläutert. So befand er: »Komisch ist das, worüber ich lache« und »Alle Komik will dasselbe: Lachen machen.« Wann aber lacht man? → Arthur Schopenhauer hatte darüber ausgeführt: »Das LACHEN entsteht jedesmal aus nichts Anderem, als aus der plötzlich wahrgenommenen Inkongruenz zwischen einem Begriff und den realen Objekten, die durch ihn, in irgendeiner Beziehung, gedacht worden waren, und es ist selbst eben nur der Ausdruck dieser Inkongruenz.« Laut Gernhardt bedient Komik sich dabei der Mittel Übertreibung, Untertreibung, Stilisierung und Regelverletzung, indem beispielsweise erhabene Stoffe in einer banalen Umgebung zu Fall gebracht werden oder in Gedichten der Reim verweigert wird. Ziel ist die Unterminierung der Erdenschwere. »Alle Komik entspringt einem gemeinsamen Bedürfnis, dem nach Veränderung, Verunstaltung, Negierung, Aufhebung der Realität, alle Komik hat ein einziges Ziel, das der vollständigen Überwältigung des Gegenüber.«

Hier freilich zeigt sich der schärfste Widerspruch zwischen der NFS und der alten Frankfurter Schule. In der »Dialektik der Aufklärung« hatten Horkheimer und → Adorno das Lachen vehement angegriffen (»Vergnügtsein heißt Einverstandensein«) und die Beziehung des Lachens zur Macht herausgestellt: »Das versöhnte Lachen ertönt als Echo des Entronnenseins aus der Macht, das schlechte bewältigt die Furcht, indem es zu den Instanzen überläuft, die zu fürchten sind. Es ist das Echo der Macht als unentrinnbarer. Fun ist ein Stahlbad. Die Vergnügungsindustrie verordnet es unablässig. Lachen in ihr wird zum Instrument des Betrugs zum Glück«. Für Gernhardt hingegen ist Komik nichts weniger als ein Überlebensmittel, denn er »weiß, daß eine Internationale des herrschen-

17.4 Grab von Friedrich Karl Waechter (1937–2005). J 1066

den Wahnsinns existiert, die die Individuen überall vor die Alternative stellt, entweder klaglos durchzudrehen oder gnadenlos zurückzulachen«.

Robert Gernhardt wurde u. a. mit dem Bertolt-Brecht-Preis, dem Göttinger Elch, dem Kasseler Literaturpreis für grotesken Humor, dem Erich Kästner Preis, dem Rheingau-Literaturpreis, dem Heine-Preis, dem Wilhelm-Busch-Preis und dem Friedrich-Stoltze-Preis ausgezeichnet. Er war Stadtschreiber von Bergen-Enkheim und hielt Poetik-Vorlesungen an der Frankfurter Goethe-Universität. In Frankfurt ist die Robert-Gernhardt-Brücke am Alten Flugplatz Bonames nach ihm benannt. Auf dieser sitzt das »Grüngürteltier«, eine Kreuzung aus Wutz, Molch und Star. Das von Robert Gernhardt kreierte Wesen ist Maskottchen des Frankfurter Grüngürtels, eines rund um die Stadt verlaufenden Landschaftsschutzgebietes.

Der zweite Künstler der NFS, der auf dem Hauptfriedhof beerdigt wurde, ist **Friedrich Karl Waechter**. Seine Kindheit weist Ähnlichkeiten zu der Gernhardts auf. 1937 in Danzig geboren (im gleichen Jahr wie Gernhardt), fiel auch sein Vater im Krieg, und seine Mutter floh mit ihren drei Kindern in den Westen. Er wuchs in Schleswig-Holstein auf und besuchte die Lauenburgische Gelehrtenschule, ein Gymnasium in Ratzeburg. In Hamburg absolvierte er eine Ausbildung zum Grafiker. Nach einer Tätigkeit als Werbegrafiker wurde er 1962 Chefgrafiker bei *pardon*. Seine neue Tätigkeit und Umgebung scheint er als Befreiung empfunden zu haben: »Alles ist anders in Frankfurt. Alle scheinen ›Linke‹ zu sein, keine Dorfdeppen!« Neben der bereits erwähnten Zusammenarbeit mit Gernhardt und Bernstein bei *pardon*, *Titanic* und dem Arnold-Hau-Projekt zeichnete Waechter regelmäßig für das *Zeit-Magazin*, publizierte Cartoon-Bände und Kinderbücher und schrieb zahlreiche Theaterstücke.

Sein erstes Kinderbuch war der antiautoritäre *Anti-Struwwelpeter* (→ Heinrich Hoffmann), der gar nicht als solches gedacht war, sondern als Satire. Da Kinder ihn aber mochten, wurde er quasi hinter dem Rücken des Autors zum Kinderbuch. Für *Wir können noch viel zusammen machen* erhielt Waechter den Deutschen Jugendbuchpreis. Seine Theaterstücke *Kiebich und Dutz* und *Die Eisprinzessin* wurden unter seiner Regie mit großem Erfolg aufgeführt.

Waechters Cartoons, Bildergeschichten und Bilderzählungen haben oftmals keine vordergründige Pointe und wirken gelegentlich irritierend auf den Betrachter. Sie können frech und boshaft sein, ironisch und absurd. Ihr anarchischer Witz richtet sich gegen autoritäre Strukturen, Prüderie und alles, was der freien Entfaltung des Individuums entgegensteht.

Waechters vielleicht bekanntester Cartoon *Wahrscheinlich guckt wieder kein Schwein* lieferte 1978 den Titel für eine Auswahl seiner Zeichnungen sowie eine Ausstellung seiner Arbeiten im

Wilhelm-Busch-Museum in Hannover, war aber erstmals bereits 1971 in WimS erschienen.

17.5 F. K. Waechter 2001

Für den Frankfurter Grüngürtel zeichnete Waechter eine Reihe von komischen Objekten an Bäumen, die von der Stadt im Rahmen des Projekts »Komische Kunst im Grüngürtel« in Holz-Skulpturen umgesetzt wurden (Pinkelbaum am Jacobiweiher, Monsterkinder im Schwanheimer Wald, Dicke Raupe am Erlenbruch u. a.). Auch andere Mitglieder der NFS lieferten Entwürfe für dieses Projekt. Neben Robert Gernhardt, der mit seinem Grüngürteltier den Prototyp lieferte, steuerten auch F. W. Bernstein, Hans Traxler und Chlodwig Poth Entwürfe bei, die dann plastisch umgesetzt wurden. Hinzu kamen Skulpturen, die nach Zeichnungen von *Kurt Halbritter (1924–1978 – Grab G 1449)* und Bernd Pfarr entstanden, die ebenfalls für *pardon* bzw. *Titanic* gezeichnet hatten.

17.6 Grab von Wilhelm Genazino (1943–2018). A 942

F. K. Waechter, der seine Vornamen abkürzte, da sie ihm zu preußisch-soldatisch waren, ließ sich von seinen Freunden Fritz nennen. Er starb, wie Robert Gernhardt, an einem Krebsleiden. Wie ihr Geburtstag lag auch ihr Todestag kein Jahr auseinander.

Wilhelm Genazino gehörte nicht zur NFS. Er soll hier aber dennoch Erwähnung finden, da er dem weiteren Umfeld zuzurechnen ist und zeitweilig Mitglied der *pardon*-Redaktion war. In Eckhard Henscheids Roman *Die Vollidioten*, in dem mehrere Mitarbeiter der Zeitschrift *pardon* literarisch verewigt wurden, taucht Genazino als Wilhelm Domingo auf. Genazino wurde 1943 in Mannheim geboren und lebte die meiste Zeit seines Lebens in Frankfurt.

Zwölf Jahre nach Erscheinen seines weitgehend unbeachtet gebliebenen Erstlingswerks *Laslinstrasse* erschien Ende der Siebzigerjahre in kurzer Folge die *Abschaffel-Trilogie* (*Abschaffel*; *Die Vernichtung der Sorgen*; *Falsche Jahre*), drei Romane, die sich mit der Alltagswirklichkeit von Angestellten beschäftigen und von der Kritik positiv aufgenommen wurden. Auch in den beiden folgenden Werken *Die Ausschweifung* und *Fremde Kämpfe* behielt Genazino, wie in der *Abschaffel-Trilogie*, den personal-auktorialen Erzähler bei, ehe er ab 1989 mit *Der Fleck, die Jacke, die Zimmer, der Schmerz* zum Ich-Erzähler wechselte. Dies ermöglichte ihm und seinen Protagonisten neben der Beschreibung der banalen und langweiligen Berufs- und Lebenswelt die Reflexion ihrer Situation.

Im Zentrum seines Werks standen zunächst Angestellte; im Laufe seines Schaffens traten aber immer öfter Freiberufler auf, Berater, Akademiker in minderqualifizierten und sie unterfordernden Berufen oder prekär Beschäftigte. Sie sind bedroht von Arbeitslosigkeit und Armut und leben in unklaren oder kriselnden Beziehungen. Eine gewisse Komik entsteht durch die fiktiven Berufsbezeichnungen, die Genazino für sie erfindet, wie Leidbeobachter, Panikberater, Ekelreferent, Empörungsbeauftragter, Überwinder, Hosenberater und freischaffender Apokalyptiker. Er lässt sie in den Instituten für Zeitpunktforschung, Schockforschung oder Gedächtnis- und Erlebniskunst arbeiten oder von der Einrichtung eines Fachs der Vergleichenden Schuldwissenschaft träumen.

Es geht in Genazinos Romanen meist nicht um unerhörte Begebenheiten; die Handlung ist häufig auf ein Minimum reduziert.

17.7 Wilhelm Genazino 2016

Konstitutiv ist für seine Helden vielmehr die Beschreibung ihrer krisenhaften Lage und ihre Versuche, die innere Unruhe und Unausgeglichenheit in den Griff zu bekommen. Auffällig ist der Kontrast zwischen der Kraftlosigkeit bei der Daseinsbewältigung einerseits und eloquenter Formulierungskompetenz andererseits. Diese Meister der Unentschlossenheit, des Zögerns, des Nicht-Handelns kreisen um sich selbst und sind häufig von Selbstmitleid und Weinerlichkeit geprägt. Gepeinigt von Gefühlen der Scham, des Ekels und der Peinlichkeit, fürchten sie, verrückt zu werden.

Um ihre Unruhe zu steuern, streunen sie durch die Stadt, die oft unschwer als Frankfurt zu erkennen ist. Die beim Umhergehen gemachten Wahrnehmungen und Beobachtungen führen zu Reflexionen und Beschreibungen, die die in den unscheinbarsten Dingen verborgene Poesie aufdecken. Scheinbar unpoetische Gegenstände des Alltagsgebrauchs wie Koffer, Kleidungsstücke, Fotos, Brillen, Schlüssel usw. erhalten in den Reflexionen der Erzähler poetische Qualitäten. Durch den »gedehnten Blick« gelingt es ihnen, der Bilderflut der modernen Welt zu begegnen und sich in die Betrachtung eines Alltagsgegenstands zu versenken und diesem Objekt subjektive Bedeutungen beizumessen. Ohne explizit jemals über ein Anfangsverständnis hinauszukommen, schaffen sie mit ihrer eigenen Beschreibungskompetenz jedoch ein neues Stück Wirklichkeit. Durch die Hinfälligkeit der Dinge werden sie auch auf das eigene unabweisbare Verschwinden in der Zukunft verwiesen.

Da die Protagonisten die aufdringliche Wirklichkeit nur schwer ertragen können, schaffen sie durch eine komische Beschreibung alltäglicher Dinge und Ereignisse eine Distanz zur Unmittelbarkeit der Eindrücke und widersetzen sich mit ihrem inneren Querulantentum den Zumutungen der Lebenswelt. Damit erfährt das von → Adorno totgesagte Subjekt bei Genazino eine Wiederbelebung.

Wilhelm Genazino tippte seine Werke in die Schreibmaschine. Er besaß keinen PC oder andere Geräte der modernen Kommunikation, da er nicht an ein Gerät angeschlossen sein wollte. Neben seinen 20 Romanen hat er eine große Anzahl von Hörspielen geschrieben und einige Theaterstücke. Dazu kommen einige Essay-Bände mit überwiegend literaturtheoretischen Betrachtungen, in denen er sich auch ausgiebig über seine eigene Arbeitsweise geäußert hat. Zwei Bände mit Texten zu Postkarten und eine Broschüre mit der Interpretation von Kunstwerken runden sein Œuvre ab. Genazino wurde neben vielen anderen Auszeichnungen der renommierteste deutsche Literaturpreis, der Büchner-Preis, verliehen. Die Stadt Frankfurt zeichnete ihn mit der Goetheplakette aus. An der Goethe-Universität hatte er 2006 die Stiftungsgastdozentur für Literatur inne. Er starb 2018 nach kurzer Krankheit.

Albert Mangelsdorff und die Hauptstadt des Jazz

18.1 Grab von Albert Mangelsdorff (1928–2005). XV 31

»Was immer auch war, Albert ging immer gleich mal üben«, erinnerte sich der amerikanische Saxophonist Lee Konitz. So ähnlich haben fast alle Musiker, die ihm begegnet waren, Albert Mangelsdorff wahrgenommen: als einen disziplinierten, sehr fleißigen Kollegen. Daneben wurde seine Risikobereitschaft gerühmt. Mangelsdorff ging seinen musikalischen Weg ohne Rücksicht auf Traditionen,

Erwartungen oder ökonomische Zwänge. Nur so konnte es ihm gelingen, mit seinem Instrument, der Posaune, mehrstimmig zu spielen, und das Wagnis auf sich zu nehmen, einen ganzen Abend als Solist zu bestreiten.

Albert Mangelsdorff entstammt einer sozialdemokratischen Arbeiterfamilie. Seine Eltern hatten im Frankfurter Stadtteil Praunheim 1929 eine der von Ernst May (→ Ludwig Landmann) errichteten Wohnungen gemietet. Albert wuchs dort mit seinem drei Jahre älteren Bruder Emil auf, der sich schon früh für den Jazz begeistert hatte und auch Albert an diese Musikrichtung heranführte. Während Emil 1943 zum Kriegsdienst herangezogen wurde und dann in Gefangenschaft geriet, fuhr Albert mit Freunden sonntags in den Taunus, um einerseits dem HJ-Dienst zu entgehen und andererseits gemeinsam zu musizieren. Im Jahr zuvor hatte Albert Geigenunterricht bei seinem Onkel in Pforzheim genommen, sattelte nun aber auf das Gitarrenspiel um, das er sich selbst beibrachte.

Nach dem Krieg wurde er Berufsmusiker und trat zunächst als Rhythmusgitarrist in der Otto-Laufner-Bigband auf, die für amerikanische Offiziere im Kurhaus Bad Soden spielte. Dann wandte er sich der Posaune zu, da ihr Ton der menschlichen Stimme ähnelt, und nahm Posaunenunterricht bei Fritz Stähr, dem Soloposaunisten der Oper Frankfurt. Nach seinem 1950 erfolgten Einstieg als Posaunist in die Joe-Klimm-Combo trat er in einem schwarzen GI-Club in Frankfurt-Bonames auf (anfangs waren die amerikanischen Armee-Einheiten noch nach Hautfarbe getrennt). Deutsche Jazz-Kritiker erwarteten damals, dass man sich an amerikanische Vorbilder hielt. Aber die amerikanischen Musiker, mit denen Albert in Jam-Sessions zusammenkam, lobten früh seine unkonventionelle Art, Posaune zu spielen.

Mangelsdorff hatte sich nicht an einem anderen Posaunisten orientiert, sondern war anfangs beeinflusst von Lee Konitz und

Lennie Tristano, einem amerikanischen Pianisten. Tristano legte Wert auf solides Ensemblespiel, in das solistische Improvisationen eingebettet sind. Da sich seine Musik einer intellektuellen Herangehensweise verdankt und ihre Verhaftung in der klassischen Musik nicht leugnet, wurde sie verschiedentlich als kühl empfunden, was der Richtung den Namen »Cool Jazz« eintrug. Nachdem Mangelsdorff eine Zeitlang auf der Tristano-Linie gespielt hatte, begann er sich vom Cool Jazz zu lösen, da er ihm zu wenig rhythmische Freiheit bot. Nach Zwischenstationen beim Bebop und Free Jazz entwickelte er seine eigene Melodik, und langsam begann sich der Mangelsdorff-Sound herauszubilden, der ihn unverwechselbar machen sollte. Es ging ihm nicht darum, amerikanischen Vorbildern nachzueifern, sondern die eigenen Lebensumstände in der Musik abzubilden: »Play yourself, man« war das Motto. Augenfällig oder vielmehr ohrenfällig wurde seine durch motivische Improvisation geprägte individuelle Jazzsprache mit der Platte *Tension*, die 1963 erschien. Doch der Reihe nach.

1953 war Mangelsdorff Mitglied der Hans-Koller-Band geworden, die in Hans Koller's New Jazz Stars umbenannt wurde, als sie als Vorgruppe mit dem Dizzy Gillespie Quintet auf Tour ging. Aber nicht immer gab es Engagements, die Geld einbrachten. Mangelsdorff spielte in den frühen Fünfzigerjahren häufig im Frankfurter Jazzkeller, aber nur für Bier, Geld gab es nicht. Als die von *Willy Berking (1910–1979 – Gedenkstein E an der Mauer 339a)* geleitete Bigband des Hessischen Rundfunks 1955 einen Posaunisten suchte, ergriff Mangelsdorff diese Gelegenheit, um sich ein regelmäßiges Einkommen zu sichern. Berking unterstützte ihn, der bislang hauptsächlich nach Gehör einstudiert hatte, und nun Noten lesen musste. Die Schlagermusik, die die Bigband hauptsächlich spielte, wurde aber bald zum Alptraum für Mangelsdorff, der um seine Kreativität und Spielweise fürchtete. Nach zwei Jahren beendete er seine Mitarbeit, indem er nach einem Auftritt in Polen einfach nicht mehr hinging.

Heinz Werner Wunderlich hatte 1957 die erste Reise deutscher Jazzmusiker nach Polen organisiert. Das war gleichzeitig der erste offizielle Kulturkontakt zwischen Polen und der Bundesrepublik nach dem Zweiten Weltkrieg. Im polnischen Sopot trat eine Formation auf, der unter anderem Joki Freund, die beiden Mangelsdorff-Brüder und der amerikanische Bluessänger Bill Ramsey, der als Soldat der United States Air Force nach Deutschland gekommen war, angehörten. Der Auftritt der sogenannten Frankfurt All Stars beim Sopot-Festival wurde als Sensation wahrgenommen und hinterließ bleibende Eindrücke. In Polen sprach man anerkennend vom »Frankfurt Sound«.

Im Folgejahr, 1958, wurde Albert Mangelsdorff erstmals in die USA zum Newport Jazz Festival eingeladen, wo er in einer international besetzten Jugendband auftrat. Die International Youth Band begleitete dort u. a. Louis Armstrong. Es sollte nicht Alberts einzige Einladung nach Newport bleiben, auch 1965, 1967 und 1969 trat er dort auf. Ebenfalls 1958 war das Jazzensemble des Hessischen Rundfunks gegründet worden. Es besteht bis heute und ist als Jazzensemble einer Rundfunkanstalt weltweit einmalig. Über zweitausend Titel wurden bislang aufgezeichnet. Albert Mangelsdorff war von Beginn an viele Jahre lang sein Leiter. Zur ersten Besetzung gehörten sein Bruder Emil (Saxophon), Freddie Christmann (Trompete), Joki Freund (Saxophon), Rudi Sehring (Schlagzeug), Pepsi Auer (Klavier) und Peter Trunk (Bass). Man traf sich dreimal im Monat zu Aufnahmen im Studio und übte regelmäßig im Jazzkeller.

Der Jazzkeller war 1952 von dem Trompeter Carlo Bohländer, der junge Talente lehrend und fördernd begleitete, in der Kleinen Bockenheimer Straße als »domicile du jazz« gegründet worden. Im Jazzkeller traten neben den Mangelsdorff-Brüdern noch andere

Lokalgrößen auf wie Bill Ramsey, Volker Kriegel, Heinz Sauer und Christof Lauer. Für internationale Jazzgrößen, die in Frankfurt Konzerte gaben, war es üblich, hinterher noch in den Keller zu gehen und mit Frankfurter Kollegen zu jammen – dazu gehörten Sonny Rollins, Dizzy Gillespie, Stan Getz, Chet Baker – oder schlicht zu entspannen, wie Louis Armstrong und Lester Young. Für Albert Mangelsdorff war der Jazzkeller nicht nur Ort seiner Auftritte. Wenn er sich in Frankfurt aufhielt, kam er täglich zum Üben hierher, häufig sechs bis sieben Stunden, über Jahrzehnte hinweg. Von seinen Besuchern nur »Keller« genannt, ist er heute die älteste Jazzkneipe Deutschlands. Seit 1982 steht vor dem Eingang eine Skulptur von Taro Miyabe: ein stark verbogener Violinschlüssel, Sinnbild für die Musik, die hier gemacht wird, und die man einst als »schräg« empfunden hatte.

18.2 Eingang zum Jazzkeller in der Kleinen Bockenheimer Str. 18a

Nur wenige Schritte vom Jazzkeller entfernt eröffnete Horst Lippmann 1958 das »Jazzhaus«, das unter seinem Dach einen Treffpunkt für Jazzfreunde, eine Kneipe, die Büros der Deutschen Jazz Föderation und Olaf Hudtwalckers Galerie vereinte. Letzterer war überdies Präsident der Jazz Föderation und moderierte im HR die Sendung »Jazz für junge Leute«.

Die Gründung des HR-Jazzensembles hatte Intendant Beckmann auf dem 6. Deutschen Jazzfestival bekanntgegeben. Das Deutsche Jazzfestival war 1953 in Frankfurt gegründet worden. Beim ersten Festival im Zirkus-Althoff-Bau im Zoo traten nur drei Bands auf:

Big Bill Broonzy aus den USA, die Frankfurter Lokalmatadoren Two Beat Stompers und die Deutschen All Stars, eine aus den besten deutschen Jazzmusikern zusammengesetzte Band, zu der der Saxophonist Max Greger, der Pianist Paul Kuhn und der Bassist Hans (James) Last gehörten, die sich später allesamt der leichten Unterhaltungsmusik verschrieben. Dem Deutschen Jazzfestival ging es vor allem darum, heimische Formationen vorzustellen. Es wuchs sehr schnell, schon beim zweiten Festival stellten sich zwölf Bands vor, beim dritten 21. Seither sind alle deutschen Jazzgrößen hier aufgetreten, aber auch Musiker aus anderen europäischen und außereuropäischen Ländern, insbesondere den USA, wurden eingeladen. Alle Festivalkonzerte wurden vom Hessischen Rundfunk aufgenommen und gesendet, seit 1997 in voller Länge und live. Seit 1984 ist der *hr* selbst Veranstalter des Festivals, seit 1990 im Verein mit der Stadt Frankfurt. Es ist heute das älteste in Kontinuität stattfindende Jazzfestival der Welt.

1959 eröffnete Heinz Werner Wunderlich in Frankfurt die Reihe »Jazz im Palmengarten« mit einem Auftritt des *hr*-Jazzensembles. Wunderlich gelang es im Laufe der Jahre, auch internationale Jazzgrößen für Auftritte im Palmengarten zu gewinnen, darunter Pat Metheny, Chick Corea, Lee Konitz und Dollar Brand. Albert Mangelsdorff trat bis zu seinem Tod jährlich dort auf. Jazz im Palmengarten ist heute die älteste kontinuierlich durchgeführte Open-Air-Jazz-Reihe weltweit.

Schließlich hatte sich auch die für den Jazz bedeutsame Konzertagentur Lippmann + Rau in Frankfurt niedergelassen. Ihre beiden Gründer waren schon lange in der Frankfurter Jazzszene aktiv gewesen, Schlagzeuger Horst Lippmann als eigentlicher Motor des Hot Club Frankfurt, Gründer des Frankfurter Jazzfestivals und Anreger des *hr*-Jazzensembles, Fritz Rau als Konzertveranstalter und Tourneeleiter. Ihre reichhaltige Erfahrung sollte den beiden Musikenthusiasten in späteren Jahren dazu verhelfen, die Tourneen von Eric Clapton, Jimi Hendrix, Bob Dylan, Joan Baez, den Rolling Stones und von vielen anderen bedeutenden Musikern und Bands zu organisieren.

Deutsches Jazzfestival, *hr*-Jazzensemble, Jazz im Palmengarten, Deutsche Jazz Föderation, Jazzkeller, Lippmann + Rau – damit war Frankfurt die Hauptstadt des Jazz geworden, nachdem es der Stadt 1949 verwehrt geblieben war, die politische Hauptstadt der Bundesrepublik Deutschland zu werden.

Die Basis hierfür war bereits in den Zwanzigerjahren gelegt worden. 1925 hatte der amerikanische Jazzpianist Sam Wooding mit seiner Band seine Frankfurt-Premiere im Schumann-Theater gegeben und mit Duke-Ellington-Kompositionen die Begleitmusik zur begeistert aufgenommenen Revue »Chocolate Kiddies« geliefert. Auch im »Sommer der Musik« 1927 (→ Ludwig Landmann) gab es »Jazzmusik und Negermusik« zu hören. Als offizieller Repräsentant des amerikanischen Jazz fungierte dabei der Klarinettist und Saxophonist Sidney Bechet – neben Louis Armstrong der bedeutendste Solist des frühen Jazz. Bechet blieb gleich für drei Monate in Frankfurt und lernte die Frankfurterin Elisabeth Ziegler kennen, die er 1951 heiraten sollte.

1928 gastierte in Frankfurt auch das renommierteste deutsche Jazz-Ensemble der Zwanzigerjahre, die »Weintraubs Syncopators«. Im gleichen Jahr wurde an Dr. Hoch's Konservatorium die erste deutsche Jazz-Klasse eingerichtet, die unter Leitung des ungarisch-britischen Komponisten Mátyás Seiber stand. Viele der Jazzkonzerte wurden vom Frankfurter Radiosender, der damals noch Südwestdeutscher Rundfunk hieß, übertragen.

Mit all dem war es 1933 vorbei. In den Jahren der nationalsozialistischen Herrschaft war es verboten, Jazz zu hören, der als »jüdisch inspirierte Niggermusik« verunglimpft wurde. Nach einer Verfügung von Goebbels wurde dem Rundfunk untersagt, Jazz zu spielen. Für den Musikkritiker → Adorno war dies kein Grund, empört zu sein. »Die Verordnung, die es dem Rundfunk verwehrt, ›Negerjazz‹ zu übertragen, hat vielleicht einen neuen Rechtszustand geschaffen – künstlerisch aber nur durchs drastische Verdikt bestätigt, was sachlich längst entschieden ist: das Ende der Jazzmusik«, schrieb er 1933 in *Abschied vom Jazz*. Bekanntlich ist es anders gekommen. Adorno ist sich zeitlebens aber in seiner Ablehnung des Jazz treu geblieben. In einem Radiovortrag 1961 offenbarte er sogar eine bemerkenswerte Unkenntnis der Jazzmusik, indem er ausführte, dass »der Jazz in entscheidenden Momenten in der Schablone gefangen (bleibt). Die Improvisation, auf welche die Jazzjournalisten so viel sich zugute tun, ist nicht nur in Wahrheit vielfach vorprobiert, sondern unterm Zwang des Schemas vorweg bescheidensten Umfangs«. Der Jazz, der seit vielen Jahrzehnten in Frankfurt gespielt wird, widerlegt Adornos Ansicht täglich aufs Neue.

Selbst in den Jahren des Nazi-Terrors konnte der Jazz nicht ganz unterdrückt werden. Eine Gruppe von sehr jungen Jazzmusikern rund um Emil Mangelsdorff, Carlo Bohländer und Hans Otto Jung, die Hot Club Combo, spielte in Tanzlokalen und Kneipen, im Frankfurter Hof in Praunheim, in der Rokoko-Diele des ehemaligen Hotels Kyffhäuser im Bahnhofsviertel und in der damaligen Eckkneipe Wappenhof in der Altstadt. Geübt wurde im Hinterzimmer der Speisegaststätte, die Horst Lippmanns Eltern im Bahnhofsviertel besaßen. Mangels Noten und Unterricht wurden die Stücke durch intensives Anhören von Jazzplatten eingeübt. Als die Spielstätten den Bombenangriffen zum Opfer gefallen waren, kamen die Jazz-Aktivitäten vorübergehend zum Erliegen. Seine Erfahrungen als Jazz-Musiker in der Nazizeit hat Emil Mangelsdorff seit den Achtzigerjahren in Gesprächskonzerten an die jüngere Generation weitergegeben.

Die gleichen Leute, die schon in der Nazizeit aktiv waren, starteten kurz nach Kriegsende einen Neuanfang. Die Fünfzigerjahre waren geprägt von Auftritten der Two Beat Stompers, der Hot Club Combo und des Jutta Hipp Quintetts. Die ökonomische Situation der Jazzmusiker war in dieser Zeit alles andere als rosig. Das kärgliche Honorar (450 DM im Monat), das z. B. die Mitglieder des Jazzensembles vom Hessischen Rundfunk bekamen, reichte nicht zum Leben. Die Gruppe trat daher außerhalb des Senders unter dem Namen Albert-Mangelsdorff-Septett auf, aus dem sich bald ein Quintett herausschälte, das mit wechselnder Besetzung (darunter der Saxophonist Heinz Sauer, der Gitarrist Günter Lenz, der Schlagzeuger Ralf Hübner und der Pianist Bob Degen) viele Jahre auftrat, Tourneen durch Italien, England, die DDR, die USA und Asien absolvierte und zahlreiche Auszeichnungen erhielt.

18.3 Albert Mangelsdorff spielt anlässlich Goethes 250. Geburtstags 1999 in den Wallanlagen

Während sich das deutsche Jazzfestival und der Hessische Rundfunk immer stärker auf den modernen Jazz konzentrierten, gab es in Frankfurt aber auch eine Jazz-Szene, die sich für den frühen New Orleans Jazz begeisterte. 1963 wurde auf Betreiben von Gerhard Abt die GFN, die »Gesellschaft zur Förderung des New Orleans Jazz« gegründet. Abt spielte Sousaphon in der »Barrelhouse Jazz Band«, die die bekannteste Vertreterin des New Orleans Jazz in Deutschland wurde. Ihr Leiter, der Klarinettist Reimer von Essen, bevorzugte die Bezeichnung »Hot Jazz«, um sich von modernistischen Strömungen innerhalb des New Orleans Jazz abzugrenzen.

Ende der Sechzigerjahre begann Albert Mangelsdorff, die Mehrstimmigkeit auf der Posaune zu entwickeln. Zu einem geblasenen

Ton sang er einen zweiten hinzu, wodurch bei manchen Intervallen ein dritter Ton, ein Oberton entstand und so ein dreistimmiger Akkord erzeugt wurde. Diese Technik hatte er nicht erfunden, aber er hat sie auf die Posaune übertragen. Eine erste Kostprobe des »Multiphonic« gab Mangelsdorff bei seinem ersten Solokonzert, zu dem ihn Joachim-Ernst Berendt anlässlich des Rahmenprogramms der Olympischen Spiele in München 1972 eingeladen hatte. Als Posaunist, der allein ein ganzes Konzert gibt und dabei mehrstimmig spielt, hat er Kritik und Publikum gleichermaßen in Staunen versetzt. Ein Solokonzert hatte bis dato noch kein Posaunist gewagt. Aber schon vor diesem Konzert war Mangelsdorff bereits die unbestrittene Nummer eins des Jazz in Deutschland.

Dabei war er immer auch offen für die Zusammenarbeit mit anderen Musikrichtungen. Hatte er schon in den Fünfzigerjahren mit seinem Bruder Emil auch einmal Dixieland mit den Two Beat Stompers gespielt, so trat sein Quintett Ende der Sechzigerjahre zusammen mit dem Liedermacher Franz Josef Degenhardt auf. Es folgten Konzerte und Plattenaufnahmen mit der Klaus-Lage-Band. Und ab 1976 war Mangelsdorff Mitglied des United Jazz + Rock Ensembles, das mit der LP *Live im Schützenhaus* die erfolgreichste deutsche Jazzplatte produzierte (über 100 000 verkaufte Exemplare).

Albert Mangelsdorff wurden zahlreiche Auszeichnungen zuteil. Mit dem Deutschen Schallplattenpreis wurde er mehrmals geehrt, er war mehrfach Europäischer Jazzmusiker des Jahres und Weltbester Jazzposaunist. Die Stadt Frankfurt verlieh ihm die Goetheplakette und benannte nach ihm den Weiher in der Liesel-Christ-Anlage hinter der Alten Oper. Der deutsche Staat verlieh ihm das Bundesverdienstkreuz. Das französische Kultusministerium machte ihn zum *Chevalier de l'Ordre des Arts et des Lettres*. Die Deutsche Jazzunion ehrt ihn, indem sie seit 1994 den Albert-Mangelsdorff-Preis verleiht.

18.4 Abschieds-Session am Grab von Emil Mangelsdorff (1925–2022). J 725

Dass ein weltweit derart geschätzter Künstler auch Angebote aus dem Mutterland des Jazz, den USA, bekam, versteht sich fast von selbst. Für Albert Mangelsdorff kam es aber nie in Betracht in die USA zu gehen: »Es hat mich eigentlich nie hier weggezogen. Ich fand immer, daß ich in Frankfurt am besten aufgehoben war. Ich glaube auch, daß so, wie ich mich entwickelt habe als Musiker und Künstler, es nirgendwo anders möglich gewesen wäre. Nein, ich wollte nie von Frankfurt weg.«

Möglicherweise ist daran auch das Frankfurter Jazzpublikum nicht ganz unschuldig. Ihm hatte Duke Ellington in den Fünfzigerjahren bescheinigt, »das sachlichste, kritischste und besterzogene Publikum in Europa« zu sein, eine Einschätzung, die Jazzpapst Joachim-Ernst Berendt 1978 bestätigte, indem er von den Frankfurter sagte, sie seien »das beste Jazz-Publikum, das ich in Europa kenne«.

Sein Bruder Emil überlebte Albert, der bereits 2005 verstorben war, um mehr als 16 Jahre. Bis kurz vor seinem Tode gab Emil

Mangelsdorff Konzerte, darunter die Reihe »Emil und seine Freunde« im Holzhausenschlösschen, wo er insgesamt 213-mal auftrat. Als Zeitzeuge des Nationalsozialismus engagierte er sich gegen rechts und vermittelte jungen Menschen sein Bild vom Jazz, einer Musik, die er als der Freiheit und der Demokratie zugehörig verstand. Anfang 2022 verstarb Emil Mangelsdorff im Alter von 96 Jahren.

Siegfried Unseld – Ausnahmeverleger in der Stadt der Bücher

19.1 Persönlichkeitsgrab von Siegfried Unseld (1924–2002). II 203

Das imposante Grabmal des Suhrkamp-Verlegers Siegfried Unseld stellt ein aufgeschlagenes Buch dar, auf dessen linker Seite das Gedicht *Stufen* von Hermann Hesse zu lesen ist. Unseld hatte über Hesse promoviert und war damit einer der ersten Germanisten in Deutschland, die ihre Dissertation über einen lebenden Schriftsteller verfasst haben.

Hermann Hesse war nicht nur von zentraler Bedeutung für Siegfried Unseld, sondern für den Suhrkamp Verlag schlechthin. Dieser ruhte auf zwei Säulen: Bertolt Brecht, den Peter Suhrkamp schon seit 1919 kannte, und Hermann Hesse. Hesse hat Peter Suhrkamp zur Gründung eines eigenen Verlages ermuntert und ihm mit den Brüdern Reinhart aus Winterthur auch die notwendigen Geldgeber besorgt. Und mit Siegfried Unseld empfahl er ihm einen Mitarbeiter, der schließlich sein Erbe als Verleger antreten sollte.

Peter Suhrkamp war 1932 Mitarbeiter des renommierten S. Fischer Verlags geworden. Im Jahr darauf gehörte er bereits dem Vorstand an. Als die Erben Samuel Fischers, der 1934 gestorben war, Deutschland 1936 verlassen mussten, erwarb Peter Suhrkamp den Verlag, um ihn treuhänderisch für die Familie Fischer zu erhalten. Auf Druck der Nationalsozialisten musste er ihn in »Suhrkamp Verlag vorm. S. Fischer«, dann in »Suhrkamp Verlag« umbenennen. 1944 wurde Peter Suhrkamp wegen Hoch- und Landesverrats verhaftet und angeklagt. Im Gestapogefängnis wurde bei Folterungen sein Rückenmark verletzt. In der anschließenden Haft im Konzentrationslager Sachsenhausen erkrankte er an einer doppelseitigen Lungen- und Rippenfellentzündung. Da sich sein Gesundheitszustand rapide verschlechterte, entließen die Nazis ihn im Februar 1945 aus dem KZ, damit er außerhalb des Lagers sterben sollte. Aber wie durch ein Wunder überlebte er. Freilich konnte die Krankheit nicht mehr geheilt werden, und Suhrkamp litt für den Rest seines Lebens an den Folgen seiner Haft: Herzmuskelschwäche, Herzasthma und immer wieder auftretende Lähmungen beider Beine.

Am 4. Oktober 1945 erhielt er als erster Verleger in Berlin von der britischen Militärregierung eine Lizenz für einen Buchverlag unter der Firma »Suhrkamp Verlag vormals S. Fischer Verlag«. Schon 1946 erschien das erste Programm mit Büchern von Hermann Hesse, Thomas Mann und Ernst Penzoldt. Im gleichen Jahr erhielt er auch die Verlegerlizenz für die amerikanische Zone und ließ den Verlag in Frankfurt eintragen. Im Jahr 1949 kam es zu Unstimmigkeiten zwischen Gottfried Bermann Fischer und Peter Suhrkamp über den weiteren Weg des Verlags. Während Bermann an einem auf ein Massenpublikum zugeschnittenen Programm mit Taschenbuchausgaben interessiert war, verfolgte Suhrkamp seinen Weg weiter, anspruchsvolle Bücher für einen erlesenen Kreis zu machen. Bermann verlangte die Rückgabe der Verlage und wollte Suhrkamp aus der Verlagsleitung ausschließen. Hesse bat Suhrkamp, den Verlag nicht zurückzugeben. Um einen Prozess, den Bermann beantragt hatte, zu umgehen, schlossen beide Seiten 1950 einen Vergleich. Damit wurde allen Autoren, die von Suhrkamp verlegt, aber nicht von Bermann im Ausland veröffentlicht worden waren, freigestellt, ob sie beim S. Fischer Verlag bleiben oder einem neugegründeten Suhrkamp Verlag angehören wollten. Von 48 Autoren entschieden sich 33 für Suhrkamp, darunter Hesse und Brecht. Legendär ist Brechts Brief an Suhrkamp vom 21. Mai 1950, wo er lapidar mitteilt: »Lieber Suhrkamp, natürlich möchte ich unter allen Umständen in dem Verlag sein, den Sie leiten.« Am 1. Juli 1950 wurde der Suhrkamp Verlag ins Handelsregister Frankfurt eingetragen.

Schon das Eröffnungsprogramm zeigte das zukünftige Gesicht des Verlags. Es erschienen Bücher von T. S. Eliot, Max Frisch, Hermann Hesse, Theodor W. Adorno, Walter Benjamin, Bertolt Brecht, Halldór Laxness und Bernhard Shaw. Peter Suhrkamp veröffentlichte zeitgenössische Literatur, Theaterstücke und geisteswissenschaftliche Werke. → Adorno beschrieb die außerordentliche Leistung Peter Suhrkamps als »paradox: Unverkäufliches verkaufen, dem den Erfolg finden, das ihn nicht sucht, das Fremde ins Nahe wenden«. Und in einem zweiten Text formulierte er: »Er wollte den Erfolg auf dem Markt nicht durch Anpassung an ihn, sondern durch Widerstand; und anders ist wohl heute eine menschenwürdige Beziehung zwischen dem Geist und dem Konsum überhaupt nicht vorzustellen.« Dabei ging es Suhrkamp »nicht um den Einzeltitel, sondern um den Autor in seiner Gesamtphysiognomie«. Dieses Prinzip sollte sein Nachfolger Siegfried Unseld mit gleicher Intensität verfolgen.

Siegfried Unseld wurde am 28. September 1924 in Ulm geboren. Als Schüler war er Fähnleinführer im Jungvolk der Hitlerjugend. 1942 machte er das Notabitur und wurde dann zum Kriegsdienst bei der Marine einberufen. Schwimmend rettete er zweimal sein Leben: bei der Evakuierung von Sewastopol auf der Krim und auf der Flucht vor Partisanen in Griechenland. Nach dem Krieg arbeitete er einige Monate für die Engländer, ehe er Anfang 1946 nach Hause entlassen wurde. Sein früherer Deutschlehrer machte ihn mit den Büchern von Hermann Hesse bekannt, was für Unseld in zweierlei Hinsicht eine Initialzündung für sein Leben sein sollte. Fortan sollte er sich mit Büchern und speziell mit Hesse beschäftigen. Folgerichtig begann er noch 1946 eine Lehre im Ulmer Aegis Verlag. Die Prüfung als Buchhandlungsgehilfe bestand er 1947 mit Auszeichnung. Er wechselte in den wissenschaftlichen Verlag J. C. B. Mohr in Tübingen und begann fast zeitgleich ein Studium der Fächer Germanistik, Philosophie und Bibliothekswissenschaften. 1951 wurde er mit einer Arbeit über Hermann Hesse promoviert. Sein Leben stellte er unter ein Motto, das bereits im antiken Griechenland von Pindar formuliert worden war, das ihm aber erst bei der Lektüre von Hesses Werken *Siddhartha*, *Der Steppenwolf* und *Das Glasperlenspiel* klar geworden war: Werde der, der du bist!

Schon 1948 hatte Unseld Hesses *Glasperlenspiel* für die Tübinger Studentischen Blätter besprochen. Die Rezension schickte er an den Autor, der sich brieflich dafür bedankte. Frisch promoviert und jungvermählt mit Hildegard Schmid besuchte er Hesse im Sommer 1951 mit seiner Frau unangemeldet in der Schweiz. Er hinterließ bei dem Schriftsteller einen guten Eindruck. Auf Empfehlung Hesses bewarb sich Unseld unter Hinweis auf seine Promotion, seinen Kontakt zu Hesse und seine Verlagserfahrung bei Peter Suhrkamp um eine Stelle. Nach eingehendem Gespräch stellte ihn Suhrkamp zur Probe ein und betraute ihn mit Aufgaben in Herstellung, Vertrieb und Werbung. Der Verlag hatte damals seinen Sitz am Schaumainkai 53 in Sachsenhausen, wo heute das Museum für Kommunikation seine Verwaltungsräume hat. Unseld war einer von sieben Verlagsmitarbeitern.

Der Verlag war hierarchisch organisiert. Peter Suhrkamp bestimmte das Programm nahezu allein. Das Gehaltsniveau war niedrig. Der forsche, ungestüme, draufgängerische Unseld wurde oft von Suhrkamp zurückgepfiffen. Beispielsweise stieß Unseld mit seinem Vorschlag, verbilligte Volksausgaben in hoher Auflage zu drucken, bei Suhrkamp auf taube Ohren. Suhrkamp verabscheute auch Taschenbuchausgaben, mit denen andere Verlage (darunter Rowohlt, Fischer, Ullstein und Goldmann) längst große Erfolge erzielten. Die von ihm 1951 gegründete und bis heute erfolgreiche »Bibliothek Suhrkamp« verstand er als Liebhaberbibliothek für eine Leserelite.

Auch wenn er mit einigen seiner Ideen zurückstecken musste, gelang es Unseld, sich immer unentbehrlicher zu machen. 1955 wurde er ins Lektorat aufgenommen und erhielt Prokura.

Da sich Peter Suhrkamps Gesundheitszustand verschlechterte, musste er sich um eine Nachfolgeregelung kümmern. Dass er dabei an Unseld dachte, hatte Hermann Hesse schon früh vorausgesehen. Als Unseld 1952 seine Stelle im Suhrkamp Verlag angetreten hatte, schrieb ihm Hesse: »Als ich im Sommer in Bremgarten beim Kaffee

19.2 Siegfried Unselds Buch über Peter Suhrkamp

sass, erst wenig erfreut über die Störung durch Besuch, dann auf ihren Namen hin erfreut, dachte ich nicht, das könnte etwa mein mutmasslicher künftiger Verleger sein. Sie haben nun den Weg dazu angetreten, und ich wünsche Ihnen, Suhrkamp und mir, es möge gut gehen und von Dauer sein …«.

Zum 1. Januar 1958 machte Suhrkamp Unseld zum gleichberechtigten Komplementär. Die erforderliche Einlage von 10 000 DM lieh er ihm. Am 31. März 1959 verstarb Peter Suhrkamp. Am nächsten Tag trat Siegfried Unseld seine Nachfolge an. Zu diesem Zeitpunkt arbeiteten 17 Mitarbeiter im Verlag und produzierten etwa 30 Bücher im Jahr. Seit dem Erscheinen des Eröffnungsprogramms waren weitere namhafte Autoren aufgenommen worden: Rudolf Alexander Schröder, Samuel Beckett, Marcel Proust, Günter Eich, Hans-Erich Nossack, Martin Walser, Hans-Magnus Enzensberger. Uwe Johnsons Manuskript *Mutmassungen über Jakob* lag bei Suhrkamps Tod ungelesen auf dessen Nachttisch. Es war eine der ersten Entscheidungen Unselds als alleiniger Gesellschafter des Suhrkamp Verlags, Uwe Johnson unter Vertrag zu nehmen.

In den Sechzigerjahren kamen weitere, für den Verlag sehr wichtige Autoren hinzu: Ludwig Wittgenstein, Peter Weiss, Wolfgang Hildesheimer, Paul Nizon, Hans Blumenberg, Thomas Bernhard, Peter Handke und Jürgen Habermas. Damit war die literarische Avantgarde Europas im Suhrkamp Verlag genauso beheimatet wie die wichtigsten Vertreter der deutschsprachigen neuen Literatur. Einige der Autoren sollten zu Ratgebern Unselds werden. Im literarischen Bereich waren dies Johnson, Enzensberger und Walser, mit dem Unseld schon seit Längerem eine Freundschaft verband. Seine Berater für den Theoriebereich waren Blumenberg, Habermas, Dieter Henrich und Jacob Taubes, später nahm Niklas Luhmann den Platz von Blumenberg ein.

Nun konnte Unseld auch den von ihm lange gehegten Plan einer Taschenbuchreihe realisieren. Die meisten seiner Lektoren und Autoren, denen er die Idee vortrug, reagierten ablehnend. Aber Unseld setzte sich durch. Ihm gelang mit der »edition suhrkamp« ein durchschlagender Erfolg. Äußerlich unverwechselbar gestaltet von Willy Fleckhaus – dieser hatte schon Jahre zuvor die Bibliothek Suhrkamp mit ihrem bis heute beibehaltenen Aussehen erneuert – mit 48 von Band zu Band wechselnden Farben des Sonnenspektrums, die ein endloses Farbband ergeben. Inhaltlich war dies eine Reihe, die sowohl Gegenwartsliteratur als auch theoretische Texte brachte, vornehmlich philosophische, historische, philologische, soziologische und politische. Es waren darunter nicht wenige Erstausgaben, aber die Übernahmen aus dem Hauptprogramm überwogen. Im Laufe der Zeit sollte sich das Verhältnis umkehren, bis der Anteil an Erstausgaben 1968 die Hundertprozentmarke erreichte, die dann über Jahrzehnte gehalten wurde. 1963 waren die ersten Bände auf den Markt gekommen. Die Nummer 1 war Brechts »Leben des Galilei«. 1979 erschien als Doppelband die Nummer 1000 – die von Jürgen Habermas herausgegebenen *Stichworte zur »Geistigen Situation der Zeit«*. Danach wurde die Reihe mit der Neuen Folge fortgesetzt.

Die Bedeutung der edition suhrkamp für das geistige Leben in der Bundesrepublik Deutschland ist schwerlich zu überschätzen. Über Jahrzehnte hinweg gab es sicher nur wenige Studentinnen und Studenten der Geistes- und Sozialwissenschaften, die nicht eine erkleckliche Anzahl der bunten Bändchen in ihrem Bücherregal stehen hatten. Wer sich in den Sechziger- und Siebzigerjahren mit Kritischer Theorie, Psychoanalyse oder moderner Literatur beschäftigte, wer an aktuellen Debatten teilhaben wollte, kam an der Reihe nicht vorbei. In dialektischer Verschränkung kommentierte die Reihe die Studentenbewegung und trieb sie an.

Als in der edition suhrkamp nur noch Erstausgaben erschienen, war Platz für eine neue Reihe, die das Hauptprogramm des Verlags im Taschenbuch präsentierte: die Reihe »suhrkamp taschenbuch«, die 1971 aus der Taufe gehoben wurde. Da in ihr ausschließlich literarische Titel erschienen, wurde sie 1973 durch die Reihe »suhrkamp taschenbuch wissenschaft« ergänzt. In diesen drei Taschenbuchreihen sind bis heute über 10 000 Bände erschienen.

Eine vierte Taschenbuchreihe kam noch hinzu: die Insel Taschenbücher. 1963 hatte Unseld den traditionsreichen Insel Verlag gekauft, der eine ideale Ergänzung zum Suhrkamp Verlag darstellte. Während hier die Autoren der Moderne erschienen, hatte der Insel Verlag seinen Schwerpunkt bei Goethe und Rilke. Die seit 1912 dort erscheinende, schön gestaltete »Insel Bücherei« wurde fortgeführt. Die Insel Taschenbuchreihe erschien ab 1972.

Ebenfalls 1963 erwarb Unseld den juristischen Verlag Lutzeyer, den er in Nomos Verlag umbenannte. Die dazu gehörende Druckerei in Sinzheim bei Baden-Baden ließ er zur Hausdruckerei ausbauen. 1966 kaufte er vom Schweizer Rhein-Verlag die Rechte an den Werken von James Joyce, Hermann Broch, Adolf Portmann und Gershom Scholem. Damit baute er die literarische Spitzenstellung des Suhrkamp Verlags in Deutschland aus. 1959 war Unseld der alleinige Verleger des Verlags geworden. Zehn Jahre später, 1969, waren aus den seinerzeit 17 Mitarbeitern 72 geworden, und der Buchumsatz war von 1,5 Millionen DM auf fast 10 Millionen DM gewachsen. 1969 erfolgte der Umzug des Verlags in die Lindenstraße im Frankfurter Westend. Der Verleger selbst war bereits Jahre vorher in ein standesgemäßes Domizil in der Klettenbergstraße im Nordend gezogen. Dort fanden seit 1959 jährlich zur Frankfurter Buchmesse die legendären Kritikerempfänge statt, wo Autoren in Anwesenheit von Kritikern aus ihren neuen Werken vorlasen.

Die Studentenbewegung Ende der Sechzigerjahre ist auch am Suhrkamp Verlag nicht spurlos vorübergegangen. Unseld gehörte dem Aufsichtsrat der Ausstellungs- und Messe-GmbH an, einer Tochter des Börsenvereins des Deutschen Buchhandels, die für die Ausrichtung der Buchmesse zuständig war. 1967 übte Unseld Kritik am konservativ ausgerichteten Börsenverein und mahnte Modernisierung an. Auf der anderen Seite kritisierte er aber auch Aktionsformen der im SDS organisierten Studenten während der Buchmesse. Ähnliches wiederholte sich auf der Buchmesse 1968. Auch hier stand Unseld zwischen den Fronten und versuchte zu vermitteln. Dies trug ihm Kritik von beiden Seiten ein. Im Messeaufsichtsrat wurde er misstrauisch als Linker angesehen, von Studentenseite wurde er dem Establishment zugerechnet. Die Lektoren seines eigenen Verlages warfen ihm vor, die »Tendenz der Verlagsprogramme [...] desavouiert zu haben«.

Erstmals geriet der Verlag in eine ernste Krise – eine Krise nicht ökonomischer, sondern institutioneller Natur. Die Lektoren des Verlages, die schon seit Längerem unter dem autoritären Führungsstil Unselds litten und keine eigenständigen Entscheidungen treffen durften, erarbeiteten eine »Lektoratsverfassung«, die sie dem Verleger vorlegten. Darin wurde verlangt, dass die Lektoratsversammlung über Programm, Vertrieb, Werbung, Honorare und Personalpolitik entscheiden sollte, wobei jeder Lektor sowie der Verleger je eine Stimme haben sollte. An Entscheidungen der Lektoratsversammlung sollte der Verleger gebunden sein. Dies wäre einer Entmachtung Unselds gleichgekommen. Es hätte bedeutet, dass der allein und auch mit seinem Privatvermögen haftende Gesellschafter für Entscheidungen geradezustehen hätte, auf die er nur noch einen untergeordneten Einfluss hätte. Unseld lehnte das Ansinnen naturgemäß ab und holte sich Unterstützung bei namhaften Autoren des Verlags. Vor allem Habermas stellte sich hinter Unseld, befürwortete die privatwirtschaftliche Verfassung des Verlages und lehnte jegliche Sozialisierungstendenzen ab.

An der Hierarchie im Verlag änderte sich also nichts. Enzensberger beschrieb es später so: »Er ist Patriarch des Hauses. Es muß alles über seinen Schreibtisch, zum Beispiel. Das ist nicht so leicht getan, wie gesagt: Es sind ja Hunderte von Titeln, und er kennt alles. Insofern mischt er sich auch in alles ein: Was er nicht gesehen hat, erscheint nicht. Punkt.« In der Folge verließen Walter Boehlich – er und Unseld mochten sich ohnehin nicht – und andere Lektoren den Suhrkamp Verlag und gründeten den Verlag der Autoren. Von den wichtigsten Autoren des Suhrkamp Verlags wechselte nur Peter Handke zu der Neugründung, kehrte aber nach zwei Jahren zu Suhrkamp zurück.

Unseld fertigte Berichte über die Buchmessen 1967 und 1968 und über den Konflikt mit den Lektoren an. Ab 1970 begann er mit der Abfassung einer Chronik, in der er bis 2002, dem Jahr seines Todes, nahezu täglich sein Tun im Verlag schriftlich fixierte. Darüber hinaus verfasste er rund 1500 Reiseberichte, in denen er minutiös seine Begegnungen mit Autoren, Verlegern, Buchhändlern, Politikern und anderen wichtigen Persönlichkeiten festhielt.

Die Erfolgsgeschichte des Suhrkamp Verlags ging auch in den Jahrzehnten nach dem Aufstand der Lektoren weiter. Neue Autoren wurden gewonnen, darunter Ingeborg Bachmann, Adolf Muschg, Rainald Goetz, Peter Sloterdijk und Peter Bichsel, um nur einige zu nennen. Durch die sachkundige Lektorin Michi Strausfeld kamen die meisten der bedeutendsten südamerikanischen Autoren zum Verlag, darunter Isabel Allende, mit deren *Geisterhaus* der Verlag einen sehr großen ökonomischen Erfolg feiern konnte. Anfang der Neunzigerjahre wurde durch den Kauf des Jüdischen Verlags das Portfolio des Verlags bedeutend erweitert.

19.3 Siegfried Unselds Buch *Der Autor und sein Verleger*

Unselds Erfolg liegt nicht zum wenigsten darin begründet, dass er ein Gespür dafür hatte, welcher Autor gerade im Trend lag. Gleichzeitig gelang es ihm aber auch, neue Strömungen anzustoßen. Dabei folgte er einem Satz von Samuel Fischer: »Dem Publikum neue Werte aufzudrängen, die es nicht will, ist die wichtigste und schönste Mission des Verlegers.«

Viele Autoren rühmten seinen Einsatz für sie und ihr Werk. Bei anspruchsvollen und schwierigen Autoren aber, wie etwa Max Frisch, Peter Handke oder Thomas Bernhard, hat Unseld dies gelegentlich an den Rand der Verzweiflung geführt. Gerade letzterer hat ihn aber schließlich in den höchsten Tönen gelobt: »Spät aber nicht zu spät, werden die Deutschen auch im Anlegen des höchsten Maßstabes erkennen, daß es noch nie einen wichtigeren und also für die Geistesgeschichte bedeutenderen Verleger gegeben hat als Sie – der Sie Ihr Genie ganz aus der Liebe zur Literatur und aus der Freude von deren Schöpfern gezogen haben.«

Sein bedingungsloses Eintreten für seine Autoren hat in zwei Fällen beträchtliche Ausmaße angenommen. Im Falle der Schreibblockade Uwe Johnsons unterstützte Unseld den Schriftsteller über etliche Jahre hinweg, bis Johnson endlich den vierten und letzten

Band der *Jahrestage* vorlegte. Noch extremer war seine Alimentierung Wolfgang Koeppens, der den Verleger jahrzehntelang mit Manuskriptankündigungen hinhielt, aber nie etwas ablieferte. Nach Unselds Angaben sollen sich aber selbst diese beiden Investitionen betriebswirtschaftlich gerechnet haben.

Unselds Verhältnis zu seinen Autoren ist beileibe nicht der Normalfall, eher eine Ausnahme. Vergleicht man etwa die Danksagungen und Lobeshymnen der Suhrkamp-Autoren mit dem jahrzehntelangen Kampf zwischen → Schopenhauer und seinen Verlegern Friedrich Arnold Brockhaus, Heinrich Brockhaus und Eduard Brockhaus, wird deutlich, dass die Unterschiedlichkeit der Interessen im Regelfall ein freundschaftliches Verhältnis verhindert. Unseld aber ließ sich leiten von einem Satz, den ihm Peter Suhrkamp mit auf den Weg gegeben hatte: »Merken Sie sich eines: Jeder Autor, und sei er noch so jung, steht als schöpferische Persönlichkeit turmhoch über uns ...«.

Freilich musste Unseld die für ihn ernüchternde Erfahrung machen, dass eine Freundschaft zwischen Autor und Verleger entgegen seiner Hoffnung nicht möglich sei. Diese Problematik beruht im Kern zum einen darauf, dass der Verleger Geist und Kommerz unter einen Hut bringen muss, zum anderen, dass jeder Autor nur einen Verleger hat, jeder Verleger sich aber um viele Autoren kümmern muss und dabei jedem einzelnen das Gefühl zu geben sucht, er sei der wichtigste.

Eine weitere Basis von Unselds Erfolg war eine rentable Mehrfachverwertung einzelner Titel, indem sie immer wieder in geändertem Gewande neu aufgelegt wurden. Entscheidend aber war, dass der Suhrkamp Verlag über die besten und bedeutendsten Autoren verfügte, die die kulturelle Debatte in Deutschland – und nicht nur dort – bestimmten. Zahlreiche Nobelpreisträger, Büchner-Preisträger und Friedenspreisträger des Deutschen Buchhandels publizier(t)en bei Suhrkamp. So kam es, dass 1973 der US-amerikanische Literaturwissenschaftler George Steiner anlässlich einer Besprechung der *Adorno-Werkausgabe* im *Times Literary Supplement* den Begriff der »Suhrkamp-Kultur« prägte. Der Kritiker *Marcel Reich-Ranicki (1920–2013 – Grab XIV 34 UG)* sprach 1999 gar von der »Unseld-Kultur«. Und der Literaturkritiker Ulrich Greiner sagte 1996 vom Suhrkamp Verlag, er sei »sicher einer der bedeutendsten Verlage dieses Jahrhunderts. In der vergleichsweise kurzen Spanne seiner 46 Jahre langen Geschichte hat er mehr als jeder andere deutsche Verlag die Stichworte zur geistigen Situation der Zeit geliefert«.

Dies schlägt sich auch darin nieder, dass einige Buchtitel zu geflügelten Worten wurden, wie z. B. »Die Angst des Tormanns beim Elfmeter« (Handke), »Die Unwirtlichkeit unserer Städte«, »Die Unfähigkeit zu trauern« (beide Mitscherlich), »Die neue Unübersichtlichkeit« (Habermas) oder »Risikogesellschaft« (Beck).

Siegfried Unseld gelang vieles, aber nicht alles. 1989 übernahm er die traditionsreiche Buchhandlung »Frankfurter Bücherstube«, die aber wenige Jahre später geschlossen werden musste. Der 1981 als Tochter des Insel Verlags gegründete Deutsche Klassiker Verlag sollte eine umfassende Edition klassischer deutscher Texte mit ausführlichen Kommentaren in gehobener Ausstattung (Leinen und Leder) liefern. Aber die der Kalkulation zugrunde liegenden Verkaufszahlen konnten nicht annähernd erreicht werden. Nach Millionenverlusten blieb das hochgelobte »Jahrhundertunternehmen« ein Fragment, von den geplanten 750 Editionen erschien weniger als ein Drittel.

Auch einige verdiente Mitarbeiter verließen den Verlag. Neben dem bereits erwähnten Walter Boehlich und anderen Lektoren 1968 waren dies 1980 Günther Busch, Redakteur der edition suhrkamp bis zum Band 1000, 1996 Geschäftsführer Gottfried Honnefelder,

1999 der Leiter des Wissenschaftsprogramm Friedhelm Herborth und andere.

Am gravierendsten aber war, dass es Unseld nicht gelang, seine Nachfolge zukunftstauglich zu regeln. Zunächst war sein Sohn als Nachfolger vorgesehen. Der 1953 geborene Joachim Unseld, promovierter Germanist, erhielt 1978 von seinem Vater 10 % der Geschäftsanteile und wurde geschäftsführender Gesellschafter. 1983 übernahm er den Vertrieb und bekam weitere 10 % Geschäftsanteile. 1988 wurde er gleichberechtigter Geschäftsführer. 1990 jedoch zerstritten sich Vater und Sohn. Joachim schied aus dem Verlag aus, behielt aber seine Anteile. Seit 1994 ist Joachim Unseld Verleger und alleiniger Gesellschafter der Frankfurter Verlagsanstalt.

In der Folge hatten einige leitende Angestellte des Suhrkamp Verlags sich Chancen auf die Verlagsleitung ausgerechnet, aber keiner kam zum Zuge. Nach Unselds Tod 2002 setzte zwischen den Anteilseignern des Suhrkamp Verlags ein mehrjähriger Machtkampf ein, der zu erheblicher Unruhe bei Mitarbeitern und Autoren führte. Etliche Autoren, wie z. B. Martin Walser, Adolf Muschg und Katharina Hacker verließen den Verlag, aber auch bedeutende Mitarbeiterinnen wie Michi Strausfeld. In der Nach-Unseld-Ära wurde die kolossale Fehlentscheidung getroffen, den Verlag von Frankfurt nach Berlin zu verlagern, und dies mit so bemerkenswerten Argumenten begründet, dass dort die Bürgersteige breiter seien. Längst vergessen war da Unselds Statement im Frankfurter Schauspielhaus anlässlich der 50-Jahr-Feier des Suhrkamp Verlags am 1. Juli 2000: »Frankfurt und Suhrkamp bilden im Bereich des Buches eine unschlagbar gute Allianz.«

Tatsächlich gibt es in Deutschland keinen besseren Standort für Buchverlage als Frankfurt am Main. Seit einem halben Jahrtausend findet in Frankfurt eine Buchmesse statt; sie ist heute die größte

19.4 Literaturhaus Frankfurt in der Alten Stadtbibliothek

und bedeutendste der Welt. Hier treffen sich Verleger, Autoren, Übersetzer, Drucker, Grafiker, Literaturagenten, Buchhändler und Bibliothekare aus der ganzen Welt. Während der Buchmesse werden der »Deutsche Buchpreis«, der »Deutsche Jugendliteraturpreis« und der bedeutende »Friedenspreis des Deutschen Buchhandels« verliehen, letzterer an eine Persönlichkeit, »die in hervorragendem Maße vornehmlich durch ihre Tätigkeit auf den Gebieten der Literatur, Wissenschaft und Kunst zur Verwirklichung des Friedensgedankens beigetragen hat«. Frankfurt ist Sitz des »Börsenvereins des Deutschen Buchhandels«, der Interessenvertretung aller drei Handelsstufen des Buchhandels (Verlage, Zwischenbuchhandel, Sortimentsbuchhandel). In Frankfurt (und Leipzig) hat die Deutsche Nationalbibliothek ihren Sitz, die seit 1913 das gesamte deutsche Schrifttum sammelt. An der Goethe-Universität finden seit 1959 im Rahmen der Stiftungsgastdozentur Poetik die Frankfurter Poetik-Vorlesungen statt.

Im Literaturhaus Frankfurt, das seit 2005 seinen Sitz in der Alten Stadtbibliothek hat, finden nicht nur Lesungen statt, sondern es werden auch sehr vielfältige Projekte und Kooperationen mit anderen Frankfurter Kulturinstitutionen durchgeführt.

Im Mousonturm hat das Hessische Literaturforum seinen Sitz. 1985 als Hessisches Literaturbüro gegründet, führt es seither Lesungen, Diskussionen, Podiumsgespräche und Schreibseminare durch. Genauso lange gibt es die Romanfabrik, die Lesungen sowie philosophische und wissenschaftliche Diskussionen organisiert.

In Frankfurt sind zahlreiche bedeutende Verlage ansässig, von denen nur beispielhaft einige genannt werden können: S. Fischer, Schöffling, Frankfurter Verlagsanstalt, Societäts-Verlag, Diesterweg (1873 gegründet von *Moritz Diesterweg, 1834–1906 – Grab A 297)*, Verlag der Autoren, Bund-Verlag, Henrich Editionen, Deutscher Fachverlag, Campus, Eichborn, Wochenschau, Neue Kritik, Stroemfeld, Weissbooks und viele andere. Einige dieser Verlage sind von ehemaligen Suhrkamp-Mitarbeitern gegründet oder übernommen worden (Verlag der Autoren, Schöffling, Frankfurter Verlagsanstalt, Weissbooks).

Abgesehen von jenen, die ohnehin in Frankfurt leb(t)en oder lehr(t)en, wie Adorno, Benjamin, Kracauer, Mitscherlich, Habermas, Kluge, *Elisabeth Borchers (1926–2013 – Grab II 321)* und anderen, haben nicht wenige Suhrkamp-Autoren einen unmittelbaren Bezug zu der Stadt am Main. Beispielhaft erwähnt sei hier die Inszenierung zahlreicher Brecht-Stücke durch Intendant Harry Buckwitz im Schauspiel Frankfurt – teilweise unter Anwesenheit Brechts – und damit die Durchbrechung des Brecht-Boykotts in Westdeutschland. Peter Weiss hatte dem Auschwitz-Prozess im

Saalbau Gallus als Zuschauer beigewohnt, und die Protokolle in seinem Theaterstück *Die Ermittlung* umgesetzt, das in 15 west- und ostdeutschen Theatern sowie in London gleichzeitig uraufgeführt wurde. Peter Handkes *Publikumsbeschimpfung* wurde im Theater am Turm unter Intendant Claus Peymann uraufgeführt.

Neben vielen anderen Auszeichnungen erhielt Siegfried Unseld den Ricarda-Huch-Preis, die Goethe-Plakette der Stadt Frankfurt und das Große Bundesverdienstkreuz. Kurz vor seinem Tode wurde er zum Ehrenbürger der Stadt Frankfurt am Main ernannt, eine Ehrung, die seit 1795 nur 31 Personen zuteilwurde. Sein Grab befindet sich zwischen dem von Ricarda Huch und den Gräbern der Frankfurter Oberbürgermeister → Brundert, Möller und Arndt.

Von Willi Brundert bis Walter Wallmann – Krisen, Kämpfe und Kultur für alle

20.1 Ehrengrab von Willi Brundert (1912–1970). II 204a

Die sechs Oberbürgermeister, die auf Walter Kolb folgten, sind verstorben. Vier von ihnen sind auf dem Hauptfriedhof bestattet und werden im Folgenden vorgestellt.

Willi Brundert war von 1964 bis 1970 im Amt. Als 18-Jähriger war er bereits in die SPD eingetreten und im Nationalsozialismus mit den Widerstandskreisen um Carlo Mierendorff in Kontakt. Nach dem Krieg wurde er SED-Mitglied und bekleidete im Wirtschaftsministerium von Sachsen-Anhalt den Rang eines Ministerialdirektors sowie an der Martin-Luther-Universität Halle-Wittenberg eine Professur. 1949 wurde er verhaftet und angeklagt, die Enteignung einer Gasgesellschaft behindert zu haben. 1950 in einem Schauprozess zu 15 Jahren Zuchthaus verurteilt, kam er nach sieben Jahren frei und ging in den Westen. Hier leitete er fünf Jahre lang die hessische Landesfinanzschule, ehe ihn Ministerpräsident Zinn zum Chef der hessischen Staatskanzlei machte.

Ein Jahr später wurde er zum Oberbürgermeister von Frankfurt gewählt, nachdem Werner Bockelmann (Onkel des Sängers Udo Jürgens), der Nachfolger Walter Kolbs, von diesem Amt zurückgetreten war. Brundert, der Frankfurt schon aus seiner Studentenzeit kannte, arbeitete an der Sanierung der städtischen Finanzen, wofür er Steuern und Gebühren erhöhte und die geplante Bundesgartenschau strich. Einsparungen auf dem kulturellen Sektor führten zum Rücktritt des legendären Theaterintendanten Harry Buckwitz. Während Brunderts Amtszeit wurde der Neubau des Historischen Museums begonnen, das Museum für Kunsthandwerk zog in die Villa Metzler und das Willemer-Häuschen (→ Marianne von Willemer) wurde der Öffentlichkeit übergeben. Gleich zu Beginn von Brunderts Amtszeit wurde an der Paulskirche ein Mahnmal für die Opfer des Nationalsozialismus errichtet, das die Namen von 53 Konzentrationslagern aufführt. Eine vom hessischen Generalstaatsanwalt Fritz Bauer und Willi Brundert unterstützte Ausstellung zu Auschwitz sollte eine öffentliche Auseinandersetzung mit der weitgehend verdrängten Zeit des NS anstoßen. Fritz Bauer war es auch gewesen, der zu Beginn der Sechzigerjahre den ersten Auschwitz-Prozess initiiert hatte. Unterstützung erhielt er dabei von Staatsanwalt *Joachim Kügler (1926–2012 – Grab IV 151).*

In der Stadt mit der höchsten Autodichte in Deutschland wurde die erste Teilstrecke der bereits unter Bockelmann begonnenen U-Bahn 1968 in Betrieb genommen und sorgte für eine erste Entlastung der ständig verstopften Straßen. Der Bau der Nordweststadt, die 25 000 Menschen ein neues Heim bot, wurde weitgehend abgeschlossen. Es entstand eine Großsiedlung aus Einfamilienhäusern mit Garten, Mehrfamilienblocks und Wohnhochhäusern, mit von Autostraßen getrennten Rad- und Fußwegen, mit viel Grün und Spielplätzen. Hinzu kam ein umfangreiches Angebot an Einkaufsmöglichkeiten, Arztpraxen, Dienstleistungsunternehmen und

20.2 Ehrengrab von Walter Möller (1920–1971). II 202c

kulturellen Einrichtungen im Nordwestzentrum. Einmalig in Europa wurde die Nordweststadt zur international viel bestaunten und besuchten Modellstadt.

Das Westend hingegen wurde in den Sechzigerjahren zum Spekulationsobjekt. Immobilienspekulanten kauften leerstehende Villen auf, entmieteten sie und ließen sie verrotten, um die Grundstücke teuer weiterzuverkaufen. Andere vermieteten die Wohnungen zu horrenden Preisen an Arbeitsmigranten und Studenten. Die Aktionsgemeinschaft Westend, eine der ersten Bürgerinitiativen in der Bundesrepublik, kämpfte gegen Mietwucher und Wohnraumzerstörung an und erreichte, dass sich auch die Kommunalpolitik mit dem Problem befasste. Es kam zu Hausbesetzungen und Demonstrationen, im Bild festgehalten von der Fotografin *Abisag Tüllman (1935–1996 – Grab F 1763)*. Die Polizei ging hart gegen die Protestierenden vor. Den von verschiedenen Seiten für polizeiliche Übergriffe verantwortlich gemachten Polizeipräsidenten Littmann beließ Brundert im Amt. Dieser wurde im März 1970 mit großer Mehrheit von der Stadtverordnetenversammlung wiedergewählt, starb aber bereits einige Wochen später. Nach ihm wurde in Hausen eine Siedlung benannt.

Auf Brundert folgte **Walter Möller**, der unter diesem Verkehrsdezernent gewesen war. Von allen gewählten Nachkriegs-Oberbürgermeistern hatte Möller die kürzeste Amtszeit. Wie vor ihm Kolb und Brundert starb auch er im Amt, allerdings schon 16 Monate nach seiner Wahl. Diese kurze Zeit hat er aber sehr intensiv ausgefüllt.

Nach Mumm von Schwarzenstein (→ Johannes von Miquel) war mit Möller erstmals wieder ein geborener Frankfurter Oberbürgermeister geworden. Er kam aus sozialdemokratischem Elternhaus und gehörte dem linken Flügel der SPD an. Nach Tätigkeiten beim Hessischen Rundfunk und bei einer SPD-Zeitung wurde er 1956 Leiter der Frankfurter Volkshochschule. Schon als 28-Jähriger war er Stadtverordneter. Er sprach sich vehement für den U-Bahn-Bau aus, den er ab 1961 als Verkehrsdezernent durch- und umsetzen konnte. Mit den Stimmen von SPD, CDU und FDP wurde der linke Möller 1970 zum Oberbürgermeister gewählt.

Möller beeindruckte auch Skeptiker durch eine volksnahe und fortschrittliche Ziele verfolgende Politik. Zudem versuchte er, zwischen den Fronten zu vermitteln. So entließ er den umstrittenen Polizeipräsidenten Littmann und folgte damit einer Forderung der SPD-Linken, lehnte aber andererseits das vom SPD-Bezirk Hessen-Süd geforderte imperative Mandat ab. Die erste Hausbesetzung im Westend im September 1970 nannte Möller »natürlich widerrechtlich«, aber »in gewisser Weise auch begrüßenswert«.

Neben verkehrs- und städtebaulichen Großprojekten verfolgte er vor allem eine Kulturpolitik, die alle Schichten der Stadt erreichen sollte. Er konnte den Begründer der Oberhausener Kurzfilmtage Hilmar Hoffmann als Kulturdezernenten gewinnen. Mit ihm verfolgte er das Vorhaben »Kultur für alle«. Dabei gingen die beiden von einem weitgefassten Kulturbegriff aus. Allen Bürgern der Stadt sollte die Möglichkeit gegeben werden, an Kunst, Wissenschaft und Bildung teilzuhaben und eigene Kreativität zu entfalten. Dazu gehörten auch ein breites Volkshochschulangebot sowie Sprachkurse und Integrationsprogramme für Migranten. Der Museumsbesuch wurde kostenlos und blieb es bis 1990 (eine Tradition, die

20.3 Ehrengrab von Rudi Arndt (1927–2004). II 203b

erst unter Oberbürgermeister Peter Feldmann und Kulturdezernentin Ina Hartwig wenigstens für Kinder und Jugendliche wiederbelebt werden sollte). Das erste Kommunale Kino der Bundesrepublik wurde gegründet. Möller setzte sich für Mitbestimmung im Theater ein. Den Wiederaufbau der Alten Oper machte er in der SPD-Fraktion mehrheitsfähig. Weichenstellend für eine lange Periode der Frankfurter Kulturpolitik war aber die Verpflichtung Hilmar Hoffmanns als Kulturdezernent. Er sollte diese Funktion zwanzig Jahre lang ausüben und in dieser Zeit mit fünf Oberbürgermeistern zusammenarbeiten. Nach Walter Möller ist ein Platz in der Nordweststadt benannt.

Von 1972 bis 1977 bekleidete **Rudi Arndt** das Amt. Wie sein Vorgänger Möller war auch er in politischer Hinsicht familiär vorgeprägt: Großeltern und Eltern waren Sozialdemokraten, und die Widerstandskämpferin → Johanna Kirchner war seine Tante. Und wie Möller gehörte auch Arndt dem linken Flügel der SPD an, in die er 1945 eingetreten war. 1952 war er Stadtverordneter in Frankfurt geworden; ab 1956 gehörte er dem Landtag an. Seit 1964 war er hessischer Wirtschafts- und Verkehrsminister, ab 1970 Finanzminister in Wiesbaden. 1971 zum Nachfolger Möllers gewählt, trat er 1972 sein Amt als Frankfurter Oberbürgermeister an.

Schon vor seinem Amtsantritt entschied die SPD, die seit 1946 bestehende Römerkoalition mit der CDU aufzukündigen. Arndt, der noch mit den Stimmen der CDU gewählt worden war, beugte sich diesem Beschluss, auch wenn er ihn nicht guthieß.

Arndt trat sein Amt in einer Stadt an, die damals häufig als »unregierbar« bezeichnet wurde. Dass er das anders sah, demonstrierte er schon mit dem Titel eines Buchs, das er während seiner Amtszeit veröffentlichte: *Die regierbare Stadt*. Gleich zu Beginn nahm er sich dem Problem der Westendzerstörung an. Mit einem »Sozialbindungspapier« gab er der Verwaltung eine Dienstanweisung an die Hand, wie der Zweckentfremdung von Wohnraum zu begegnen sei.

Mit der Bildung des Umlandverbands Frankfurt, deren Direktor er war, wurde die Zusammenarbeit der Städte Frankfurt, Offenbach und Hanau sowie mehrerer Landkreise in Fragen der Energie und Wasserversorgung, der Müllentsorgung und der Wohnungspolitik verbessert. Zwischen Stadt und Bundesbahn wurde ein Verkehrsverbund gegründet. Die Arbeiten, die eine Verlängerung der U-Bahn unter dem Main hindurch nach Sachsenhausen zum Ziel hatten, wurden begonnen. Zeil und Freßgass wurden zu Fußgängerzonen. Erste Luftverschmutzungsmessstellen wurden eingerichtet.

Die Stadtfläche wurde mit der Eingemeindung von Kalbach, Harheim, Nieder-Eschbach und Nieder-Erlenbach im Norden deutlich erweitert. Zu einer Zunahme der Bevölkerung führte dies aber nicht. Die Stadtflucht führte zwischen 1965 und 1985 zu einem Rückgang der Einwohnerzahl um fast 100 000 auf 595 000. Während in anderen Städten die Verschuldung zunahm, konnte die finanzielle Situation in Frankfurt zum Besseren gewendet werden, ohne dass dies wie so oft auf Kosten des Kulturetats ging. Zusammen mit der Eröffnung des Historischen Museums auf dem Römerberg wurde auch das erste deutsche Kindermuseum eröffnet. Dem Denkmalschutz wurde eine satzungsmäßige Grundlage gegeben. 13 weitere Stadtteilbibliotheken wurden beschlossen. Hilmar Hoffmann stellte sein Museumsuferkonzept vor. Neben dem bereits seit 1927 bestehenden Goethe-Preis stiftete die Stadt zwei weitere Preise: den Theodor-W.-Adorno-Preis und den Max-Beckmann-Preis.

Und schließlich fiel im Parlament die Entscheidung zum Wiederaufbau der Alten Oper. »Dynamit-Rudi« war schon immer ein Befürworter dieses Vorhabens gewesen. Rudi Arndt hatte lediglich einmal in der für ihn typischen flapsigen Art gesagt, er würde finanzielle Mittel für Dynamit zur Verfügung stellen, da ein Wiederaufbau des Konzertgebäudes nach alten Plänen schneller und billiger erfolgen könne, wenn die alten Mauern weggesprengt wären. Seither hatte er seinen Spitznamen weg. Arndt war ein glänzender Rhetoriker, der meist frei sprach und seine Zuhörer mitreißen konnte. Allerdings war er in seiner Wortwahl nicht zimperlich. Er verzichtete auf keine Pointe, selbst wenn sie verletzend sein konnte. Seine saloppe Art brachte ihm zwar das Etikett der »Volksnähe« ein; aber einen Hang zu Diplomatie und Verbindlichkeit konnte man ihm nicht nachsagen. Der Draufgänger Arndt scheute keine Auseinandersetzung, auch wenn es mal handgreiflich zuging. Arndt warnte z. B. vor pauschalen Verurteilungen rebellierender Studenten, wandte sich aber scharf gegen gewaltbereite Gruppen und ließ die besetzten Häuser im Westend von der Polizei räumen.

20.4 Ehrengrab von Walter Wallmann (1932–2013). XIV 32

Genauso deutlich aber prangerte er die Spekulanten an: »Mir geht es darum, daß niemand, nur weil er Vermögen, wirtschaftliche Macht oder sonstwie Einfluß hat, die öffentliche Verwaltung sozusagen zum Erfüllungsgehilfen seines privaten Vorteils macht. Wer wie ich eine Stadt zu führen hat, in der lange Jahre ein riesiger Bau- und Spekulationsboom herrschte, weiß, welchen Pressionen Politiker und Verwaltungen von solchen privaten Kräften ausgesetzt sein können.«

Walter Wallmann, von 1977 bis 1986 im Amt, war der erste gewählte Oberbürgermeister in Frankfurt, den die CDU stellte. Bei der Kommunalwahl 1977 war die SPD auf ein historisches Tief abgestürzt. Ihr Stimmenanteil fiel von 50,1 % auf 39,9 %, während sich die CDU von 39,8 % auf 51,3 % verbesserte. Rudi Arndt, der noch ein gutes Jahr hätte im Amt bleiben können, trat sofort zurück und wurde für die nächsten vier Jahre Oppositionsführer. Die wesentlichen Gründe des SPD-Wahldebakels dürften die folgenden drei gewesen sein: die Aufkündigung der Römerkoalition und die Entlassung des populären CDU-Bürgermeisters *Wilhelm Fay (1911–1980 – Grab J 1734)*; die Bevorzugung von Sozialdemokraten bei der Vergabe städtischer Ämter sowie die verfehlte Planungspolitik, die Grundstücksspekulationen und Wohnraumvernichtung Vorschub leistete und Immobilieninvestoren Sondergenehmigungen gewährte.

Wallmanns Amtseinführung bedeutete sowohl in der Sache wie im Stil eine Zäsur. Während Möller und Arndt auf das Tragen der Amtskette des Oberbürgermeisters verzichtet hatten, trug Wallmann sie bei jeder sich bietenden Gelegenheit. War Arndt eher hemdsärmelig und polternd aufgetreten, gab Wallmann sich staatsmännisch und traditionell bürgerlich. In der Stadtverordnetenversammlung verhinderte Wallmann mitunter, dass der SPD angehörende Magistratsmitglieder reden durften. Er vergrößerte den Magistrat, um sich eine CDU-Mehrheit zu beschaffen, ließ aber drei SPD-Stadträte im Amt. Dazu gehörte auch der Kulturdezernent Hilmar Hoffmann, mit dem Wallmann ausgesprochen gut zusammenarbeitete. Er gab ihm die Gelegenheit, seine Vision vom Museumsufer weitgehend umzusetzen.

Während Wallmanns Amtszeit wurden das Deutsche Filmmuseum und das Deutsche Architekturmuseum eröffnet. Das bis dato in der Villa Metzler untergebrachte Museum für Kunsthandwerk (heute: Museum für Angewandte Kunst) erhielt einen beeindruckenden Neubau. Die Kunsthalle Schirn in der Altstadt, eröffnet 1986, schloss einen Teil der Lücke, die seit Kriegsende zwischen Römer und Dom klaffte. Sie zählt seither zu den renommiertesten Ausstellungshäusern Europas. Die Stadt erwarb die Sammlung Ströher »Pop-art der 1960er Jahre« als Grundstock für das geplante Museum für Moderne Kunst, dessen Bau 1983 beschlossen wurde. Ebenso wurde der Mousonturm ersteigert und dort ein Kulturzentrum eingerichtet.

Freilich setzte Wallmann im Kulturbereich andere Akzente als seine Vorgänger. Für die freie Kunstszene mit avantgardistischen Theatergruppen und Tanzensembles konnte er sich nicht erwärmen. Der Neubau der Alten Oper wurde auf seinen Wunsch hin umgeplant, um in erster Linie die bürgerliche Mittelschicht anzusprechen. Die zunächst geplante Vielseitigkeit im Stile der Bürgerhäuser entfiel. Allerdings blieb es dabei, dass das Haus auch für Jazz- und Rockkonzerte offensteht.

Auch bei der Verleihung von städtischen Preisen agierte Wallmann anders als seine Vorgänger. Hatte Arndt den hinsichtlich Sprachstil, Orthografie, Syntax und Monumentalität avantgardistischen Ausnahmeschriftsteller Arno Schmidt mit dem Goethe-Preis ausgezeichnet, setzte Wallmann Ernst Jünger als Preisträger durch, der vielen Kritikern der Entscheidung als intellektueller Wegbereiter des Nationalsozialismus galt.

Auf der anderen Seite stand Wallmann nicht an, die linken Jürgen Habermas und Günther Anders mit dem Adorno-Preis auszuzeichnen. Mit der Ehrenbürgerschaft der Stadt bedachte er den ehemaligen Vorstandssprecher der Deutschen Bank Hermann Josef Abs sowie den Nestor der katholischen Soziallehre Oswald von Nell-Breuning.

Wallmann war mit dem Ziel angetreten, den Ruf Frankfurts, das häufig mit Kriminalität, Drogen und Prostitution in Zusammenhang gebracht wurde, zu verbessern, allerdings ohne Erfolg. Zwar wurde die Drogenszene aus der Taunusanlage vertrieben. Die Suchtkranken aber hielten sich seitdem vorwiegend im Bahnhofsviertel auf, aus dem auch die Prostitution nicht verschwand.

In den Siebzigerjahren gab es in der Frankfurter Bevölkerung noch große Vorbehalte gegen den Bau von Bürohochhäusern. Wallmann hingegen setzte das spektakuläre Bild der rapide wachsenden Skyline auch als Imagewerbung für die Stadt ein. Diese

Art von Hochhausarchitektur gab es so in keiner anderen Stadt Deutschlands. Mit dem Silberturm der Dresdner Bank stand das höchste Gebäude Deutschlands von 1978 bis 1990 in Frankfurt – ehe der Messeturm und später der Commerzbank-Tower diese Position einnahmen. Auch die Rekonstruktion historischer Fachwerkhäuser am Römerberg nutzte Wallmann im Sinne des Stadt-Marketings. Die Idee zur Wiedererrichtung der Ostzeile stammte allerdings von Rudi Arndt. Ungeteilte Zustimmung gab es für das Projekt nicht. Kritiker sprachen von »Heile-Welt-Fantasien« und »Disneyland«.

Die die frühen Achtzigerjahre prägenden Auseinandersetzungen um die Erweiterung des Frankfurter Flughafens und den Bau der Startbahn West wurden nicht nur im Flörsheimer Wald, sondern auch in den Straßen Frankfurts und in der Stadtverordnetenversammlung ausgefochten. Es erwies sich sowohl auf der Ebene der Stadt als auch des Landes, dass CDU und SPD mehrheitlich wenig sensibel waren für die lärmgeplagten Bürger des Rhein-Main-Gebiets und deren zunehmendes Bedürfnis nach Umwelt- und Naturschutz. Weder das Hüttendorf im Wald noch die größte Demonstration Hessens mit 100 000 Teilnehmern noch ein Volksbegehren mit 220 000 Unterschriften konnten die Wachstumsbefürworter von ihrem Kurs abbringen. Der Startbahnbau wurde unter massivem Polizeieinsatz durchgesetzt, hatte aber u. a. politische Konsequenzen in zukünftigen Wahlerfolgen der neuen Partei »Die Grünen«.

Wallmann schloss für Frankfurt Freundschaftsverträge mit Kairo und Tel Aviv. Insbesondere war ihm daran gelegen, die Beziehungen zu Israel zu verbessern. Das städtische Programm, jüdische und politisch oder religiös verfolgte ehemalige Mitbürgerinnen und Mitbürger nach Frankfurt einzuladen, geht auf seine Initiative zurück. Das hielt ihn aber nicht davon ab, sich in einer Rede in der

Synagoge für die Aufführung des Stücks von Rainer Werner Fassbinder *Der Müll, die Stadt und der Tod* einzusetzen. Mitglieder der Jüdischen Gemeinde, die es für antisemitisch hielten, verhinderten jedoch die Vorstellung im Schauspiel. Das eigentlich Bedeutsame an diesem Vorgang war, dass die Jüdische Gemeinde in Frankfurt erstmals nach der Shoah kollektiv öffentlich in Erscheinung getreten ist.

Wallmanns Büroleiter war ein gewisser Alexander Gauland, den Hilmar Hoffmann 2012 einen »exzellenten Kopf« nannte. Gauland wechselte 2013 von der CDU zur AfD und wurde deren Bundessprecher und Fraktionsvorsitzender im Bundestag. 2018 erklärte er, dass Hitler und die Nazis nur ein Vogelschiss in über 1000 Jahren deutscher Geschichte seien.

Wallmanns Amtszeit in Frankfurt endete, als nach der Reaktorkatastrophe von Tschernobyl das Bundesministerium für Umwelt, Naturschutz und Reaktorsicherheit eingerichtet wurde, und der Frankfurter Oberbürgermeister nach Bonn wechselte. Wallmann, der weder Verständnis für die Anliegen der Grünen noch für die Proteste gegen die Startbahn West hatte, wurde der erste deutsche Umweltminister. Wallmann wurde u. a. mit dem Bundesverdienstkreuz, dem Hessischen Verdienstorden, der Wilhelm-Leuschner-Medaille und dem Ignatz-Bubis-Preis für Verständigung der Stadt Frankfurt ausgezeichnet. 2009 wurde er zum Ehrenbürger von Frankfurt ernannt.

Große Frankfurter Stifter und Mäzene

21.1 Ehrengrab von Wilhelm Merton (1848–1916). II GG 9–12

Zwei der bedeutendsten Frankfurter Stifter haben wir bereits kennengelernt: → Eduard Rüppell in einem eigenen Kapitel und Wilhelm Merton im Kapitel über → Franz Adickes. Bevor wir erneut auf Merton eingehen, werfen wir einen Blick auf die Geschichte des Frankfurter Stiftungswesens.

Die ersten Stiftungen waren religiöser Natur und reichen zurück bis in die Zeit der ersten urkundlichen Erwähnungen von Orten, die heute zum Stadtgebiet gehören, also bis ins 8. Jahrhundert. Das ganze Mittelalter hindurch kam es zu weiteren religiösen Stiftungen, die einerseits christlicher Hilfsbereitschaft entsprangen, andererseits aber auch die Seele des Stifters retten sollten. Im Spätmittelalter wurde von Bürgerseite aber immer öfter beanstandet, dass das Stiftungseigentum nicht bestimmungsgemäß verwaltet würde. Diese und andere Missbräuche der Kirche trugen mit zur Reformation bei, der sich Frankfurt 1533 anschloss. Bei der Einrichtung eines »Allgemeinen Almosenkastens«, der bis ins 19. Jahrhundert alleiniger Träger der Armenfürsorge blieb, wurden zahlreiche weltliche und kirchliche Stiftungen in diesen eingegliedert.

Nachdem es im 16. und 17. Jahrhundert nicht zu nennenswerten Stiftungsgründungen gekommen war, erfuhr das Stiftungswesen im 18. Jahrhundert mit Johann Christian Senckenberg einen neuen Aufschwung. Da Senckenberg bereits 1772 verstorben ist, ist er nicht auf dem Hauptfriedhof beerdigt. Allerdings befindet sich sein Grab in unmittelbarer Nähe: vor dem südlich des Hauptfriedhofs an der Nibelungenallee 37 liegenden Bürgerhospital. Senckenberg hatte im Jahr 1763 eine Stiftung gegründet, die seinen Namen trug und zur Verbesserung des Frankfurter Gesundheitswesens gedacht war. Das Stiftungsvermögen gründete auf seinen ärztlichen Einkünften und dem Vermögen seiner drei früh verstorbenen Ehefrauen. Senckenberg erwarb ein Grundstück am Eschenheimer Tor, wo er ein wissenschaftliches Institut errichtete, das einen Botanischen Garten für Heilkräuter, eine Anatomie, ein Chemielabor, eine naturwissenschaftliche Bibliothek und eine Mineraliensammlung umfasste. Außerdem ließ er ein Krankenhaus, das Bürgerhospital, bauen. Dessen Fertigstellung erlebte er aber nicht mehr, da er bei einer Baubesichtigung vom Gerüst fiel und verstarb. Er wurde auf dem Boden seiner Stiftung bestattet. Als 1907 das Stiftungsgelände an die Stadt verkauft wurde, wurden die Institute an andere Orte verlegt, und das Bürgerhospital, Senckenbergs Grab inklusive, zog an seinen heutigen Ort, die Nibelungenallee. Seine Stiftung hatte weitgreifende Bedeutung für die Stadt. Die Anatomie ging in der 1914 gegründeten Universität auf, seine Sammlung wurde Bestandteil des Senckenberg-Museums, seine Bücher wurden zum Grundstock der Senckenbergischen Bibliothek. Schließlich bekam seine Stiftung Vorbildcharakter für kommende Stifter.

Einige sehr bedeutende Stifter, deren Gräber wegen ihres frühen Todesdatums bzw. ihres jüdischen Glaubens nicht auf dem Hauptfriedhof liegen, wollen wir wenigstens dem Namen nach erwähnen: Johann Friedrich Städel (1728–1816), auf dessen Stiftung das Städelsche Kunstinstitut beruht, die erste bürgerliche Gründung eines Kunstinstituts; Simon Moritz von Bethmann (1768–1826), der neben vielem anderen Senckenbergs Stiftung aufstockte, die Errichtung der Stadtbibliothek unterstützte, drei Schulen mitbegründete (Musterschule, Philanthropin, Weißfrauenschule) und mit dem Ariadne-Tempel das erste Kunstmuseum für die Allgemeinheit errichtete; Amschel Mayer von Rothschild (1773–1855), der ein jüdisches Krankenhaus errichtete und die »Freiherrlich Amschel Mayer von Rothschild'sche Stiftung für die armen Israeliten der Stadt Frankfurt am Main« gründete; Georg (1835–1902) und Franziska Speyer (1844–1909), die mit ihrer »Georg und Franziska Speyerschen Studienstiftung« maßgeblich die Gründung der Universität unterstützten und die Einrichtung und Erhaltung eines chemotherapeutischen Forschungsinstituts ermöglichten, das Paul Ehrlich, dem Nobelpreisträger, Entdecker des Salvarsan (ein Mittel gegen die Syphilis) und Erfinder der Chemotherapie, als Arbeitsstätte diente. Rothschild und die Speyers sind auf dem benachbarten Jüdischen Friedhof an der Rat-Beil-Straße bestattet, Bethmann liegt auf dem Petersfriedhof.

Kommen wir nun zu einigen der bedeutendsten Stifter, die auf dem Hauptfriedhof begraben liegen oder derer dort gedacht wird.

Wilhelm Merton (1848–1916) kennen wir schon als zentrale Figur neben Oberbürgermeister Franz Adickes bei der Gründung der Universität. Darin erschöpfte sich sein mäzenatisches Tun aber nicht.

Merton entstammte einer aus England eingewanderten jüdischen Familie, die ihren Namen Moses in Merton (nach ihrem englischen Wohnort) umbenannt hatte. Er selbst änderte seinen Vornamen von William in Wilhelm und konvertierte zum Protestantismus.

Merton machte sich den im Zuge der Industrialisierung aufkommenden Hunger nach Metall zunutze. Er handelte mit Nichteisenmetallen wie Kupfer, das für Stromleitungen, Schaltanlagen, Motoren und Transformatoren benötigt wurde, aber auch mit Zinn, Zink, Blei, Quecksilber, Aluminium und Edelmetallen. Was den Handel mit Gold und Silber anging, arbeitete er eng mit der in Frankfurt ansässigen Deutschen Gold- und Silberscheide-Anstalt (Degussa) und deren Wegbereiter *Friedrich Ernst Roessler (1813–1883 – Grab F an der Mauer 444)* zusammen. Abnehmer für Kupfer in Frankfurt waren die Heddernheimer Kupferwerke.

Gemeinsam mit anderen gründete Merton 1881 die Metallgesellschaft und machte sie in wenigen Jahren zu einem der weltweit führenden Metallkonzerne, der in sich Bergbau, Verhüttung, Metallverarbeitung, Anlagenbau, Finanzierung, Vertrieb sowie Forschung und Innovation vereinigte. Die schwer durchschaubaren Verflechtungen der Unternehmensgruppe mit ineinander verschachtelten und sich gegenseitig kontrollierenden Firmen (Metallgesellschaft, Metallurgische Gesellschaft, kurz »Lurgi«, Metallbank, H. R. Merton & Co.) hatte ihm schon das Interesse Lenins eingetragen, der sich mit dem Frankfurter Unternehmen in seinen *Heften zum Imperialismus* beschäftigte und ihm bescheinigte, dass es »tatsächlich die ganze Welt umfasse«. Lenin bezog sich dabei auf Untersuchungen des deutschen Nationalökonomen Robert Liefmann, der durch die Entstehung von Kartellen und Trusts das Ende des liberalen Konkurrenzkapitalismus herankommen sah. Liefmann und im Gefolge Lenin prognostizierten das Entstehen eines Monopolkapitalismus, den die Arbeiterbewegung bekämpfen und durch eine sozialistische Gesellschaft ersetzen würde.

Merton hingegen war überzeugt, dass es zu einer Versöhnung von Arbeit und Kapital kommen könne. Aus diesem Grunde hatte er das Institut für Gemeinwohl gegründet (→ Adickes). Seine Zielsetzung war, die bürgerliche Gesellschaft zu erhalten, einen Ausgleich der scharfen wirtschaftlichen und sozialen Gegensätze zu erreichen und die Arbeiter von Klassenkampfgedanken abzubringen.

Er war bestrebt, das mannigfaltige und zerfaserte Wohlfahrtswesen in Frankfurt zu vereinheitlichen, zusammenzuführen und zu professionalisieren. Die vielfältigen sozialen und humanen Aktivitäten seines Instituts umfassten die Bereiche Arbeitsbeschaffung und -vermittlung, Fürsorge, Wohnungswesen, Ernährung, Bildung und Berufsausbildung, Kindererziehung, Erholung, Heilung, Rechtsberatung und Forschung. Besondere Bedeutung kam seiner »Auskunftsstelle für Arbeiterangelegenheiten« zu, die Arbeiter über ihre Rechte und Ansprüche, insbesondere auf dem Gebiet des Sozialrechts, aufklärte. Die »Centrale für private Fürsorge« führte bereits bestehende Vereine und Stiftungen auf dem Gebiet der Sozialreform zusammen, prüfte Gesuche und vermittelte Unterstützungen. Zu den Mitbegründern dieser Einrichtung gehörte auch der Gründer der Höchst AG Eugen Lucius (siehe unten). Das »Soziale Museum« sammelte Schriften zur Sozialpolitik und Sozialreform. So schuf Merton neben seinem weltweit agierenden Metallkonzern auch einen auf Frankfurt bezogenen »Sozialkonzern«. In den Jahren zwischen 1896 und 1914 investierte Merton fast drei Millionen Mark in das Institut für Gemeinwohl. Nach ihm sind Mertonviertel und

21.2 Ehrengrab von Leo Gans (1843–1935). III GG 9

-passage in Heddernheim benannt sowie eine Straße in Bockenheim und eine Berufsschule in Bornheim.

Sein Sohn Richard Merton (1881–1960), dessen Grab sich an gleicher Stelle befindet wie das des Vaters, setzte dessen soziales und mäzenatisches Werk in vermindertem Umfang fort. Auf seine Anregung hin wurde 1949 der Stifterverband für die deutsche Wissenschaft nach früherem Vorbild gegründet. Der Universität stiftete er 1956 einen Lehrstuhl für Sozialpolitik. Im gleichen Jahr wurde ihm die Ehrenbürgerwürde der Stadt verliehen.

Ein anderer Unternehmer, der sich als Förderer von Wissenschaft und Kunst hervortat, war **Leo Gans**, der einer der ältesten jüdischen Familien Frankfurts entstammte. Seine Vorfahren sind schon im 14. Jahrhundert in der Stadt nachweisbar. Leo studierte Chemie. Zu seinen Lehrern gehörten Erlenmeyer, Bunsen und Helmholtz. Er gründete zusammen mit seinem Bruder Friedrich Ludwig Gans, seinem Schwager Bernhard Weinberg und dem Chemiker August Leonhardt in Fechenheim eine Teerfarbenfabrik, die 1870 der von seinem Vater geleiteten »Leopold Cassella & Co« angeschlossen wurde. Das Unternehmen hatte zunächst mit natürlichen Farbstoffen gehandelt, stellte nun aber synthetische Farbstoffe und Pharmazeutika her.

Leo Gans fungierte als Betriebs- und Laborleiter, Analytiker und Färber. Die Cassella expandierte u. a. nach Frankreich, Indien und in die USA. Im Jahr 1900 war das Unternehmen auf der Pariser Weltausstellung vertreten, beschäftigte bereits 2000 Mitarbeiter und galt als weltgrößter Hersteller synthetischer Farbstoffe. Die Firma hat weit mehr als hundert eigene Erfindungen auf dem Farbensektor patentieren lassen.

Schon 1868 war Leo Gans in den Physikalischen Verein eingetreten. Dieser war 1824 von Frankfurtern gegründet worden, die sich für Physik und Chemie interessierten und sich nicht ausreichend von der Senckenbergischen Naturforschenden Gesellschaft vertreten sahen. Gans war zeitweise Vorsitzender des Vereins. Er setzte sich für den Neubau an der Viktoriaallee (heute Senckenberganlage) ein und förderte ihn auch finanziell.

Leo Gans gehörte auch zu den Förderern der Frankfurter Universität. Er spendete eine Million Mark, die zur Errichtung des Chemischen Instituts verwendet wurde. Auf künstlerischem Gebiet ermöglichte er den Ankauf zweier Standbilder von Constantin Meunier: *Der Sämann* im Günthersburgpark und *Der Hafenarbeiter* auf der Friedensbrücke. Auch der *Märchenbrunnen* von Friedrich Hausmann neben dem Schauspielhaus wurde von ihm finanziert. Gans unterstützte das Freie Deutsche Hochstift, war Vorsitzender der Senckenbergischen Naturforschenden Gesellschaft und ermöglichte dem Städel durch Stiftungen den Ankauf von Kunstwerken. Für die Arbeiter und Angestellten der Cassella richtete er Kranken-

und Pensionskassen ein und gründete eine Stiftung für Bedürftige.

21.3 Mausoleum für Friedrich Ludwig von Gans (1833–1920). IV

Gans war langjähriger Vorsitzender der Frankfurter Handelskammer und Ehrensenator der Universität. Die Internationale Versammlung der Astronomen benannte den Asteroiden Leonisis nach ihm. In Fechenheim ist eine Straße nach ihm benannt. Gans war der erste gebürtige Frankfurter, dem die Stadt die Ehrenbürgerschaft verlieh. Der zum Protestantismus übergetretene Jude wurde 1933 von den Nazis gezwungen, alle Ämter und Ehrenämter niederzulegen. Der Entwurf für sein Grabmal stammt von Friedrich Hausmann.

Die letzte Ruhestätte von Leo Gans nimmt sich sehr bescheiden aus im Vergleich zum Grabmal seines Bruders **Friedrich Ludwig von Gans**. Dessen Mausoleum ist das größte Grabmal auf dem Frankfurter Hauptfriedhof. Es wurde ebenfalls von Friedrich Hausmann geplant und lehnt sich an den Tempietto di Bramante in Rom an.

Auch Friedrich Ludwig, genannt Fritz, Mitinhaber der Cassella, betätigte sich mäzenatisch. Er stiftete das Kinderheim an der Böttgerstraße und errichtete Stiftungen für erholungsbedürftige Krankenpflegerinnen, unverschuldet in Not geratene Polizeibeamte und

21.4 Grab der Familie Weinberg. II GG 29/30

für die Arbeiter und Angestellten der Cassella-Werke. Aus seiner bedeutenden Gemäldesammlung schenkte er dem Städel Bilder von Lenbach und Anton Burger.

Bereits 1882 hatte Leo Gans die Söhne seines Schwagers Bernhard Weinberg, Arthur und Carl Weinberg, in die Führung seines Unternehmens eingebunden. 1904 vereinbarte das Führungstrio eine Zusammenarbeit mit den Farbwerken Höchst. Leo Gans zog sich aus der aktiven Geschäftsleitung zurück, und 1907 übernahmen die Weinbergs die Leitung der Firma.

Arthur von Weinberg (1860–1943) begründete die Pharmazeutische Abteilung der Cassella und arbeitete mit dem befreundeten Paul Ehrlich zusammen. **Carl von Weinberg** (1861–1943) kümmerte sich um die weltweite Expansion der Firma. Daneben betrieben sie eines der erfolgreichsten Gestüte in Deutschland. 1905 beantragten die Brüder die Aufnahme in den erblichen Adelstand. Dem entsprach König Wilhelm II. drei Jahre später, allerdings nicht wegen ihrer unternehmerischen Leistungen, sondern aufgrund ihrer Verdienste um die Pferdezucht und den Rennsport.

Die sehr vermögenden Brüder waren sich ihrer sozialen Verantwortung bewusst. Für ihre Mitarbeiter und deren Familien ließen sie Werkswohnungen bauen, errichteten eine Betriebskrankenkasse und finanzierten Altersversorgung, Studienstipendien und Urlaubsbeihilfen. Mit Stiftungen unterstützten sie die Gründung der Universität und verschiedene kommunale Einrichtungen wie das Städel, Kindergärten und das Kinderdorf Wegscheide. Sie übernahmen verschiedene Funktionen: Arthur war Direktor der Senckenbergischen Naturforschenden Gesellschaft, Carl war Mitglied der deutschen Delegation bei den Versailler Friedensverhandlungen. 1930 verlieh die Stadt Arthur von Weinberg das Ehrenbürgerrecht.

21.5 Persönlichkeitsgrab von Wilhelm Meister (1827–1895). F an der Mauer 450

21.6 Grab von Eugen Lucius (1834–1903). F 2046/2047

Beide Weinbergs hatten sich in höchstem Maße von ihrer jüdischen Herkunft distanziert und waren bestrebt, sich dem Frankfurter Bürgertum zu assimilieren. Politisch weit rechts stehend begrüßten sie 1933 sogar die Machtübernahme der Nationalsozialisten. Dennoch mussten sie nach und nach alle Wirtschafts- und Ehrenämter niederlegen, ihre Villen und Sammlungen unter Wert verkaufen. Carl floh zu seiner Schwester nach Italien, wo er 1943 verstarb. Arthur, der sich bei seiner Tochter in Bayern aufhielt, wurde 1942 verhaftet und ins KZ Theresienstadt verbracht. Bei unzureichender Ernährung und schlechter ärztlicher Versorgung verstarb er ebenfalls 1943. Auf dem Familiengrab der Weinbergs wird sein Name genannt. Nach Arthur wurden ein Steg in Fechenheim und eine Straße in Kalbach-Riedberg benannt, nach Carl ein Park in Niederrad, eine Straße im Westend und eine Schule in Schwanheim.

Auch westlich von Frankfurt entstand im 19. Jahrhundert ein großes Chemiewerk. 1863 gründeten Wilhelm Meister, Eugen Lucius und Ludwig August Müller in Höchst die Teerfarbenfabrik Meister, Lucius & Co. 1865 übernahm Adolf Brüning die Anteile von Müller, und der Firmenname lautete nun Farbwerke Meister, Lucius & Brüning. 1880, als die Firma in eine AG umgewandelt wurde, änderte sich der Name erneut und lautete nun Farbwerke, vorm. Meister, Lucius & Brüning AG. Das Unternehmen wurde aber schon damals häufig Hoechst AG genannt.

Zunächst wurden Teerfarben produziert. Dabei handelte es sich um Farben, die kostengünstig aus Steinkohlenteer, einem Abfallstoff der Kokserzeugung, hergestellt wurden. An die Lyoner Seidenweber wurden große Mengen von Aldehydgrün verkauft. Am erfolgreichsten aber konnte das von dem Chemiker *Carl Graebe (1841–1927 – Grab D 75)* synthetisierte Alizarin, ein roter Farbstoff, vermarktet werden, weshalb die Firma im Volksmund »Rotfabrik« genannt wurde. Später kamen Arzneimittel hinzu, darunter das von Paul Ehrlich entwickelte erste Medikament gegen die Syphilis, das Salvarsan. Die Hoechst AG entwickelte sich zu einem Weltunternehmen. Es kam zur Zusammenarbeit mit der Fechenheimer Cassella und der Biebricher Kalle. 1925 ging die Firma in der IG Farben auf.

21.7 Ehrengrab von Adolf von Brüning (1837–1884). J an der Mauer 606–609

Wilhelm Meister entstammte einem Hamburger Handelshaus. In Manchester, wo er eine Filiale des elterlichen Unternehmens leitete, lernte er den Chemiker **Eugen Lucius** kennen. Dieser hatte das Frankfurter Bürgerrecht erworben und Maximiliane Eduarde Becker geheiratet, eine Tochter des Frankfurter Malers, Radierers und Lithografen *Jakob Becker (1810–1872 – Grab F 142/143)*, ein Freund Bismarcks und bekannt mit → Marianne von Willemer. Wilhelm Meister heiratete Maximilianes ältere Schwester Marie. Zusammen mit dem Onkel ihrer Ehefrauen, Ludwig August Müller, gründeten sie ihre Teerfarbenfabrik. **Adolf Brüning**, promovierter Chemiker, den Lucius seit gemeinsamen Studientagen kannte, wurde Technischer Direktor der Firma. Nach dem Ausscheiden Müllers wurde Brüning der dritte Teilhaber.

Alle drei Firmengründer kamen durch ihren wirtschaftlichen Erfolg zu großem Reichtum, den sie zu umfassendem sozialem Engagement nutzten. Sie gründeten die Kaiserin-Augusta-Stiftung, eine Pensionskasse für ihre Arbeiter, die auch Hypothekendarlehen für den Hausbau gewährte. Die Wilhelm-Meister-Stiftung ermöglichte den Bau von Häusern für ältere Arbeiter. In der Heimchen-Siedlung entstanden 136 Häuser mit drei bis vier Zimmern nebst einem Garten für die Selbstversorgung. Lucius war Mitgründer der Centrale für private Fürsorge und unterstützte das Freie Deutsche Hochstift. In Höchst ist eine Straße nach ihm benannt.

Brüning engagierte sich im Arbeitsschutz, der Betriebssicherheit und Werkshygiene. 1874, neun Jahre bevor im Reich die gesetzliche Krankenversicherung eingeführt wurde, gründete Brüning eine Betriebskrankenkasse, die die Rotfabriker bei Unfällen, Invalidität, Berufskrankheit, bei Alter und Tod unterstützte. Das Höchster Krankenhaus ließ er modernisieren und erweitern. Er war Mitglied des Vereins für Sozialpolitik und Mäzen der Frankfurter Künstlergesellschaft. Nach seinem Tod erwarb seine Frau Klara das verfallene

Höchster Schloss, ließ es wiederherstellen und gab den Park für die Öffentlichkeit frei. Höchster Bürger errichteten zum Gedenken an sie und ihren Mann einen Brunnen auf dem Marktplatz. Der Brüningpark in Höchst erinnert ebenfalls an das Ehepaar. Nach Brünings Frau ist die Klarastraße benannt.

1888 trat der Jurist und Chemiker **Adolf Haeuser** in die Farbwerke ein, wurde 1889 deren Justiziar, 1904 Vorstandsmitglied und 1916 Vorsitzender des Direktoriums. Er baute die Sozialleistungen für die Betriebsangehörigen aus. Mit seiner Frau gründete er die »Adolf-

21.8 Persönlichkeitsgrab von Adolf Haeuser (1857–1938). II 192

und-Luisa-Haeuser-Stiftung für Hoechst«, die bedürftige Betriebsangehörige bzw. deren Hinterbliebene unterstützte. Als Adolf Haeuser 1938 starb, wurde seine Frau Alleinerbin. Nach ihrem Tod wurden aus dem hinterlassenen Vermögen mehrere Stiftungen gegründet, die der Förderung von Wissenschaft, Kunst, Kultur und Sport dienten sowie bedürftige Frauen unterstützten. Aus den Mitteln der Kunststiftung wurden u. a. die Drucklegung wissenschaftlicher Bücher finanziert und Gemälde für Frankfurter Museen angeschafft, darunter der *Hauptbahnhof* von Max Beckmann. Adolf Haeuser erhielt die Ehrenplakette der Stadt. In Höchst wurde eine Straße nach ihm benannt.

21.9 Ehrengrab von Karl Heussenstamm (1835–1913). G 428

Karl Heussenstamm war von 1880 bis 1899 Zweiter Bürgermeister von Frankfurt, also während der gesamten Amtszeit von Oberbürgermeister Johannes Miquel und der ersten sieben Jahre der Amtszeit von Franz Adickes. Während Miquel und Adickes den Nationalliberalen angehörten, war Heussenstamm Mitglied der die Mehrheit im Stadtparlament stellenden Demokraten.

Heussenstamm nahm eine Fülle von Aufgaben wahr, darunter die Leitung der Städtischen Schulbehörden. Er arbeitete mit bei der Reorganisation des Armen- und Stiftungswesens sowie der Konsolidierung der Finanzen und war Magistratsdeputierter für Stadtarchiv und Stadtbibliothek. Er engagierte sich auch auf sozialem Gebiet und hinterließ der Stadt Frankfurt ein Vermögen von 150 000 Mark zur Gründung einer Stiftung zu Zwecken der Wohltätigkeit und der gewerblichen, künstlerischen und wissenschaftlichen Förderung. Nach ihm wurde eine Straße im Dornbusch benannt. Die bis heute bestehende Heussenstamm-Stiftung ist aktuell in der Alten- und Behindertenhilfe tätig, unterstützt Künstler und veranstaltet Vorträge, Musik- und Literaturabende.

21.10 Ehrengrab von Rose Livingston (1860–1914). F an der Mauer 460b

Der an der Ulmenstraße stehende, heute als Restaurant genutzte Livingstonsche Pferdestall, eine 1880 in neobarockem Stil errichtete Dreiflügelanlage, trägt den Namen des Bauherrn Marx Livingston, eines in den USA zu Reichtum gekommenen Frankfurters. Dessen Tochter **Rose Livingston**, die vom Judentum zum Protestantismus übergetreten war, lebte als Philanthropin im Westend. Sie förderte den mit ihr befreundeten Maler *Wilhelm Steinhausen (1846–1924 – Grab E 577a)* und stiftete die von ihm geschaffenen Wandgemälde in der Sachsenhäuser Lukaskirche (im Zweiten Weltkrieg zerstört). Mit der von ihr errichteten »Rose-Livingstone-Stiftung« wurde in der Cronstettenstraße das Nellinistift gegründet, ein Altersheim für alleinstehende Frauen. Darüber hinaus förderte sie den Verein für Volkskindergärten.

Die Familie Holzhausen war über Jahrhunderte hinweg eine der bedeutendsten Patrizierfamilien der Stadt. Im 13. Jahrhundert erstmals in Frankfurt erwähnt, waren die Holzhausen führend im Rat und stellten 66-mal den Bürgermeister. Neben verschiedenen Stadthäusern besaßen sie nördlich der Stadt in der Holzhausen-Oed eine mittelalterliche Wasserburg, die im 18. Jahrhundert zu einem Wasserschlösschen umgestaltet worden ist.

Adolph von Holzhausen, mit dessen Tod 1923 die Familie im Mannesstamm ausstarb, hatte das Holzhausenschlösschen bereits 1910 der Stadt geschenkt, mit der Maßgabe, es als Museum zu nutzen. Nach dem Zweiten Weltkrieg beherbergte es das Museum für Vor- und Frühgeschichte. Seit 1989 ist es Sitz der Frankfurter Bürgerstiftung. Darüber hinaus hatte Adolph von Holzhausen die

21.11 Ehrengrab von Adolph von Holzhausen (1866–1923). F an der Mauer 428

21.12 Ehrengrab von Karl Kotzenberg (1866–1940). VI 150

Holzhausenstiftung für Lehre und Forschung gegründet sowie der Stadt Gemälde, Urkunden und eine Bibliothek vermacht. Im Nordend ist der Adolph-von-Holzhausen-Park nach ihm benannt.

Karl Kotzenberg war als Seidenwarenhändler zu einem beträchtlichen Vermögen gekommen, das er auf vielfältige Weise zur Förderung sozialer, wissenschaftlicher und kultureller Zwecke einsetzte. Er gehört zu den Stiftern der Universität und finanzierte den ersten Lehrstuhl für Soziologie. Der Volksbildungsheim GmbH ermöglichte er den Erwerb des Hauses am Eschenheimer Tor. Für den »Bund tätiger Altstadtfreunde« kaufte er das Haus zum Fürsteneck, ehemals im Besitz der Familie Holzhausen. Zusammen mit Oberbürgermeister → Landmann setzte er sich dafür ein, dass der Kulturphilosoph und Afrikaforscher *Leo Frobenius (1873–1938 – Grab C 424)* von München nach Frankfurt wechselte und hier lehren konnte. Dadurch kam auch dessen Afrika-Archiv in den Besitz der Stadt. Außerdem unterstützte Kotzenberg das Freie Deutsche Hochstift, den Städelschen Kunstverein, den Physikalischen Verein und diverse sportliche Aktivitäten.

Als ehemaliger Stadtverordneter der Deutschen Demokratischen Partei wurde er in der Zeit des Nationalsozialismus politisch kaltgestellt. Sein überdimensioniertes Grabmal hatte er sich noch zu Lebzeiten errichten lassen (Entwurf W. Riedesser). In Ginnheim wurde eine Straße nach ihm benannt. In der Deutschen Biographie gibt es lediglich einen Indexeintrag über ihn. Dort findet sich unter Beruf/Funktion die Angabe »Segelflugzeugbauer«.

21.13 Gedenkstein Joseph Hoch (1815–1874). C Gruft 39

Noch in aller Munde ist der Name des Stifters **Joseph Hoch**. Der sehr bescheiden lebende Rechtsanwalt war durch zwei Erbschaften zu Vermögen gekommen, das er zur Einrichtung eines Musikinstituts unter dem Namen »Dr. Hoch's Konservatorium« nutzte. Als Stiftungskapital stand eine Summe von einer Million Mark zur Verfügung.

Das Institut erlangte Bedeutung durch berühmte Lehrerinnen und

21.14 Grab von Joachim Raff (1822–1882). D 298

Lehrer wie Clara Schumann, Engelbert Humperdinck und Joachim Raff und zählte zu seinen Schülern große Musiker wie Hans Pfitzner, Paul Hindemith und Otto Klemperer. Die Akademie, die bis heute besteht, war an verschiedenen Orten in Frankfurt untergebracht: im Saalhof, in der Eschersheimer Landstraße 4, im Volksbildungsheim an gleicher Stelle und im Philanthropin. Heute hat sie ihr Domizil im Bildungszentrum Ostend in der Sonnemannstraße.

Der erste Direktor des Hoch'schen Konservatoriums war von 1878 bis zu seinem Tode *Joachim Raff*, dessen sehr schönes Grabmal seine Büste auf einem sich nach oben verjüngenden Pfeiler zeigt, während darunter die Bronzefigur eines Jünglings sitzt, der eine Leier hält und ein auf seinem Schoß liegendes Notenblatt anblickt.

Die Volksschauspielerin **Liesel Christ** gehört nicht zu den »großen« Stiftern. Dennoch soll sie hier erwähnt werden, da sie in unvergleichlicher Weise als Promoterin und Sammlerin für gemeinnützige Organisationen tätig geworden ist.

Sie war das erste gemeinsame Kind ihrer Eltern, die aus vorangegangenen Ehen schon zwölf Kinder mit in die Ehe gebracht hatten. Die in der Koselstraße 12 im Nordend auf die Welt gekommene Liesel wuchs in einfachen Verhältnissen auf, bekam aber bereits als Fünfjährige Ballettunterricht und besetzte schon bald Kinderrollen im Opernhaus und im Neuen Operetten-Theater. Bekannt wurde sie, als sie siebenjährig im Weihnachtsmärchen *Peterchens Mondfahrt* das Peterchen spielte.

Als sie für Kinderrollen zu alt wurde, bekam sie als 14-Jährige eine Sondergenehmigung zur Schauspielausbildung an der »Hochschule für Musik und Theater der Stadt Frankfurt am Main«. Nach bestandener Abschlussprüfung erhielt sie Engagements in Koblenz und Heilbronn. In der Nachkriegszeit arbeitete sie für verschiedene Bühnen und Kabaretts, ehe sie 1953 einen Vertrag bei der Landes-

21.15 Persönlichkeitsgrab von Liesel Christ (1919–1996). J 296

bühne Rhein-Main erhielt, einer Wanderbühne, mit der sie in den nächsten sechs Jahren Südhessen bereiste.

1959 erhielt sie das Angebot, in der von Wolf Schmidt geschriebenen und inszenierten Fernsehserie *Die Firma Hesselbach* die Rolle der Mutter zu übernehmen. Die Serie, die später in *Familie Hesselbach* umbenannt worden ist, hatte einen durchschlagenden Erfolg und machte die »Mamma Hesselbach« deutschlandweit berühmt. Rechnet man die (nicht so erfolgreiche) Nachfolgeserie *Herr Hesselbach und ...* hinzu, wurden bis 1967 insgesamt 51 Hesselbach-Folgen gesendet.

Der große Erfolg Liesel Christs in der Mutterrolle hatte auch seine Schattenseite. Sie hatte danach Mühe, andere Rollen in Film und Theater zu bekommen. Nach einem Engagement in Bielefeld betrieb Liesel Christ ab 1969 die Umsetzung eines lange gehegten Traums: die Gründung einer Mundartbühne in Frankfurt. Im Juni 1971 fand die Premiere des Frankfurter Volkstheaters im Volksbildungsheim mit *Der alte Bürgerkapitän* von *Carl Malß (1792–1848 – Grab A 94 98)* statt. 1972 fand die Prinzipalin im Haus der Jugend am Deutschherrenufer 12 für ihr Theater eine erste feste Spielstätte. Ab 1975 fand das Volkstheater dann sein endgültiges Domizil im Cantate-Saal im Großen Hirschgraben 21 neben dem Goethe-Haus, bis 2013 zum letzten Mal der Vorhang fiel.

War Liesel Christ in eigener Sache zur Finanzierung des Volkstheater-Projekts bereits sehr erfolgreich mit der Spendenbüchse unterwegs, so unterstützte und sammelte sie auch für viele andere Aktionen, die ihr am Herzen lagen: für den »Schlappekicker« der *Frankfurter Rundschau* zur Unterstützung alter und kranker Sportler, für den Wiederaufbau des Opernhauses, die Kinderkrebsstation, UNICEF, das Müttergenesungswerk, die »Leberecht-Stiftung« der *Frankfurter Neuen Presse* zur Unterstützung hilfsbedürftiger und behinderter Kinder und Jugendlicher, für den Verein »Muskelkranke in Hessen«, die Katholische Gehörlosengemeinschaft »Pax«, den Ausbau des Waldstadions, die Rekonstruktion der Ostzeile auf dem Römerberg, die Restaurierung des Eschenheimer Turms, die Arbeit des Struwwelpeter-Museums und die Einrichtung eines Stoltze-Museums.

Besonders am Herzen lag ihr die Versöhnung mit jüdischen Menschen. Anlässlich der Unterzeichnung des Freundschaftsvertrags zwischen Frankfurt und Tel Aviv trat das Volkstheater 1980 mit sechs Vorstellungen von Goethes *Urfaust* in Tel Aviv auf. Der überwältigende Erfolg führte zu vielen weiteren Gastspielen in den Folgejahren. Christs Projekt, in der Nähe von Tel Aviv einen Kindergarten für 120 jüdische und arabische Kinder zu errichten, war schon nach zwei Jahren eifrigen Sammelns und Ausrichtens von Benefizveranstaltungen von Erfolg gekrönt. Mit einem Fonds, der ihren Namen trägt, wird bedürftigen Studenten eine Schauspielausbildung an der Akademie der Künste der Universität Tel Aviv ermöglicht.

Liesel Christ war über Jahrzehnte mit *Karl Gerold (1906–1973 – Grab I 255)* verbunden, der 1949 als Chefredakteur der *Frankfurter Rundschau* die Altenhilfeaktion »Not gemeinsam lindern« gegründet hatte. Nach Christ ist ein Teil der Wallanlagen in der Nähe der Alten Oper benannt.

Ein ähnlich erfolgreicher Spendensammler war **Josef Neckermann**, der sich selbst als »Bettler der Nation« bezeichnete. Er war über mehr als zwanzig Jahre Erster Vorsitzender der Deutschen Sporthilfe, die Spitzensportler materiell, finanziell und ideell unterstützt. Am Ende von Neckermanns Amtszeit waren mehr als 16 000 Sportler mit etwa 230 Millionen DM gefördert worden. Die Mittel kamen durch Spenden, Veranstaltungserlöse (»Ball des Sports«), die Lotterie »Glücksspirale«, Olympiavermarktung sowie aus anderen Quellen zusammen.

Neckermann war selbst Spitzensportler gewesen. Als Dressurreiter nahm er an vier Olympischen Spielen teil, gewann je zweimal Gold, Silber und Bronze und war darüber hinaus mehrfacher Welt- und Europameister.

21.16 Persönlichkeitsgrab von Josef Neckermann (1912–1992). B an der Mauer 380/381

Mindestens genauso bekannt war er als Versandhauskönig. Neckermann verkaufte buchstäblich alles, von Kleidern und Schuhen über Elektrogeräte und Möbel bis hin zu Mopeds, Fertighäusern, Reisen, Versicherungen und Finanzprodukten. Seine Kataloge wurden in annähernd fünf Millionen Haushalte geliefert und präsentierten mehr als 40 000 Artikel. Auf dem Höhepunkt seines wirtschaftlichen Erfolges besaß Neckermann eines der größten europäischen Versandhäuser, das größte Reiseunternehmen der Bundesrepublik und die größte Fertighausfirma des Landes. In seinen Unternehmen arbeiteten bis zu 18 000 Menschen, überwiegend Frauen. Sein Erfolg erklärte sich zum Teil aus seinen günstigen Verkaufspreisen, die in der Nachkriegszeit für viele Konsumenten ausschlaggebend waren. Der Slogan »Neckermann macht's möglich« war zum geflügelten Wort geworden und zur konkreten Umsetzung des Mottos »Wohlstand für alle« des bundesdeutschen Wirtschaftsministers Ludwig Erhard, mit dem Neckermann gut bekannt war.

An der Hanauer Landstraße hatte Neckermann Anfang der Sechzigerjahre seine Versandzentrale von einem der renommiertesten

Architekten des Landes, Egon Eiermann, errichten lassen. Der Stahlbeton-Skelettbau wurde seinerzeit vom New Yorker Architekturmagazin »Architectural Forum« zu den zehn besten Bauwerken der Welt gezählt.

Neckermanns Imperium war freilich auf dubiosen Machenschaften während der Zeit des Nationalsozialismus aufgebaut. Neckermann, der schon 1933 der Reiter-SA beigetreten war, hatte die günstige Gelegenheit nach Verabschiedung der Nürnberger Rassegesetze genutzt und sich 1935 mit den Mitteln seines vorab ausgezahlten Erbes das Textilunternehmen des Würzburger Juden Ruschkewitz zu einem niedrigen Preis gesichert. Nach dem Zukauf eines weiteren arisierten Textilunternehmens erwarb er 1938 das damals drittgrößte deutsche Textilversandhaus von Karl Amson Joel in Berlin. Der vereinbarte Verkaufspreis lag weiter unter Wert. Die Summe wurde von Neckermann auf ein Treuhandkonto überwiesen, das auf seinen eigenen Namen lautete. Joel, der inzwischen in die Schweiz geflohen war, kam nicht an das Geld. Eine Klage wurde abgewiesen, da er Devisenausländer sei. Nach dem Krieg versuchte Joel (übrigens Großvater von Singer-Songwriter Billy Joel), der inzwischen in den USA lebte, den ihm zustehenden Verkaufspreis zu erhalten, musste allerdings bis 1957 prozessieren, ehe Neckermann zahlte.

Dieser war 1938 in die NSDAP eingetreten und hatte es geschafft, zu einer der führenden Figuren in der Versorgung mit Kleidung zu werden. Er belieferte die Organisation Todt, die den Westwall baute, mit Wolldecken, die Soldaten an der Ostfront mit Winteruniformen und Zwangsarbeiter mit Arbeitskleidung. Zusammen mit dem Hertie-Geschäftsführer Georg Karg gründete Neckermann 1941 die »Zentrallagergemeinschaft für Bekleidung«, die Aufträge der »Reichsstelle Kleidung« bekam, deren Leiter ebenfalls Neckermann wurde. Er scheute sich nicht, in polnischen Ghettos Kleider von Juden aus Konzentrationslagern von Zwangsarbeiterinnen umnähen zu lassen. Bei all seinen Handlungen halfen ihm seine guten Kontakte zu führenden Nazis, darunter Rüstungsminister Speer und Otto Ohlendorf, der als Leiter einer SS-Einsatzgruppe für die Ermordung von etwa 90 000 Menschen verantwortlich war, wofür er 1948 zum Tode verurteilt wurde.

Neckermann selbst wurde 1945 wegen Verstoßes gegen das Kontrollratsgesetz zu einem Jahr Arbeitslager verurteilt, das er aber etwa zur Hälfte im Krankenhaus verbrachte. In Neckermanns Autobiografie *Erinnerungen* findet sich kein Schuldeingeständnis, keine Selbstkritik, nicht einmal ein Wort des Bedauerns. Lapidar teilt er mit: »Ich hatte nicht das geringste Bedürfnis, in Schwierigkeiten zugeraten. In politischen Dingen liegt mir keine tätige Opposition. Ich tauge nicht zum Märtyrer.«

Im Gegensatz zum europaweit bekannten Neckermann war der Textilkaufmann **Alois Ammerschläger** eher eine Lokalgröße. In seinem Bekleidungsgeschäft auf der Zeil setzte er auf Kunden mit gehobenem Bedarf. Mit bis zu 300 Mitarbeitern und einem Jahresumsatz von bis zu 80 Millionen DM gehörte sein Haus zu den führenden Konfektionshäusern in der Bundesrepublik der Achtzigerjahre. Ammerschläger unterstützte zahlreiche Einrichtungen, darunter UNICEF, das Müttergenesungswerk, das Deutsche Rote Kreuz, Frankfurter Krankenhäuser und Altenheime, die Frankfurter Bürgerstiftung und Frankfurter Sportvereine. Er errichtete die Alois-Ammerschläger-Stiftung, die nach der Insolvenz seiner Firma ruhte, aber inzwischen ihr Engagement in bescheidenerem Umfang im sozialen, kulturellen und sportlichen Bereich wieder aufgenommen hat.

Bis 1933 hatte es 160 jüdische Stiftungen in Frankfurt gegeben. Die Juden machten nur knapp 10 % der Gesamtbevölkerung aus, unterstützten aber das soziale und kulturelle Leben in der Stadt in

21.17 Persönlichkeitsgrab von Alois Ammerschläger (1913–1995). A 283

viel höherem Maße als die nichtjüdischen Frankfurter. In der Zeit des Nationalsozialismus wurden die jüdischen Stiftungen zwangsweise in städtischen Besitz überführt; jüdische Vorstandsmitglieder wurden verdrängt und entrechtet, die Namen der jüdischen Stifter getilgt.

Im Frankfurt der Zwanzigerjahre des 21. Jahrhunderts gibt es über 640 Stiftungen. Stiften und Fördern ist mit dieser Stadt verbunden wie mit keiner zweiten. Wir konnten nur beispielhaft einige für die Stadt sehr bedeutsame Stifter und Mäzene vorstellen, die hier auch ihre letzte Ruhe gefunden haben.

Anhang

Tabelle der Gräber – nach Gewannen

Nr.	Karte	Name	Gewann	E/P
1	A	Schmidt, Alfred	A 15	E
2	A	Schopenhauer, Arthur	A 24	E
3	A	Hübscher, Arthur	A 24a	E
4	A	Rath, Karl vom	A 43	E
5	A	Kolb, Walter	A 55a	E
6	A	Mumm von Schwarzenstein, D.	A 84	E
7	A	Malß, Carl Balthasar	A 94 98	E
8	A	Kestner, Theodor	A 96	
9	A	Wirth, Johann Georg	A 98 88	E
10	A	Böhmer, Johann Friedrich	A 235/236	E
11	A	May, Ernst	A 274	P
12	A	Paquet, Alfons	A 276a	E
13	A	Flersheim, Robert	A 281	E
14	A	Ammerschläger, Alois	A 283	P
15	A	Landmann, Ludwig	A 290/291	E
16	A	Diesterweg, Moritz	A 297	E
17	A	Genazino, Wilhelm	A 942	
18	A	Gernhardt, Robert	A 1103	
19	B	Mumm von Schwarzenstein, E.	B 53	
20	B	Reinganum, Maximilian	B 68	P
21	B	Schlegel, Dorothea von	B 180	E
22	B	Neckermann, Josef	B a. d. M. 380/381	P
23	C	Hoch, Joseph	C Gruft 39	
24	C	Brentano, Franz und Antonie	C Gruft 48	
25	C	Beil, Johann Adam	C 7	E

Nr.	Karte	Name	Gewann	E/P
26	C	Guaita, Georg Friedrich	C 8/9	
27	C	Metzler, Emma	C 71	
28	C	Metzler, Albert	C 86–88	
29	C	Schmidt, Pauline	C 148	E
30	C	Rinz, Sebastian	C 155	E
31	C	Beutler, Ernst	C 214a	P
32	C	Frobenius, Leo	C 424	E
33	C	Neeff, Christian Ernst	C a. d. M. 62	E
34	C	Souchay, Eduard	C a. d. M. 64	E
35	D	Graebe, Carl	D 75	E
36	D	Schlosser, Fritz und Sophie	D 211	
37	D	Steinle, Edward von	D 215a	P
38	D	Ziehen, Julius	D 228	E
39	D	Jügel, Carl Christian	D 242	E
40	D	Cretzschmar, Philipp Jakob	D 244/245	P
41	D	Willemer, Marianne von	D 261	E
42	D	Andreae, Jean	D 261	
43	D	Gutzkow, Karl	D 272a	E
44	D	Miquel, Johannes von	D 297	E
45	D	Raff, Joachim	D 298	E
46	D	Behaghel, Johann David	D 473	P
47	D	Varrentrapp, Adolf	D a. d. M. 144	
48	D	Varrentrapp, Georg	D a. d. M. 148	E
49	D	Varrentrapp, Johann Conrad	D a. d. M. 148	E
50	D	Fellner, Carl Constanz Victor	D a. d. M. 164	E
51	D	Soemmering, Samuel Th. von	D a. d. M. 178	E
52	D	Bansa, Sophie	D a. d. M. 204	
53	D	Heyden, Carl Heinrich Georg von	D a. d. M. 216	
54	E	Denkmal d. Gefallenen von 1848	E 18–21	E
55	E	Kriegk, Georg Ludwig	E 93	

Nr.	Karte	Name	Gewann	E/P
56	E	Gedenkstätte Katzbach	E 157	
57	E	Auerswald, Hans von	E 243	
58	E	Lichnowsky, Felix von	E 243	
59	E	Steinhausen, Wilhelm	E 577a	E
60	E	Quarck, Max	E 743	
61	E	Brenner, Otto	E 1479b	P
62	E	Rumpf, Friedrich	E a. d. M. 269a	E
63	E	Berking, Willy	E a. d. M. 339a	
64	E	Gwinner, Wilhelm	E a. d. M. 398a	E
65	E	Launitz, Eduard Schmidt v. d.	E a. d. M. 399a	E
66	E	Stiebel, Salomo Friedrich	E a. d. M. 417	E
67	F	Fabricius, Philipp von	F XXII	
68	F	Becker, Jakob	F 142/143	E
69	F	Rüppell, Eduard	F 155a	E
70	F	Varnesi, Augusto	F 638	E
71	F	Morgenstern, Carl	F 864	E
72	F	Roessler, Heinrich	F 899	
73	F	Funck, Johann Friedrich	F 1261	
74	F	Linnemann, Alexander	F 1355/1356	P
75	F	Tüllman, Abisag	F 1763	E
76	F	Alken, Else	F 1773	E
77	F	Becker, Peter	F 1889	E
78	F	Lucius, Eugen	F 2046/2047	
79	F	Holzhausen, Adolph von	F a. d. M. 428	E
80	F	Roessler, Friedrich Ernst	F a. d. M. 444	P
81	F	Meister, Wilhelm	F a. d. M. 450	P
82	F	Livingston, Rose	F a. d. M. 460b	E
83	G	Hadermann, Nicolaus	G 116	
84	G	Reiffenstein, Carl Theodor	G 372	E
85	G	Heussenstamm, Karl	G 428	E

Nr.	Karte	Name	Gewann	E/P
86	G	Halbritter, Kurt	G 1449	P
87	G	Burnitz, Heinrich	G a. d. M. 516	E
88	G	Hoffmann, Heinrich	G a. d. M. 541	E
89	J	Christ, Liesel	J 296	P
90	J	Stoltze, Friedrich	J 306a	E
91	J	Dielmann, Jakob Fürchtegott	J 548	E
92	J	Schierholz, Friedrich	J 634	E
93	J	Mangelsdorff, Emil	J 725	
94	J	Volger, Otto	J 815	P
95	J	Mitscherlich, Marg. und Alex.	J 1049	P
96	J	Waechter, Friedrich Karl	J 1066	
97	J	Fay, Wilhelm	J 1734	E
98	J	Alzheimer, Alois	J a. d. M. 447a	E
99	J	Schmick, Peter	J a. d. M. 465a	E
100	J	Lersner, Familie	J a. d. M. 475a	
101	J	Brüning, Adolf von	J a. d. M. 606–609	E
102	K	Adorno, Theodor W.	K 119	E
103	K	Schanz, August	K 165	
104	K	Treuner, Hermann	K 2100	P
105	I	Gräberfeld NS-Opfer	I	
106	I	Claar, Emil	I 183	E
107	I	Kirchner, Johanna und Karl	I 242	P
108	I	Gerold, Karl	I 255	
109	I	Abendroth, Wolfgang	I 399	
110	I	Hollbach, Wilhelm	I 1118	
111	II	Haeuser, Adolf	II 192	P
112	II	Möller, Walter	II 202c	E
113	II	Unseld, Siegfried	II 203	P
114	II	Arndt, Rudi	II 203b	E
115	II	Huch, Ricarda	II 204	E

Nr.	Karte	Name	Gewann	E/P
116	II	Brundert, Willi	II 204a	E
117	II	Borchers, Elisabeth	II 321	
118	II	Merton, Wilhelm und Richard	II GG 9–12	E
119	II	Beit von Speyer, Eduard	II GG 15	E
120	II	Wolff, Paul	II GG 17a	P
121	II	Edinger, Anna und Ludwig	II GG 21	E
122	II	Stoltze, Adolf	II GG 23	E
123	II	Adickes, Franz	II GG 24	E
124	II	Weinberg, Arthur von	II GG 29	E
125	II	Hallgarten, Fritz	II GG 60	E
126	II	Neher, Ludwig	II GG 69	P
127	III	Hartmann, Georg	III 26	
128	III	Gans, Leo	III GG 9	E
129	IV	Euler, August Heinrich	IV 120	P
130	IV	Kügler, Joachim	IV 151	
131	IV	Gans, Friedrich Ludwig von	IV Mausol. Gans	P
132	V	Mouson, Georg	V 163	E
133	V	Bärenz, Anne	V 774	
134	V	Kotzenberg, Karl	VI 150	E
135	XII	Fetscher, Iring	XII 679/680	
136	XII	Beyer, Anna	XII 700	E
137	XII	Beltz, Matthias	XIII GG 48	P
138	XIV	Wallmann, Walter	XIV 32	E
139	XIV	Reich-Ranicki, Marcel	XIV 34 UG	E
140	XIV	Hagen, Bernhard	XIV 386	E
141	XIV	Carlebach, Emil	XIV 1142 UG	
142	XV	Mangelsdorff, Albert	XV 31	
143	XIV	Wolf, Lore	XVI anonym. Feld	

Tabelle der Gräber – alphabetisch

Nr.	Karte	Name	Gewann	E/P
109	I	Abendroth, Wolfgang	I 399	
123	II	Adickes, Franz	II GG 24	E
102	K	Adorno, Theodor W.	K 119	E
76	F	Alken, Else	F 1773	E
98	J	Alzheimer, Alois	J a. d. M. 447a	E
14	A	Ammerschläger, Alois	A 283	P
42	D	Andreae, Jean	D 261	
114	II	Arndt, Rudi	II 203b	E
57	E	Auerswald, Hans von	E 243	
133	V	Bärenz, Anne	V 774	
52	D	Bansa, Sophie	D a. d. M. 204	
68	F	Becker, Jakob	F 142/143	E
77	F	Becker, Peter	F 1889	E
46	D	Behaghel, Johann David	D 473	P
25	C	Beil, Johann Adam	C 7	E
119	II	Beit von Speyer, Eduard	II GG 15	E
137	XII	Beltz, Matthias	XIII GG 48	P
63	E	Berking, Willy	E a. d. M. 339a	
31	C	Beutler, Ernst	C 214a	P
136	XII	Beyer, Anna	XII 700	E
10	A	Böhmer, Johann Friedrich	A 235/236a	E
117	II	Borchers, Elisabeth	II 321	
61	E	Brenner, Otto	E 1479b	P
24	C	Brentano, Franz und Antonie	C Gruft 48	
116	II	Brundert, Willi	II 204a	E

Nr.	Karte	Name	Gewann	E/P
101	J	Brüning, Adolf von	J a. d. M. 606–609	E
87	G	Burnitz, Heinrich	G a. d. M. 516	E
141	XIV	Carlebach, Emil	XIV 1142 UG	
89	J	Christ, Liesel	J 296	P
106	I	Claar, Emil	I 183	E
40	D	Cretzschmar, Philipp Jakob	D 244/245	P
54	E	Denkmal der Gefallenen von 1848	E 18–21	E
91	J	Dielmann, Jakob Fürchtegott	J 548	E
16	A	Diesterweg, Moritz	A 297	E
121	II	Edinger, Anna und Ludwig	II GG 21	E
129	IV	Euler, August Heinrich	IV 120	P
67	F	Fabricius, Philipp von	F XXII	
97	J	Fay, Wilhelm	J 1734	E
50	D	Fellner, Carl Constanz Victor	D a. d. M. 164	E
135	XII	Fetscher, Iring	XII 679/680	
13	A	Flersheim, Robert	A 281	E
32	C	Frobenius, Leo	C 424	E
73	F	Funck, Johann Friedrich	F 1261	
131	IV	Gans, Friedrich Ludwig von	IV Mausol. Gans	P
128	III	Gans, Leo	III GG 9	E
56	E	Gedenkstätte Katzbach	E 157	
17	A	Genazino, Wilhelm	A 942	
18	A	Gernhardt, Robert	A 1103	
108	I	Gerold, Karl	I 255	
35	D	Graebe, Carl	D 75	E
105	I	Gräberfeld NS-Opfer	I	
26	C	Guaita, Georg Friedrich	C 8/9	
43	D	Gutzkow, Karl	D 272a	E
64	E	Gwinner, Wilhelm	E a. d. M. 398a	E
83	G	Hadermann, Nicolaus	G 116	

Nr.	Karte	Name	Gewann	E/P
111	II	Haeuser, Adolf	II 192	P
140	XIV	Hagen, Bernhard	XIV 386	E
86	G	Halbritter, Kurt	G 1449	P
125	II	Hallgarten, Fritz	II GG 60	E
127	III	Hartmann, Georg	III 26	
85	G	Heussenstamm, Karl	G 428	E
53	D	Heyden, Carl Heinrich Georg von	D a. d. M. 216	
23	C	Hoch, Joseph	C Gruft 39	
88	G	Hoffmann, Heinrich	G a. d. M. 541	E
110	I	Hollbach, Wilhelm	I 1118	
79	F	Holzhausen, Adolph von	F a. d. M. 428	E
115	II	Huch, Ricarda	II 204	E
3	A	Hübscher, Arthur	A 24a	E
39	D	Jügel, Carl Christian	D 242	E
8	A	Kestner, Theodor	A 96	
107	I	Kirchner, Johanna und Karl	I 242	P
5	A	Kolb, Walter	A 55a	E
134	V	Kotzenberg, Karl	VI 150	E
55	E	Kriegk, Georg Ludwig	E 93	
130	IV	Kügler, Joachim	IV 151	
15	A	Landmann, Ludwig	A 290/291	E
65	E	Launitz, Eduard Schmidt v. d.	E a. d. M. 399a	E
100	J	Lersner, Familie	J 475a	
58	E	Lichnowsky, Felix von	E 243	
74	F	Linnemann, Alexander	F 1355/1356	P
82	F	Livingston, Rose	F a. d. M. 460b	E
78	F	Lucius, Eugen	F 2046/2047	
7	A	Malß, Carl Balthasar	A 94 98	E
142	XV	Mangelsdorff, Albert	XV 31	
93	J	Mangelsdorff, Emil	J 725	

Nr.	Karte	Name	Gewann	E/P
11	A	May, Ernst	A 274	P
81	F	Meister, Wilhelm	F a. d. M. 450	P
118	II	Merton, Wilhelm und Richard	II GG 9–12	E
28	C	Metzler, Albert	C 86–88	
27	C	Metzler, Emma	C 71	
44	D	Miquel, Johannes von	D 297	E
95	J	Mitscherlich, Marg. und Alex.	J 1049	P
112	II	Möller, Walter	II 202c	E
71	F	Morgenstern, Carl	F 864	E
132	V	Mouson, Georg	V 163	E
6	A	Mumm von Schwarzenstein, D.	A 84	E
19	B	Mumm von Schwarzenstein, E.	B 53	
22	B	Neckermann, Josef	B a. d. M. 380/381	P
33	C	Neeff, Christian Ernst	C a. d. M. 62	E
126	II	Neher, Ludwig	II GG 69	P
12	A	Paquet, Alfons	A 276a	E
60	E	Quarck, Max	E 743	
45	D	Raff, Joachim	D 298	E
4	A	Rath, Karl vom	A 43	E
139	XIV	Reich-Ranicki, Marcel	XIV 34 UG	E
84	G	Reiffenstein, Carl Theodor	G 372	E
20	B	Reinganum, Maximilian	B 68	P
30	C	Rinz, Sebastian	C 155	E
80	F	Roessler, Friedrich Ernst	F a. d. M. 444	P
72	F	Roessler, Heinrich	F 899	
69	F	Rüppell, Eduard	F 155a	E
62	E	Rumpf, Friedrich	E a. d. M. 269a	E
103	K	Schanz, August	K 165	
92	J	Schierholz, Friedrich	J 634	E
21	B	Schlegel, Dorothea von	B 180	E

Nr.	Karte	Name	Gewann	E/P
36	D	Schlosser, Fritz und Sophie	D 211	
99	J	Schmick, Peter	J a. d. M. 465a	E
1	A	Schmidt, Alfred	A 15	E
29	C	Schmidt, Pauline	C 148	E
2	A	Schopenhauer, Arthur	A 24	E
51	D	Soemmering, Samuel Th. von	D a. d. M. 178	E
34	C	Souchay, Eduard	C a. d. M. 64	E
59	E	Steinhausen, Wilhelm	E 577a	E
37	D	Steinle, Edward von	D 215a	P
66	E	Stiebel, Salomo Friedrich	E a. d. M. 417	E
122	II	Stoltze, Adolf	I GG 23	E
90	J	Stoltze, Friedrich	J 306a	E
104	K	Treuner, Hermann	K 2100	P
75	F	Tüllman, Abisag	F 1763	E
113	II	Unseld, Siegfried	II 203	P
70	F	Varnesi, Augusto	F 638	E
47	D	Varrentrapp, Adolf	D a. d. M. 144	
48	D	Varrentrapp, Georg	D a. d. M. 148	E
49	D	Varrentrapp, Johann Conrad	D a. d. M. 148	E
94	J	Volger, Otto	J 815	P
96	J	Waechter, Friedrich Karl	J 1066	
138	XIV	Wallmann, Walter	XIV 32	E
124	II	Weinberg, Arthur von	II GG 29	E
41	D	Willemer, Marianne von	D 261	E
9	A	Wirth, Johann Georg	A 98 88	E
143	XVI	Wolf, Lore	XVI anonym. Feld	
120	II	Wolff, Paul	II GG 17a	P
38	D	Ziehen, Julius	D 228	E

Kartenteil

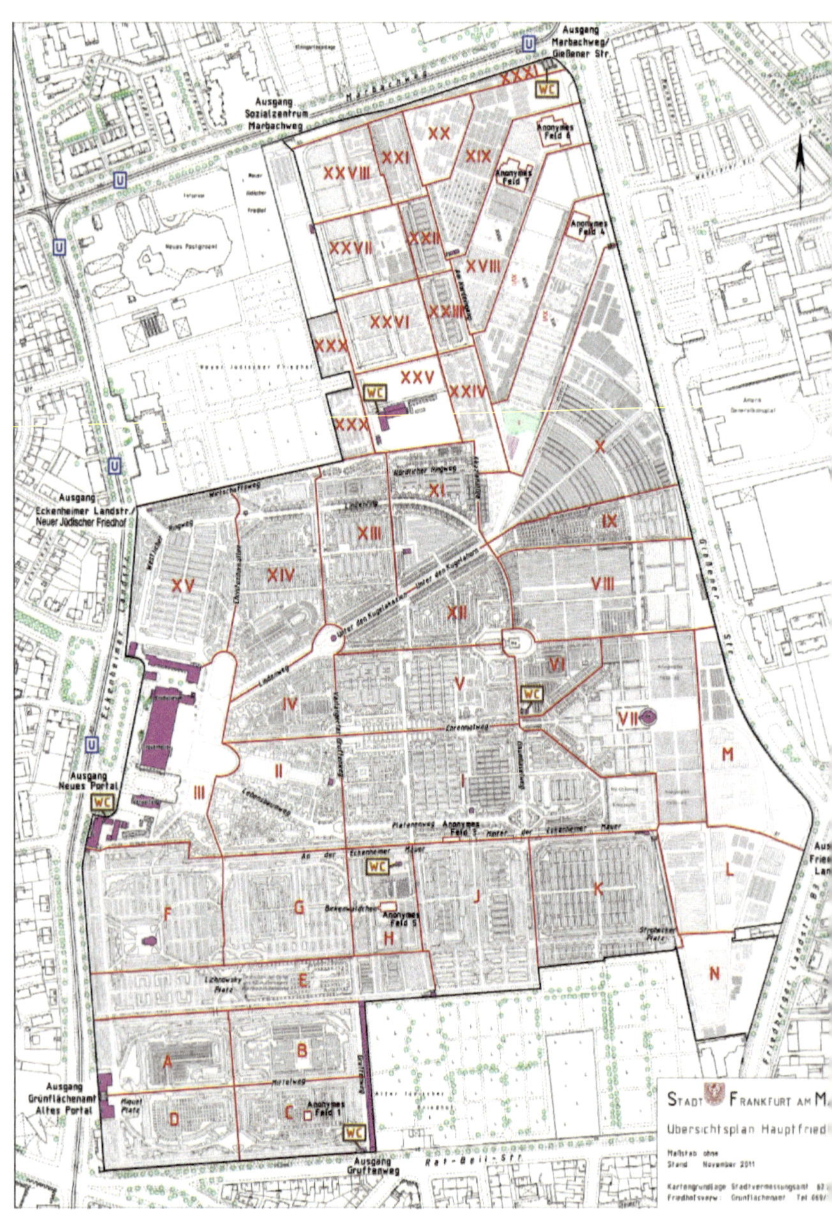

Übersichtsplan Frankfurter Hauptfriedhof

Gewann A

1 2 3 4 5 6 7 8 9 10 11 12 13 14 15 16 17 18 19 20 21 22 23 24 25 26 27 28 29
G r u f t e n w e g
19
20
21
22
B
W E G

Gewann B

Gewann C

MITTEL
D
Portal
297 MIQUEL
35
36
37
38
39
40
41
42
43
44
45
46
47
48
49
50
51
52
53

Gewann D

Gewann E

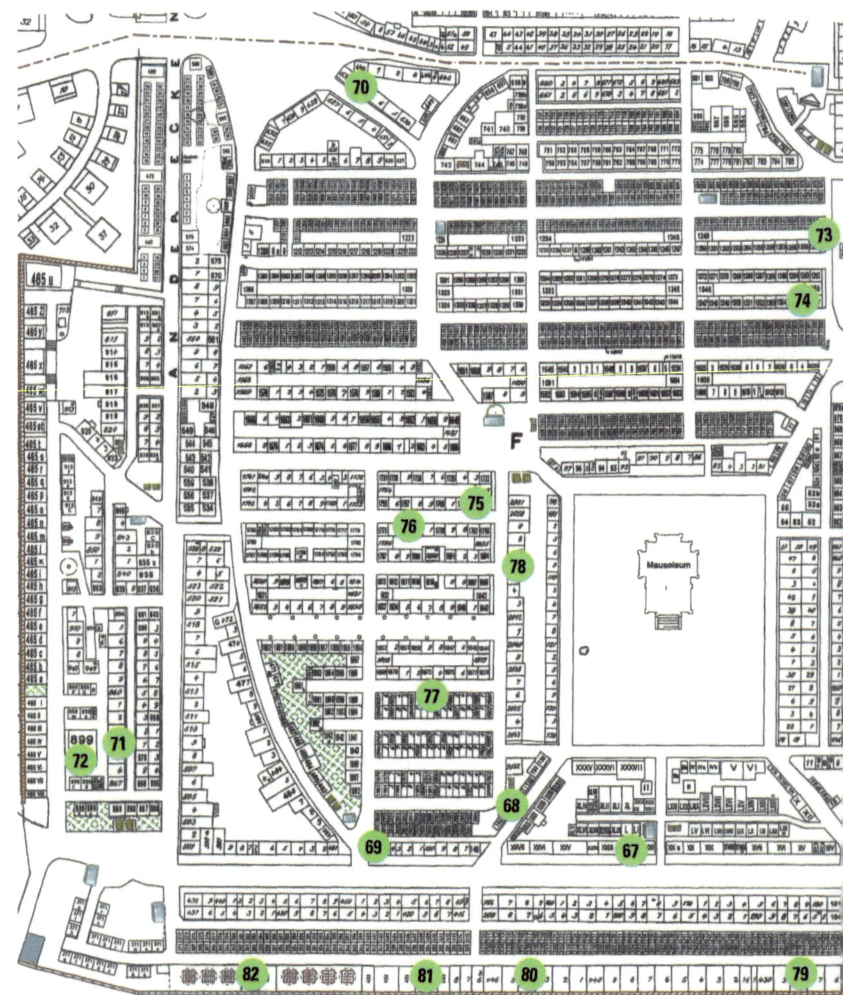

Gewann F

Gewann G

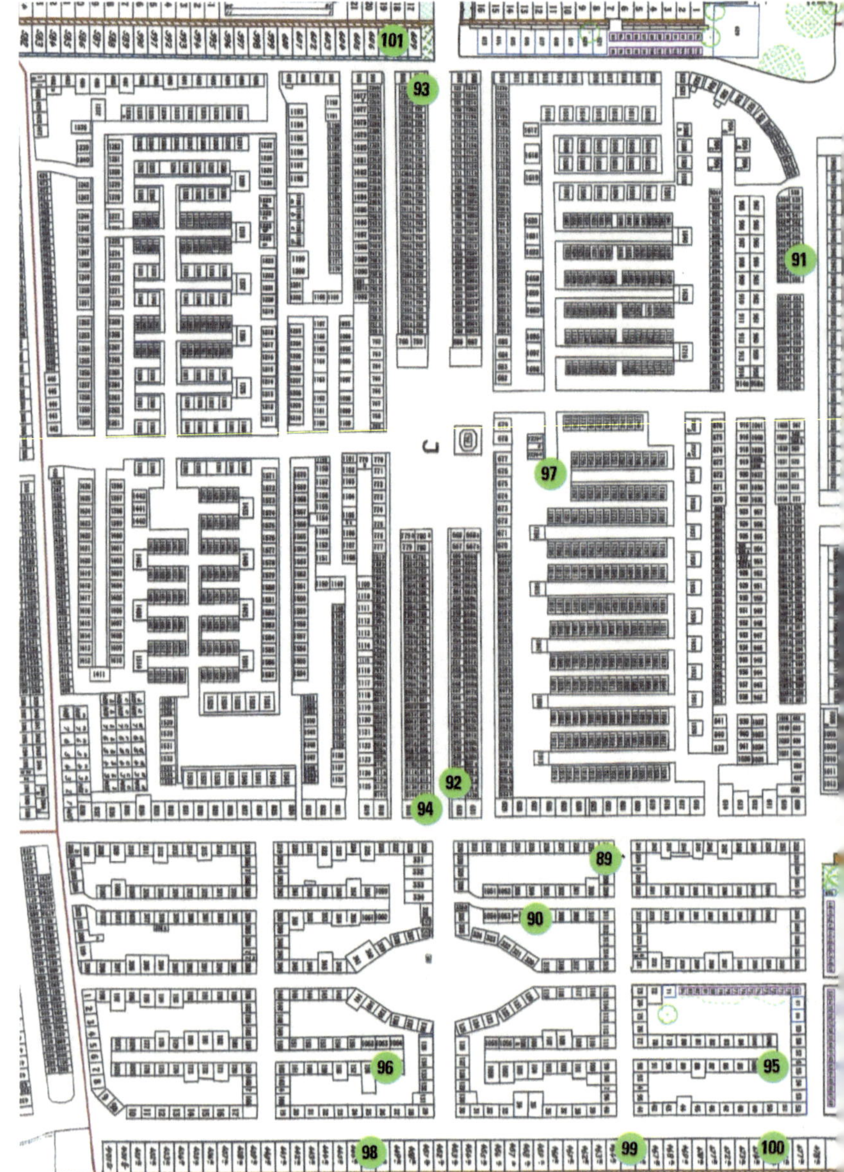

Gewann J

Gewann K

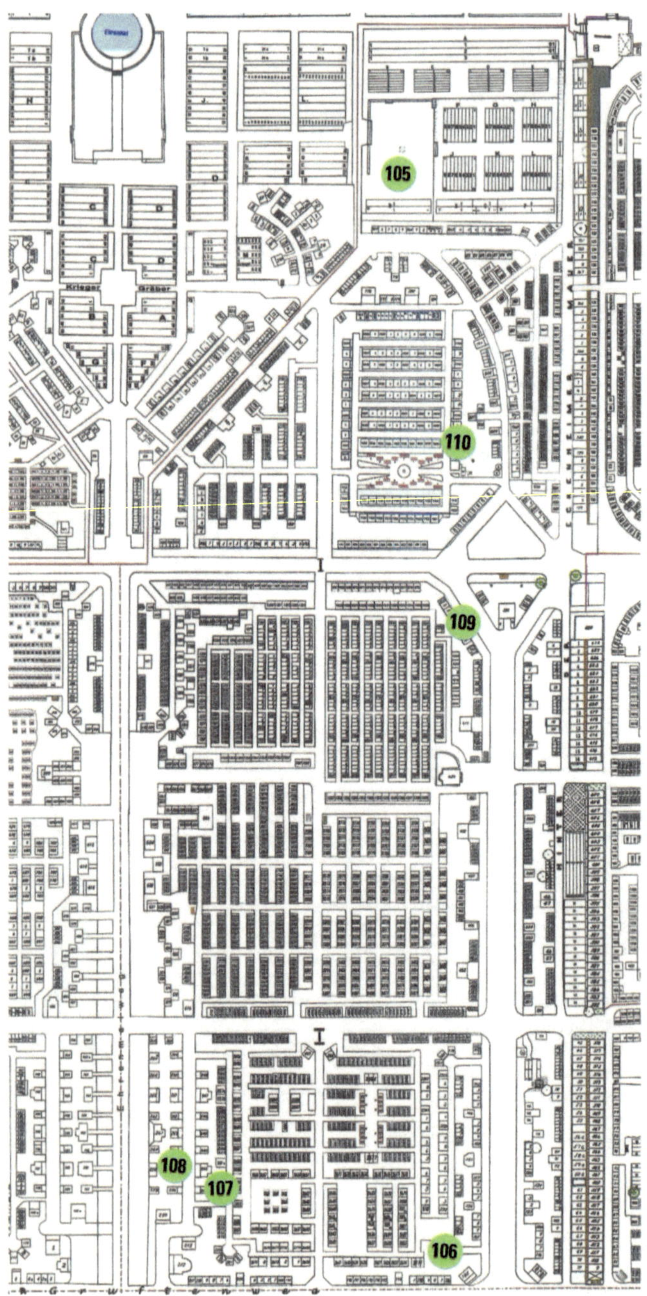

Gewann I

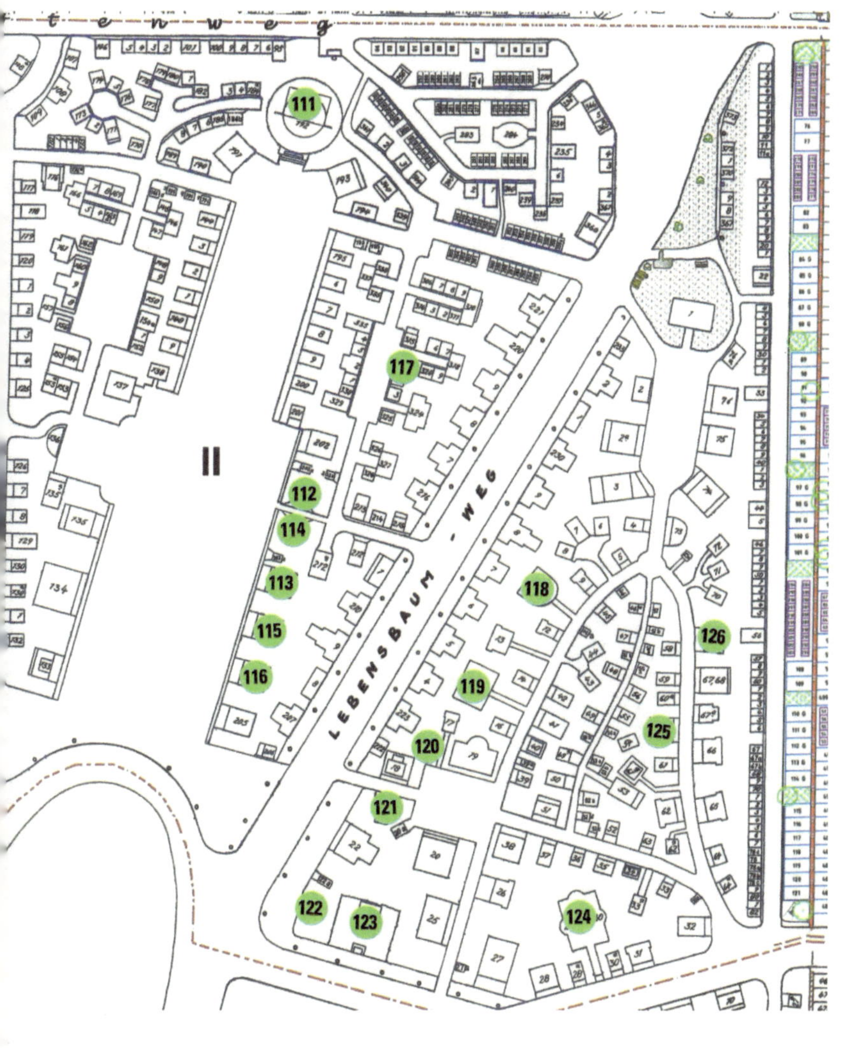
II
LEBENSBAUM - WEG
111
112
113
114
115
116
117
118
119
120
121
122
123
124
125
126

Gewann II

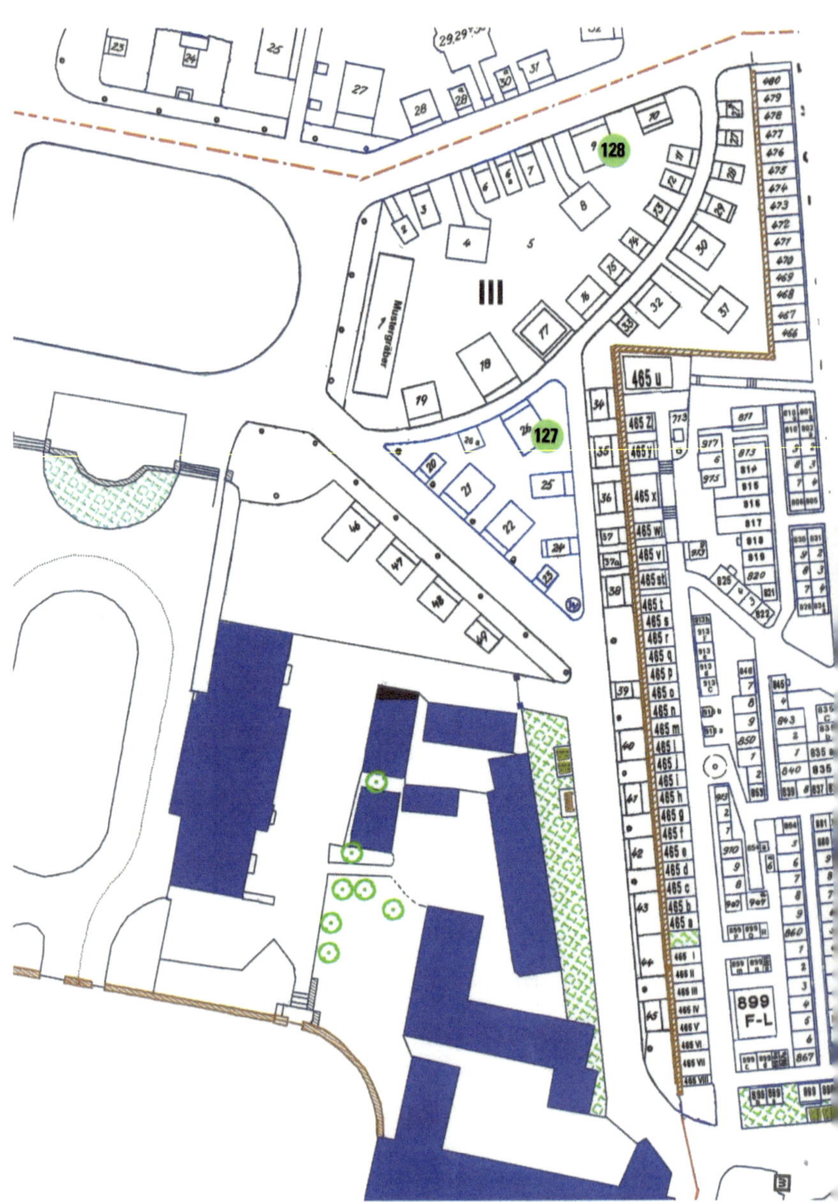

Gewann III

Gewann IV

Gewann V

UNTER DEM KUGELAHORN
UNTER DEN KUGELAKAZIEN
LAUFICHTEN WEG
WEG
XII
135
136
137

Gewann XII

Gewann XIV

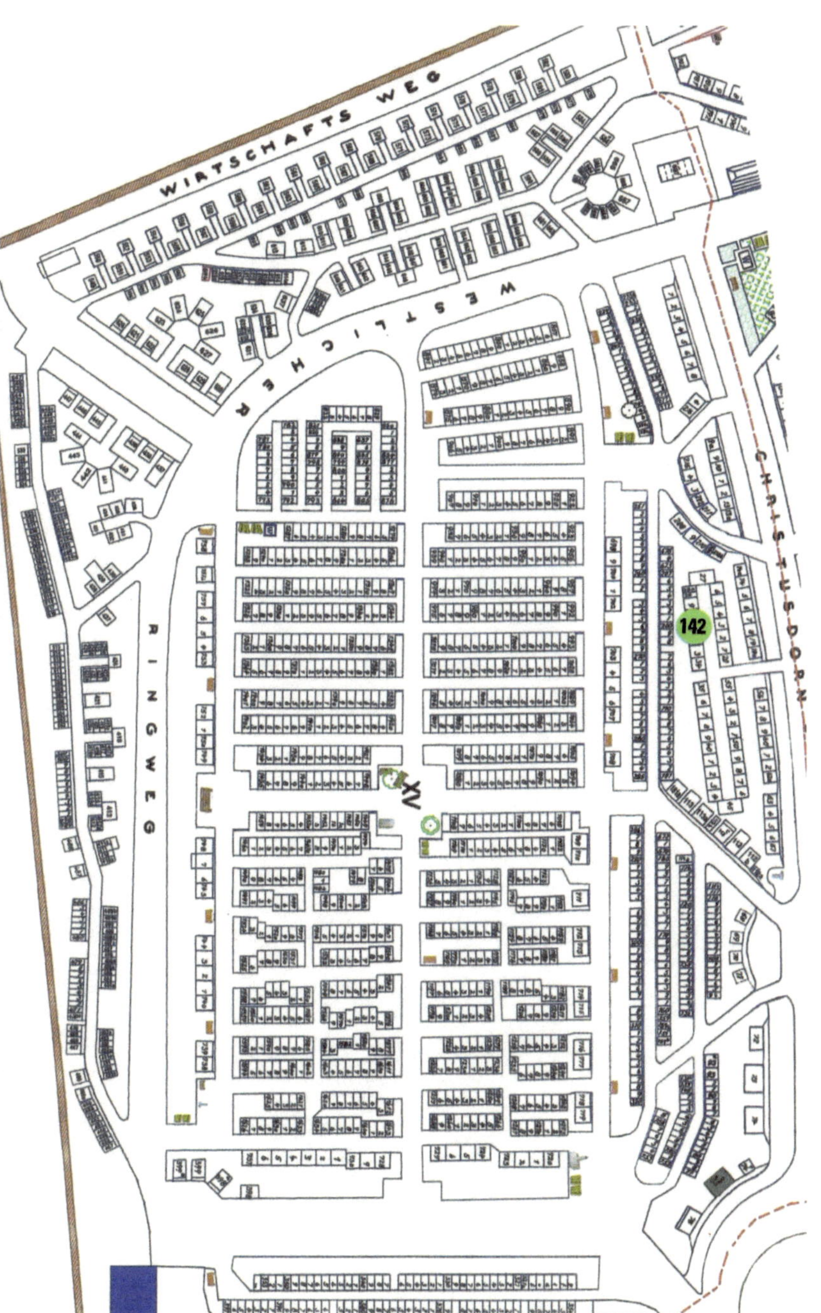

Gewann XV

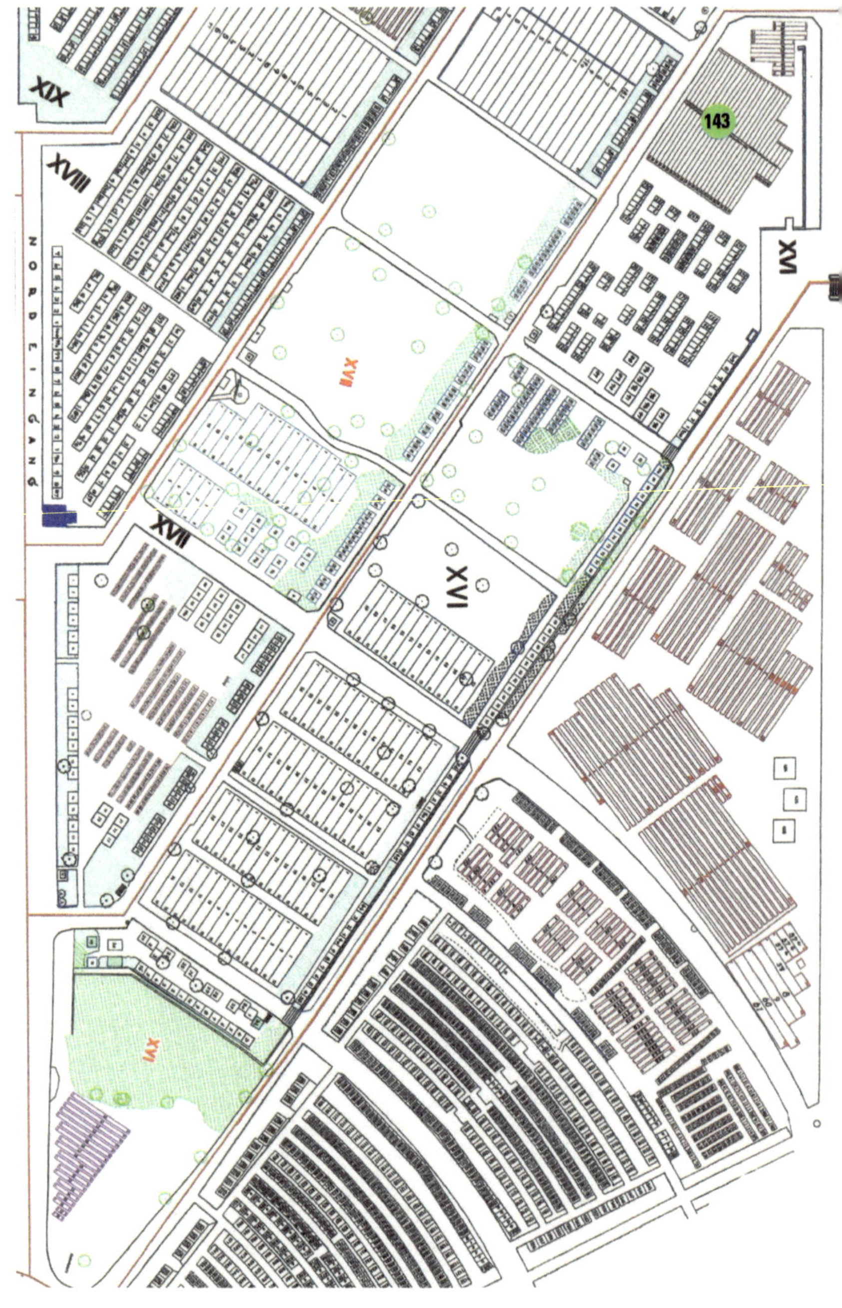

Gewann XVI

Zitatnachweise

Sebastian Rinz – Schöpfer der Wallanlagen

»die alten Wälle ...« | Zit. nach Hässlin, Johann Jakob (Hg.): Frankfurt, München 1969, S. 178.

»Anstelle alten Mauerwerks ...« | Zit. nach Ebd., S. 179.

Eduard Rüppell – Afrikaforscher und Senckenbergianer

»Neuburg's lebhafte Unterhaltungen ...« | Mertens, Robert: Eduard Rüppell, Frankfurt 1949, S. 227.

Heinrich Hoffmann – Arzt, Literat, Politiker, Vereinsgründer

»in trostlosem Zustand« | Zit. nach: Helmut Siefert: »Dem kranken Geist ein schützendes Asyl« Hoffmann als Psychiater, in: Cilleßen, Wolfgang P. / Huntebrinker, Jan Willem: Heinrich Hoffmann – Peter Struwwel. Ein Frankfurter Leben 1809–1894, Petersberg 2009, S. 262.

»an die Stelle ...« | Ebd.

Arthur Schopenhauer – Der Weise von Frankfurt

»Wissen Sie ...« | Haffmanns, Gerd (Hg.): Über Arthur Schopenhauer, Zürich 1977, S. 192.

»Gesundes Klima ...« | Gwinner, Wilhelm von: Schopenhauers Leben, Leipzig [3]1910, S. 242.

»Frankfort is a comfortable place ...« | Direktion der Stadt- und Universitätsbibliothek: Schopenhauer und Frankfurt am Main, Frankfurt 1994, S. 15.

»Ich bin der Cholera dankbar ...« | Ebd., S. 23.

»ein wunderbares Deutsch ...« | Haffmanns, Gerd (Hg.): a. a. O., S. 282.

»Wegen der Sprache ...« | Ebd., S. 257.

»für einen der größten ...« | Ebd., S. 281.

»Es ist einerlei ...« | Gwinner, Wilhelm: Arthur Schopenhauer aus persönlichem Umgang dargestellt, Frankfurt 1963, S. 198.

»auf unsere hingeschiedenen Freunde ...« | Schopenhauer, Arthur: Zürcher Ausgabe. Werke in zehn Bänden, Zürich 1977, Bd. IX, S. 350.

Friedrich Stoltze - Freiheitsfreund und Preußenfeind

»Daß ich zum e Dichter bin worn ...« | Zit. nach: Breitkreuz, Petra: Friedrich Stoltze. Dichter – Denker – Demokrat, Frankfurt 2016, S. 27.

»illustrirtes, satyrisches ...« | Zit. nach: Ebd., S. 82.

»Es is kää Stadt ...« | Stoltze, Friedrich: Werke in Frankfurter Mundart, Frankfurt am Main 1953, S. 21.

Carl Constanz Victor Fellner und das Ende der Freien Stadt Frankfurt

»Mein Bester, …« | Zit. nach Gerteis, Walter: Das unbekannte Frankfurt. Dritte Folge, Frankfurt am Main [3]1976, S. 22.

»Alles was uns …« | Kahn-Wallerstein, Carmen: Friedrich Stoltze: ein deutscher Demokrat, in: Neue Schweizer Rundschau, Band 21 (1953–54), S. 284–291.

Wilhelm Hollbach und das Ende des Zweiten Weltkriegs

»Wir kommen als …« | Zit. nach Lorei, Madlen / Kirn, Richard: Frankfurt und die drei wilden Jahre, Frankfurt am Main [6]1989, S. 17.

Walter Kolb und der Wiederaufbau Frankfurts

»Es ist eine große Aufgabe …« | Hoffmann, Hilmar: Frankfurts Oberbürgermeister 1945–1995. Ein Beitrag zur Kulturgeschichte der Stadt, Frankfurt 2012, S. 81.

»am äußersten Rand …« | Helmensdorfer, Erich: Frankfurt – Metropole am Main. Geschichte und Zukunft, Frankfurt 1982, S. 292.

Theodor W. Adorno und die Frankfurter Schule

»Teddie war …« | Zit. nach Schütte, Wolfram (Hg.): Adorno in Frankfurt, Frankfurt 2003, S. 360.

»Das Ganze …« | Adorno, Theodor W.: Minima Moralia, Frankfurt [20]1991, S. 57.

»Seit je …« | Horkheimer, Max / Adorno, Theodor W.: Dialektik der Aufklärung, Amsterdam 1968 (Nachdruck), S. 13.

»Es gibt kein …« | Adorno, Theodor W.: a. a. O., S. 42.

»Ich wollte …« | Zit. nach Schütte, Wolfram (Hg.): a. a. O., S. 154.

»Die Fakultät …« | Zit. nach Burkard, Benedikt et al. (Hg.): Eine Stadt macht mit. Frankfurt und der NS. Begleitbuch zur Ausstellung im Historischen Museum 2021/22, Petersberg 2022, S. 179.

»Ein beträchtlicher Teil …« | Georg Lukács, Theorie des Romans. Ein geschichtsphilosophischer Versuch über die Formen der großen Epik, Neuwied und Berlin [2]1963.

Robert Gernhardt und die Neue Frankfurter Schule

»Der Herr rief …« | Gernhardt, Robert / Bernstein F. W.: Besternte Ernte, Reinbek 1983, S. 138.

»Denn ich bin nicht …« | Zit. nach Zehrer, Klaus Cäsar: Dialektik der Satire. Zur Komik von Robert Gernhardt und der »Neuen Frankfurter Schule«. Dissertation zur Erlangung des Grades eines Dr. phil. im Fachbereich 9 (Kulturwissenschaften) der Universität Bremen (https://elib.suub.uni-bremen.de/publications/dissertations/E-Diss259_zehrer.pdf [30.08.2021]), S. 176.

»Komisch ist das …« | Gernhardt, Robert: Was gibt's denn da zu lachen? Kritik der Komiker. Kritik der Kritiker. Kritik der Komik, Zürich 1988, S. 465.

»Das Lachen entsteht jedesmal …« | Schopenhauer, Arthur: Zürcher Ausgabe. Werke in zehn Bänden, Zürich 1977, Bd. 1, S. 96.

»Alle Komik will ...« | Gernhardt, Robert: a. a. O., S. 474.
»Alle Komik entspringt ...« | Ebd, S. 474.
»Vergnügtsein ...« | Horkheimer, Max / Adorno, Theodor W.: a. a. O., S. 172.
»Das versöhnte Lachen ...« | Ebd., S. 167.
»weiß, daß eine Internationale ...« | Gernhardt, Robert: a. a. O., S. 61.
»Alles ist anders ...« | Waechter, Friedrich Karl: Zeichenkunst, München 2009, S. 11.

Albert Mangelsdorff und die Hauptstadt des Jazz

»Was immer auch war ...« | Paulot, Bruno: Albert Mangelsdorff. Gespräche, Waakirchen 1993, S. 81.
»Play yourself, man!« | Knauer, Wolfram: »Play yourself, man!« Die Geschichte des Jazz in Deutschland, Ditzingen 2019, S. 225.
»Die Verordnung ...« | Zit. nach Koch, R. Gerhard: Theodor W. Adorno, Frankfurt 2013, S. 60.
»der Jazz in entscheidenden ...« | Schwab, Jürgen: Der Frankfurt Sound, Frankfurt am Main [2]2005, beiliegende CD »Jazzhauptstadt der Republik«, CD 2.
»Es hat mich eigentlich ...« | Mangelsdorff, Albert: Frankfurt am Main. Jazzmusik und grüne Soß, Freiburg 1990, S. 42.
»das sachlichste ...« | Schwab, Jürgen: a. a. O., S. 97.
»das beste ...« | Ebd., S. 216.

Siegfried Unseld - Ausnahmeverleger in der Stadt der Bücher

»Lieber Suhrkamp ...« | Zit. nach Fellinger, Raimund / Reiner, Matthias (Hg.): Siegfried Unseld. Sein Leben in Bildern und Texten, Berlin 2014, S. 59
»paradox: Unverkäufliches ...«| Zit. nach Klaus Podak: Die Kraft der alten Meister, in: 50 Jahre Suhrkamp Verlag. Dokumentation zum 1. Juli 2000, Frankfurt am Main 2000, S. 87.
»Er wollte den Erfolg ...« | Ebd.
»nicht um den Einzeltitel ...« | Zit. nach Unseld, Siegfried: Peter Suhrkamp. Zur Biographie eines Verlegers, Frankfurt am Main 1975, S. 140.
»Als ich im Sommer ...« | Zit. nach Fellinger, Raimund / Reiner, Matthias (Hg.): a. a. O., S. 54.
»Tendenz der Verlagsprogramme ...« | Brief von neun Lektoren an Siegfried Unseld vom 27 September 1968. Zit. nach: Siegfried Unseld: Chronik 1970, Berlin 2010, S. 48.
»Er ist Patriarch ...« | Hans Magnus Enzensberger, in: 50 Jahre Suhrkamp Verlag. Dokumentation zum 1. Juli 2000, a. a. O., S. 45 f.
»Dem Publikum neue Werte ...« | Zit. nach Unseld, Siegfried: Der Autor und sein Verleger, Frankfurt am Main 1985, S. 29.
»Spät aber ...« | Die Geschichte des Suhrkamp Verlages 1950–2000, Frankfurt am Main 2000, S. 205.
»Merken Sie sich ...« | Zit. nach Unseld, Siegfried: a. a. O., S. 30.

»sicher einer der bedeutendsten ...« | Ulrich Greiner in der »Zeit« vom 27. September 1996, zit. nach: Die Geschichte des Suhrkamp Verlages 1950–2000, a. a. O., S. 279.

»Frankfurt und Suhrkamp ...« | Siegfried Unseld, in: 50 Jahre Suhrkamp Verlag. Dokumentation zum 1. Juli 2000, a. a. O., S. 13.

»in hervorragendem Maße ...« | https://www.friedenspreis-des-deutschen-buchhandels.de/das-statut [14.02.2022].

Von Willi Brundert bis Walter Wallmann – Krisen, Kämpfe und Kultur für alle

»natürlich widerrechtlich ...« | Frankfurter Rundschau. Geschichte, Band 4: Die 70er Jahre in Frankfurt, Frankfurt 2013, S. 28.

»Mir geht es darum ...« | Zit. nach Hoffmann, Hilmar: Frankfurts Oberbürgermeister 1945–1995. Ein Beitrag zur Kulturgeschichte der Stadt, Frankfurt 2012, S. 331 f.

Große Frankfurter Stifter und Mäzene

»tatsächlich die ganze Welt ...« | Zit. nach Helmensdorfer, Erich: Frankfurt – Metropole am Main. Geschichte und Zukunft, Düsseldorf/Wien 1982, S. 221.

»Ich hatte nicht ...« | Zit. nach Veszelits, Thomas: Die Neckermanns. Licht und Schatten einer deutschen Unternehmerfamilie, Bergisch Gladbach 2008, S. 112.

Abbildungsnachweise

Dr. Paul Wolff & Tritschler, Historisches Bildarchiv, Offenburg: 12.9 (1187-054), 14.3 (F 100-001), 14.4 (F 200-007)

Fedderies, Udo: 0.1, 0.2, 0.3, 1.1, 1.2, 1.3, 2.1, 2.3, 3.1, 3.3, 4.1, 5.1, 5.3, 5.6, 5.7, 6.1, 6.3, 7.1, 7.4, 8.1, 8.2, 8.3, 9.1, 9.2, 10.1, 10.2, 10.3, 11.1, 12.1, 12.5, 12.8, 12.10, 13.1, 13.3, 13.5, 13.6, 13.7, 13.8, 13.9, 13.10, 13.11, 14.1, 14.2, 15.1, 15.4, 16.1, 16.3, 16.4, 16.5, 16.6, 17.1, 17.3, 17.4, 17.6, 18.1, 18.2, 18.3, 18.4, 19.1, 19.2, 19.3, 19.4, 20.1, 20.2, 20.3, 20.4, 21.1, 21.2, 21.3, 21.4, 21.5, 21.6, 21.7, 21.8, 21.9, 21.10, 21.11, 21.12, 21.13, 21.14, 21.15, 21.16, 21.17

Germanisches Nationalmuseum Nürnberg, Deutsches Kunstarchiv, Nachlass May, Ernst; I, B-2-0062): 12.6

Historisches Museum Frankfurt: 2.2 (C00718), 2.4 (B1585), 12.7 (C46919 - Horst Ziegenfusz)

Institut für Stadtgeschichte Frankfurt: 7.3 (S7P Nr. 14041), 12.2 (S7P Nr. 8532), 12.3 (S7A 1998-14158), 13.2 (S6b-75 Nr. 244-1), 15.2 (S7Z Nr. 1946-44), 15.3 (S7P Nr. 8111. Fred Kochmann)

Lorei, Madlen / Kirn, Richard: Frankfurt und die drei wilden Jahre [6]1989, vor S. 17: 14.5

Stadt Frankfurt am Main, Grünflächenamt: Gewannpläne im Kartenteil

Stoltze-Museum der Frankfurter Sparkasse: 7.2

Studienkreis Deutscher Widerstand 1933–1945 e. V., Archiv, Frankfurt: 13.4 (BNG 563)

Wikimedia Commons: 3.2 Von Johann Jacob de Lose – Ursprung unbekannt, gemeinfrei, https://commons.wikimedia.org/wiki/File:Marianne_von_Willemer.png [07.06.2023]

4.2 Von Original painting from Georg Hom (1838–1911), 1866, gemeinfrei, https://commons.wikimedia.org/wiki/File:R%C3%BCppell_Eduard_1794-1844.png [07.06.2023]

5.2 Von Heinrich Hoffmann – Heinrich Hoffmann: Der Struwwelpeter; Frankfurt am Main 1917 (400. Auflage); Exemplar der Universitätsbibliothek Braunschweig Signatur: 2007-0968, gemeinfrei, https://commons.wikimedia.org/wiki/File:H_Hoffmann_Struwwel_03.jpg [07.06.2023]

5.4 Von Atelier Hermann Maas, Frankfurt am Main – ?, PD-alt-100, https://de.wikipedia.org/wiki/Datei:Heinrich_Hoffmann.jpg [07.06.2023]

5.5 Von Oskar Pichler, Architekt Frankfurt/Main 1826–1865 – Architekturmuseum TU Berlin, Inv.-Nr. 7374, gemeinfrei, https://commons.wikimedia.org/wiki/File:AffensteinAnsicht.JPG [07.06.2023]

6.2 Von H.-P.Haack, Leipzig 00:00, 12. Jul. 2007 (CEST) - Slg. H.-P.Haack, Leipzig, CC BY-SA 3.0, https://de.wikipedia.org/wiki/Datei:Schopenhauer_die_welt_als_wille_und_vorstellung_erstausgabe_1819.jpg [07.06.2023]

10.4 gemeinfrei, https://commons.wikimedia.org/wiki/File:Johannes_von_Miquel.jpg [07.06.2023]

10.5 Von not named, probably Carl Hertel (1832–1906) – http://www.german-architecture.info/GERMANY/G-FRA/FRA-001.htm, gemeinfrei, https://commons.wikimedia.org/wiki/File:Frankfurt_Hptbhf_1888a.jpg [07.06.2023]

11.2 Von Autor/-in unbekannt – Historisches Museum Frankfurt / Image uploaded to de.wiki pedia by User:Melkom, 8. Aug 2004, Gemeinfrei, https://commons.wikimedia.org/wiki/File:Adickes.jpg [07.06.2023]

12.4 Von Willibald Krain – Hans Joachim Teichler (Hg.): Illustrierte Geschichte des Arbeitersports. Berlin 1987, S. 210, gemeinfrei, https://commons.wikimedia.org/wiki/File:Willibald_Krain_I._Internationales_Arbeiterolympia_1925.jpg [07.06.2023]

16.2 Von Jjshapiro in der Wikipedia auf Englisch, CC BY-SA 3.0, https://commons.wikimedia.org/wiki/File:AdornoHorkheimerHabermasbyJeremyJShapiro2.png [07.06.2023]

17.2 CC BY-SA 3.0, https://commons.wikimedia.org/w/index.php?curid=525724 (Michael Ströhle), 17.5 Von Inge Sauer – Inge Sauer, CC BY-SA 3.0 de, https://commons.wikimedia.org/wiki/File:F.k.waechter.jpg [07.06.2023]

17.7 Von Heike Huslage-Koch – Eigenes Werk, CC BY-SA 4.0, https://commons.wikimedia.org/wiki/File:Wilhelm_Genazino_Frankfurter_Buchmesse_2016.jpg [07.06.2023]

Abkürzungen

a. d. M.	an der Mauer
GG	Gartengrab
FR	Frankfurter Rundschau
HMF	Historisches Museum Frankfurt
ISG	Institut für Stadtgeschichte Frankfurt
SNG	Senckenbergische Naturforschende Gesellschaft
UG	Urnengrab

Literatur

Allgemeine Literatur

Erche, Bettina: Denkmaltopographie der Stadt Frankfurt am Main. Der Frankfurter Hauptfriedhof, Frankfurt am Main 2012 (DVD).

Drolshagen, Ebba D.: Der Melancholische Garten, Frankfurt am Main 2006.

Frankfurter Historische Kommission (Hg.): Frankfurt am Main. Die Geschichte der Stadt in neun Beiträgen, Sigmaringen 1991.

Gall, Lothar (Hg.): FFM 1200. Traditionen und Perspektiven einer Stadt, Sigmaringen 1994.

Hoffmann, Hilmar: Die großen Frankfurter, Frankfurt am Main [3]2006.

Klötzer, Wolfgang (Hg.): Frankfurter Biographie, 2 Bde., Frankfurt am Main 1994/96.

Kramer, Waldemar (Hg.): Frankfurt Chronik, Frankfurt am Main 1987.

Kutscher, Markus: Chronik der Stadt Frankfurt am Main, Gudensberg-Gleichen 2009.

Moos, Günter (Hg.): Wegweiser zu Grabstätten bekannter Persönlichkeiten auf Frankfurter Friedhöfen, Frankfurt am Main 2003.

Müller-Vogg, Hugo (Hg.): Wege zur Stadtgeschichte. Spaziergänge durch Frankfurt, Frankfurt am Main 1995.

Sarkowicz, Hans (Hg.): Die großen Frankfurter, Frankfurt am Main [3]1997.

Schembs, Hans-Otto: Spaziergang durch die Frankfurter Geschichte, Frankfurt am Main 2002.

Schomann, Heinz: Frankfurt am Main und Umgebung. Von der Pfalzsiedlung zum Bankenzentrum, Köln 1996.

Schomann, Heinz: 111 Frankfurter Baudenkmäler schildern, Frankfurt am Main 1977.

Stadt Frankfurt am Main: Der Friedhofswegweiser, Leipzig [2]2004.

Stadt Frankfurt am Main, Grünflächenamt: Frankfurter Friedhöfe, Frankfurt am Main 2020.

Wolters, Dierk, Große Namen in Frankfurt, Frankfurt am Main 2009.

https://frankfurter-personenlexikon.de

https://friedhof-frankfurt.de/friedhoefe/staedtische-friedhoefe/hauptfriedhof (Seite der Stadt Frankfurt am Main)

https://www.frankfurter-hauptfriedhof.de (Ein privates Projekt von Harald Fester)

https://www.knerger.de

https://de.wikipedia.org/wiki/Liste_der_Gräber_bekannter_Persönlichkeiten_auf_dem_Hauptfriedhof_Frankfurt

https://de.wikipedia.org/wiki/Liste_der_Kulturdenkmäler_auf_dem_Hauptfriedhof_Frankfurt

Johann Adam Beil und der Frankfurter Hauptfriedhof

Braunholz, Peter / Boerdner, Britta / Setzepfandt, Christian: Der Frankfurter Hauptfriedhof, Frankfurt am Main 2009.

Denkmaltopographie Stadt Frankfurt am Main. Der Frankfurter Hauptfriedhof, Frankfurt am Main 2012 (DVD).

Drolshagen, Ebba D.: Der Melancholische Garten, Frankfurt am Main 2006.

Drolshagen, Ebba D.: Der melancholische Garten. »Der Neue Friedhof von Frankfurt am Main« von 1828, in: Gorgus, Nina / Voigt, Lisa (Hg.): Frankfurter Gartenlust, Frankfurt am Main 2021, S. 120–124.

Hock, Sabine: Beil, Johann Adam. Artikel aus der Frankfurter Biographie (1994/96) in: Frankfurter Personenlexikon (Onlineausgabe), https://frankfurter-personenlexikon.de/node/1547 [07.02.2022].

Karmarsch, Karl: »Beil, Johann Adam« in: Allgemeine Deutsche Biographie 2 (1875), S. 292 f. [Online-Version]; https://www.deutsche-biographie.de/pnd109501411.html#adbcontent [07.02.2022].

Moos, Günter (Hg.): Wegweiser zu Grabstätten bekannter Persönlichkeiten auf Frankfurter Friedhöfen, Frankfurt am Main 2003.

Schomann, Heinz: 111 Frankfurter Baudenkmäler schildern, Frankfurt am Main 1977, S. 94 ff.

Zum Gedenken: Grabmale in Frankfurt am Main. Fotografiert von Helga und Victor von Brauchitsch. Mit einer Einführung von Fritz Althammer, Frankfurt am Main 1988.

Sebastian Rinz – Schöpfer der Wallanlagen

Bauer, Thomas / Vogt, Barbara: Rinz, Sebastian. In: Frankfurter Personenlexikon (Onlineausgabe), http://frankfurter-personenlexikon.de/node/896 [05.10.2020].

Gorgus, Nina: Spaziergänge in den Wallanlagen, in: Gorgus, Nina / Voigt, Lisa (Hg.): Frankfurter Gartenlust, Frankfurt am Main 2021, S. 83–91.

Hässlin, Johann Jakob (Hg.): Frankfurt, München 1969, S. 177 ff.

Holdinghausen, Brigitte: Frankfurter Wallanlagen, Frankfurt am Main 2015.

Klötzer, Wolfgang: Frankfurt am Main von der Französischen Revolution bis zur preußischen Okkupation 1789–1866, in: Frankfurter Historische Kommission (Hg.): Frankfurt am Main. Die Geschichte der Stadt in neun Beiträgen, Sigmaringen 1991, S. 303–348.

Wissenbach, Björn: Mauern zu Gärten. 200 Jahre Frankfurter Wallanlagen, Frankfurt am Main 2010.

Marianne von Willemer – Muse und Co-Autorin Goethes

Behrens, Jürgen / Hopp, Doris / Seng, Joachim / Hock, Sabine: Goethe, Johann Wolfgang (von), in: Frankfurter Personenlexikon (Onlineausgabe), http://frankfurter-personenlexikon.de/node/2398 [26.10.2020].

Creizenach, Th. (Hg.): Briefwechsel zwischen Goethe und Marianne von Willemer (Suleika), Stuttgart 1877.
Friedenthal, Richard: Goethe. Sein Leben und seine Zeit, 2 Bde., München 1968.
Gersdorff, Dagmar von: Marianne Willemer und Goethe. Geschichte einer Liebe, Frankfurt am Main 2005.
Goethe, Johann Wolfgang: West-östlicher Divan, in: Goethe: Werke. Werkausgabe in 6 Bänden. Band 1 Gedichte Versepen, Frankfurt am Main 1970, S. 235–354.
Hahn, Ulla: »Natürlich geht mich Ihr Privatleben nichts an«, in: Sarkowicz, Hans (Hg.): Die großen Frankfurter, Frankfurt am Main 1997, S. 109–118.
Hock, Sabine: Schlosser, Fritz. Artikel aus der Frankfurter Biographie (1994/96) in: Frankfurter Personenlexikon (Onlineausgabe), http://frankfurter-personenlexikon.de/node/1073 [17.04.2021].
Hock, Sabine: Schlosser, Johann Georg. Artikel aus der Frankfurter Biographie (1994/96) in: Frankfurter Personenlexikon (Onlineausgabe), http://frankfurter-personenlexikon.de/node/1074 [17.04.2021].
Jung, Rudolf, »Willemer, Johann Jakob« in: Allgemeine Deutsche Biographie 43 (1898), S. 265 ff. [Online-Version]; https://www.deutsche-biographie.de/pnd118633244.html#adbcontent [27.01.2022].
Kern, Ursula: Marianne von Willemer, in: Frankfurter Frauenzimmer (Onlineausgabe), http://www.frankfurterfrauenzimmer.de/bp10-detail.html?bio=af [14.07.2023].
Klötzer, Wolfgang (Hg.): Frankfurter Biographie, Frankfurt 1996, Zweiter Band M–Z, S. 562 ff. (Willemer, Marianne von).
Safranski, Rüdiger: Goethe. Kunstwerk des Lebens, Frankfurt am Main 2015.
Straub, August: Kleines Lexikon für Goethefreunde, Frankfurt am Main 1946.
Weyel, Birgit: Willemer, Johann Jakob (von). Artikel aus der Frankfurter Biographie (1994/96) in: Frankfurter Personenlexikon (Onlineausgabe), https://frankfurter-personenlexikon.de/node/1745 [27.01.2022].
Unseld, Siegfried: Goethe und der Ginkgo, Frankfurt 1998.
Wustmann, Silke: Frankfurter Liebespaare, Frankfurt am Main 2009, S. 161–172.

Eduard Rüppell – Afrikaforscher und Senckenbergianer

Berger, Frank: Fernweh und Heimatliebe. Die Schenkungen des Forschungsreisenden Eduard Rüppell (1794–1884). In: Frankfurter Sammler und Stifter, Frankfurt am Main 2012, S. 155–167.
Eggebrecht, Eva und Arne: Nur die Wissenschaft vor Augen, in: Sarkowicz, Hans (Hg.): Die großen Frankfurter, Frankfurt am Main 1997, S. 143–153.
Hock, Sabine: Rüppell, Eduard. In: Frankfurter Personenlexikon (Onlineausgabe), http://frankfurter-personenlexikon.de/node/960 [19.04.2021].

Klausewitz, Wolfgang, »Rüppell, Eduard«, in: Neue Deutsche Biographie 22 (2005), S. 226–227 [Online-Version]; https://www.deutsche-biographie.de/pnd11669811X.html#ndbcontent [26.10.2020].
Klötzer, Wolfgang (Hg.): Frankfurter Biographie, Frankfurt am Main 1996, Zweiter Band M–Z, S. 223 ff.
Mahr, Sabine / Müller, Thorolf / Walker, Birgit: Senckenbergs verborgene Schätze. Über das Sammeln und Forschen, Stuttgart 2015.
Mertens, Robert: Eduard Rüppell, Frankfurt am Main 1949.
Stricker, Wilhelm: »Rüppell, Eduard«, in: Allgemeine Deutsche Biographie, herausgegeben von der Historischen Kommission bei der Bayerischen Akademie der Wissenschaften, Band 29 (1889), S. 707–714, Digitale Volltext-Ausgabe in Wikisource, https://de.wikisource.org/wiki/ADB:R%C3%BCppell,_Eduard [26.10.2020].
Tönnies, Bernhard: Äthiopische Handschriften im oberfränkischen Wald. In: Trümpler, Charlotte et al. (Hg.): Ich sehe wunderbare Dinge. 100 Jahre Sammlungen der Goethe-Universität, Frankfurt am Main 2014, S. 326 f.

Heinrich Hoffmann – Arzt, Literat, Politiker, Vereinsgründer

Bauer, Thomas: Hoffmann, Heinrich, in: Frankfurter Personenlexikon (Onlineausgabe), http://frankfurter-personenlexikon.de/node/2763 [05.10.2020].
Cilleßen, Wolfgang P. / Huntebrinker, Jan Willem: Heinrich Hoffmann – Peter Struwwel. Ein Frankfurter Leben 1809–1894, Petersberg 2009.
Gerteis, Walter: Das unbekannte Frankfurt. Dritte Folge, Frankfurt am Main ³1976, S. 151–160.
Hock, Sabine: Alzheimer, Alois. Artikel aus der Frankfurter Biographie (1994/96), in: Frankfurter Personenlexikon (Onlineausgabe), https://frankfurter-personenlexikon.de/node/390 [01.02.2022].
Hock, Sabine: Schmidt, Pauline, in: Frankfurter Personenlexikon (Onlineausgabe), https://frankfurter-personenlexikon.de/node/1093 [01.02.2022].
Hoede, Roland / Bauer, Thomas: Heinrich Hoffmann. Ein Leben zwischen Wahn … und Witz, Frankfurt am Main 1994.
Kruse, Max: »Sieh einmal, hier steht er«, in: Sarkowicz, Hans (Hg.): Die großen Frankfurter, Frankfurt am Main 1997, S. 163–171.
Riha, Karl: Struwwelpeter und Struwwelpetriaden, Frankfurt am Main 2012.

Arthur Schopenhauer – Der Weise von Frankfurt

Direktion der Stadt- und Universitätsbibliothek: Schopenhauer und Frankfurt am Main, Frankfurt am Main 1994.

Fleiter, Michael (Hg.): Arthur Schopenhauers philosophische Provokation, Frankfurt am Main 2010.
Gwinner, Wilhelm: Arthur Schopenhauer aus persönlichem Umgang dargestellt, Frankfurt am Main 1963.
Gwinner, Wilhelm von: Schopenhauers Leben, Leipzig [3]1910.
Hack, Bertold (Hg.): Arthur Schopenhauer. Briefe aus Schopenhauers Frankfurter Zeit und Selbstzeugnisse, Frankfurt am Main 1976.
Haffmanns, Gerd (Hg.): Über Arthur Schopenhauer, Zürich 1977.
Hansert, Andrea C.: Hübscher, Arthur, in: Frankfurter Personenlexikon (Onlineausgabe), https://frankfurter-personenlexikon.de/node/2796 [01.02.2022].
Hübscher, Angelika (Hg.): Arthur Schopenhauer. Leben und Werk in Text und Bildern, Frankfurt am Main 1989.
Hübscher, Arthur: Arthur Schopenhauer Gespräche, Stuttgart-Bad Cannstadt 1971.
Hübscher, Arthur: Schopenhauer und Frankfurt, in: XXXVII. Schopenhauer-Jahrbuch für das Jahr 1966, Frankfurt am Main 1966, S. 1–13.
Jeske, Michael: Schmidt, Alfred, in: Frankfurter Personenlexikon (Onlineausgabe), https://frankfurter-personenlexikon.de/node/4444 [01.02.2022].
Kaltwasser, Inge: Schopenhauer, Arthur, in: Frankfurter Personenlexikon (Onlineausgabe), http://frankfurter-personenlexikon.de/node/1129 [05.10.2020].
Safranski, Rüdiger: Schopenhauer und die wilden Jahre der Philosophie, Reinbek 1990.
Schmidt, Alfred: Tugend und Weltlauf, Frankfurt am Main 2004.
Schopenhauer, Arthur: Zürcher Ausgabe. Werke in zehn Bänden, Zürich 1977.
Schulz, Walter: »Animal metaphysicum«, in: Sarkowicz, Hans (Hg.): Die großen Frankfurter, Frankfurt am Main 1997, S. 133–142.

Friedrich Stoltze – Freiheitsfreund und Preußenfeind

Breitkreuz, Petra: Anna Margaretha Stoltze, in: Frankfurter Frauenzimmer (Onlineausgabe), http://www.frankfurterfrauenzimmer.de/ep10-detail.html?bio=dx [14.07.2023].
Breitkreuz, Petra: Stoltze, Annette, in: Frankfurter Personenlexikon (Onlineausgabe), https://frankfurter-personenlexikon.de/node/1353 [14.02.2021].
Breitkreuz, Petra: Friedrich Stoltze. Dichter – Denker – Demokrat, Frankfurt am Main 2016.
Bromberger, Barbara / Mausbach, Katja: Frauen und Frankfurt. Spuren vergessener Geschichte, Frankfurt am Main 1987, S. 32–36 (Annette Stoltze).
Gerteis, Walter: Das unbekannte Frankfurt, Neue Folge, Frankfurt am Main [6]1976, S. 193–201.
Heckmann, Herbert: »Un es will mer net in mein Kopp enei«. Friedrich Stoltze, in: Sarkowicz (Hg.): Die großen Frankfurter, Frankfurt am Main 1994, S. 183–192.
Kahn-Wallerstein, Carmen: Friedrich Stoltze: ein deutscher Demokrat, in: Neue Schweizer Rundschau, Band 21 (1953–54), S. 284–291.

Klötzer, Wolfgang / Breitkreuz, Petra: Stoltze, Friedrich, in: Frankfurter Personenlexikon (Onlineausgabe), http://frankfurter-personenlexikon.de/node/1354 [01.11.2020].

Leweke, Wendelin: »Gretchen« und die Nitribitt. Frankfurter Kriminalfälle, Frankfurt am Main 1991, S. 83–88 (Annette Stoltze).

Stoltze, Friedrich: Werke in Frankfurter Mundart, Frankfurt am Main 1953.

Vereinigung der Freunde und Förderer des Stoltze Museums (Hg.): Ich habe mit Frankfurt gelacht und getrauert. Werke und Leben des Schriftstellers Friedrich Stoltze, Frankfurt am Main 1988.

Wustmann, Silke: Frankfurter Liebespaare, Frankfurt am Main 2009, S. 29–36 und 66–72.

Die Gefallenen der Revolution von 1848

Bartetzko, Dieter: »Franckfurth ist ein curioser Ort« Streifzüge durch städtische Szenerien und Architekturen, Frankfurt am Main 1991, S. 77–80.

Franke, Andreas: Henriette Zobel, in: Frankfurter Frauenzimmer (Onlineausgabe), http://www.frankfurterfrauenzimmer.de/ep10-detail.html?bio=da [17.03.2021]

Gerteis, Walter: Das unbekannte Frankfurt, Neue Folge, Frankfurt am Main ^{6}1976, S. 166–191.

Gorgus, Nina: Regenschirm einer Revolutionärin, in: Gerchow, Jan / Gorgus, Nina: 100 × Frankfurt, Frankfurt 2017, S. 179 ff.

Helmensdorfer, Erich: Frankfurt – Metropole am Main. Geschichte und Zukunft, Düsseldorf/Wien 1982, S. 164–181.

Klötzer, Wolfgang: Frankfurt am Main von der Französischen Revolution bis zur preußischen Okkupation 1789–1866, in: Frankfurter Historische Kommission (Hg.): Frankfurt am Main. Die Geschichte der Stadt in neun Beiträgen, Sigmaringen 1991, S. 303–348.

Leweke, Wendelin: »Gretchen« und die Nitribitt. Frankfurter Kriminalfälle, Frankfurt 1991, S. 95–99 (Die Hintergründe im Fall Lichnowsky – Auerswald).

Linke, Daniel: Versuchte Demokratie – Das Paulskirchen-Parlament von 1848, in: Schwarz, Martin Maria / Sonnenschein, Ulrich (Hg.): Hessen riskant. Orte des Scheiterns in Hessen, Marburg 2000, S. 119–123.

Reifenberg, Benno: Das Einzigartige von Frankfurt, Frankfurt am Main 1979, S. 65–78.

Schembs, Hans-Otto: Spaziergang durch die Frankfurter Geschichte, Frankfurt am Main 2002, S. 153–158.

Schmidt, Walter et al.: Illustrierte Geschichte der deutschen Revolution 1848/49, Berlin 1975.

Carl Constanz Viktor Fellner und das Ende der Freien Stadt Frankfurt

Berger, Frank: Totenmaske, in: Gerchow, Jan / Gorgus, Nina: 100 × Frankfurt, Frankfurt am Main 2017, S. 185–188.

Forstmann, Wilfried: Frankfurt am Main in Wilhelminischer Zeit 1866–1918, in: Frankfurter Historische Kommission (Hg.): Frankfurt am Main. Die Geschichte der Stadt in neun Beiträgen, Sigmaringen 1991, S. 349–422.

Frost, Reinhard: Fellner, Carl, in: Frankfurter Personenlexikon (Onlineausgabe), http://frankfurter-personenlexikon.de/node/2165 [05.10.2020].

Gerteis, Walter: Das unbekannte Frankfurt. Neue Folge, Frankfurt am Main ^{6}1976, S. 202–210.

Gerteis, Walter: Das unbekannte Frankfurt. Dritte Folge, Frankfurt am Main ^{3}1976, S. 18–23.

Helmensdorfer, Erich: Frankfurt – Metropole am Main. Geschichte und Zukunft, Düsseldorf/Wien 1982, S. 182–185.

Hoffmann, Hilmar: Die großen Frankfurter. Ehrenwürdige Bürger und Ehrenbürger, Frankfurt am Main, ^{3}2006, S. 69–73.

Klötzer, Wolfgang: Frankfurt am Main von der Französischen Revolution bis zur preußischen Okkupation 1789–1866, in: Frankfurter Historische Kommission (Hg.): Frankfurt am Main. Die Geschichte der Stadt in neun Beiträgen, Sigmaringen 1991, S. 303–348.

Roth, Ralf: Von der freien Republik zur preußischen Provinzstadt. Die Bürgermeister Carl Constanz Victor Fellner und Daniel Heinrich Mumm, in: Brockhoff, Evelyn / Becht, Lutz (Hg.): Frankfurter Stadtoberhäupter. Vom 14. Jahrhundert bis 1946, Frankfurt am Main 2012, S. 143–154.

Johannes von Miquel und die Phase der Konsolidierung

Bauer, Thomas: Miquel, Johannes (von), in: Frankfurter Personenlexikon (Onlineausgabe), http://frankfurter-personenlexikon.de/node/8978 [05.10.2020].

Bundesbahndirektion Frankfurt am Main (Hg.): Abfahrt 1888. Ankunft 1988. 100 Jahre Hauptbahnhof Frankfurt am Main, Darmstadt 1988.

Forstmann, Wilfried: Frankfurt am Main in Wilhelminischer Zeit 1866–1918, in: Frankfurter Historische Kommission (Hg.): Frankfurt am Main. Die Geschichte der Stadt in neun Beiträgen, Sigmaringen 1991, S. 349–422.

Frost, Reinhard: Mumm (von Schwarzenstein), Daniel Heinrich. Artikel aus der Frankfurter Biographie (1994/96), in: Frankfurter Personenlexikon (Onlineausgabe), http://frankfurter-personenlexikon.de/node/589 [05.10.2020].

Gerteis, Walter: Das unbekannte Frankfurt, Dritte Folge, Frankfurt am Main ^{3}1976, S. 9–150.

Helmensdorfer, Erich: Frankfurt – Metropole am Main. Geschichte und Zukunft, Düsseldorf/Wien 1982, S. 232–250.

Klötzer, Wolfgang: Der Haushaltssanierer und der Stadtentwickler. Zwei große Oberbürgermeister in wilhelminischer Zeit: Johannes Miquel und Franz Adickes, in: Brockhoff, Evelyn / Becht, Lutz (Hg.): Frankfurter Staatsoberhäupter. Vom 14. Jahrhundert bis 1946, Frankfurt am Main 2012, S. 155–164.

Roth, Ralf: Von der freien Republik zur preußischen Provinzstadt. Die Bürgermeister Carl Constanz Victor Fellner und Daniel Heinrich Mumm, in: Brockhoff, Evelyn / Becht, Lutz (Hg.): Frankfurter Stadtoberhäupter. Vom 14. Jahrhundert bis 1946, Frankfurt am Main 2012, S. 143–154.

Schembs, Hans-Otto: Deutsche Kolonialgeschichte – aus Frankfurter Sicht, in: Dezernat für Soziales, Senioren, Jugend und Recht der Stadt Frankfurt am Main (Hg.): Senioren Zeitschrift 2/2019, S. 42 f.

Schembs, Hans-Otto, Frankfurt wie es Maler sahen, Würzburg 1989, S. 83–127.

Schembs, Hans-Otto, In dankbarer Anerkennung. Ehrenbürger der Stadt Frankfurt am Main, Frankfurt am Main 1987, S. 43–47.

Franz Adickes und der Aufstieg Frankfurts zur Großstadt

Forstmann, Wilfried: Frankfurt am Main in Wilhelminischer Zeit 1866–1918, in: Frankfurter Historische Kommission (Hg.): Frankfurt am Main. Die Geschichte der Stadt in neun Beiträgen, Sigmaringen 1991, S. 349–422.

Gall, Lothar: Franz Adickes. Oberbürgermeister und Universitätsgründer, Frankfurt am Main 2013.

Gerteis, Walter: Das unbekannte Frankfurt. Neue Folge, Frankfurt am Main [6]1976, S. 215–220.

Gerteis, Walter: Das unbekannte Frankfurt, Dritte Folge, Frankfurt am Main [3]1976, S. 145–239.

Helmensdorfer, Erich: Frankfurt – Metropole am Main. Geschichte und Zukunft, Düsseldorf/Wien 1982, S. 243–252.

Hock, Sabine: Adickes, Franz, in: Frankfurter Personenlexikon (Onlineausgabe), http://frankfurter-personenlexikon.de/node/362 [05.10.2020].

Klötzer, Wolfgang: Der Haushaltssanierer und der Stadtentwickler. Zwei große Oberbürgermeister in wilhelminischer Zeit: Johannes Miquel und Franz Adickes, in: Brockhoff, Evelyn / Becht, Lutz (Hg.) Frankfurter Stadtoberhäupter. Vom 14. Jahrhundert bis 1946, Frankfurt am Main 2012, S. 155–164.

Meinert, Hermann, »Adickes, Franz« in: Neue Deutsche Biographie 1 (1953), S. 67 [Online-Version]; https://www.deutsche-biographie.de/pnd118647008.html [07.02.2021].

Müller, Bruno: Stiftungen in Frankfurt am Main. Geschichte und Wirkung, Frankfurt am Main 2006, S. 147–154.

Picard, Tobias: Merton, Wilhelm. Artikel aus der Frankfurter Biographie (1994/96), in: Frankfurter Personenlexikon (Onlineausgabe), http://frankfurter-personenlexikon.de/node/508 [10.02.2021].

Schembs, Hans-Otto, In dankbarer Anerkennung. Ehrenbürger der Stadt Frankfurt am Main, Frankfurt am Main 1987, S. 48–52.

Schivelbusch, Wolfgang, Intellektuellendämmerung. Zur Lage der Frankfurter Intelligenz in den zwanziger Jahren, Frankfurt am Main 1982.

Wegener, Ernst: Bürgerstiftung für Forschung und Lehre: Die Universität, in: Müller-Vogg, Hugo

(Hg.): Wege zur Stadtgeschichte. Spaziergänge durch Frankfurt, Frankfurt am Main 1995, S. 138–141.

Ludwig Landmann, Ernst May und das Neue Frankfurt

Buchholz, Kai / Oswalt, Philipp: 100 Jahre Moderne in Hessen. Von der Reichsgründung bis zur Ölkrise. Ein Architekturführer, Berlin 2019.

Dreysse, DW: May-Siedlungen. Architekturführer durch zehn Siedlungen des Neuen Frankfurt 1926–1930, Köln 2019.

Edition Bauhaus – Das neue Frankfurt, absolut Medien 2015 (DVD).

Habersack, Michael: Es hat sich noch nie eine Stadt »emporgeknausert« – Ludwig Landmann und Frankfurts Aufstieg zur Weltstadt, in: Brockhoff, Evelyn / Becht, Lutz (Hg.): Frankfurter Stadtoberhäupter. Vom 14. Jahrhundert bis 1946, Frankfurt am Main 2012, S. 179–194.

Helmensdorfer, Erich: Frankfurt – Metropole am Main. Geschichte und Zukunft, Düsseldorf/Wien 1982, S. 256–270.

Hock, Sabine: Fotograf des alten und des Neuen Frankfurt. Dr. Paul Wolff zwischen Konvention und Avantgarde (1919–1933), in: Koetzler, Hans-Michael (Hg.): Dr. Paul Wolff & Tritschler. Licht und Schatten – Fotografien 1920 bis 1950, Berlin 2019, S. 130–175.

Hock, Sabine: May, Ernst, in: Frankfurter Personenlexikon (Onlineausgabe), http://frankfurter-personenlexikon.de/node/462 [05.10.2020].

Hock, Sabine: Wolff, Paul, in: Frankfurter Personenlexikon (Onlineausgabe), https://frankfurter-personenlexikon.de/node/1169 [09.11.2022].

Klemp, Klaus et al.: Moderne am Main 1919–1933, Frankfurt am Main 2019.

Klötzer, Wolfgang (Hg.): Frankfurter Biographie, Frankfurt am Main 1996, Zweiter Band M–Z, S. 517–519 (Voigt).

Rebentisch, Dieter: Frankfurt am Main in der Weimarer Republik und im Dritten Reich 1918–1945, in: Frankfurter Historische Kommission (Hg.): Frankfurt am Main. Die Geschichte der Stadt in neun Beiträgen, Sigmaringen 1991, S. 423–519.

Rebentisch, Dieter: Landmann, Ludwig, in: Frankfurter Personenlexikon (Onlineausgabe), http://frankfurter-personenlexikon.de/node/3021 [15.02.2021].

Schivelbusch, Wolfgang, Intellektuellendämmerung. Zur Lage der Frankfurter Intelligenz in den zwanziger Jahren, Frankfurt am Main 1982.

Speer, Albert: Der Architekt des »Neuen Frankfurt«, in: Sarkowicz, Hans (Hg.): Die großen Frankfurter, Frankfurt am Main 1997, S. 225–235.

Sternburg, Wilhelm von: Ludwig Landmann. Ein Porträt, Frankfurt am Main 2019.

Voigt, Wolfgang et al. (Hg.): Neuer Mensch, neue Wohnung. Die Bauten des Neuen Frankfurt 1925–1933, Berlin 2019.

https://ernst-may-gesellschaft.de [15.02.2021].

Johanna Kirchner und der Widerstand gegen den Nationalsozialismus

Abendroth, Wolfgang: Ein Leben in der Arbeiterbewegung. Gespräche, aufgezeichnet und herausgegeben von Barbara Dietrich und Joachim Perels, Frankfurt am Main [2]1977.

Beier, Gerhard: Arbeiterbewegung in Hessen, Frankfurt am Main 1984, S. 374 f. (Anna Beyer).

Bromberger, Barbara / Mausbach, Katja: Frauen und Frankfurt. Spuren vergessener Geschichte, Frankfurt am Main 1987, S. 85–87 (Kirchner), 90 ff. (Beyer) und 95–97 (Wolf).

Brugmann, Wolf Gunter: Turbulenter Beginn. Die Geschichte der FR, Teil 1, in: Frankfurter Rundschau vom 13. November 2020.

Burkard, Benedikt et al. (Hg.): Eine Stadt macht mit. Frankfurt und der NS. Begleitbuch zur Ausstellung im Historischen Museum 2021/22, Petersberg 2022.

Carlebach, Emil: Frankfurts Antifaschisten 1945, in: Schneider, Ulrich (Hg.): Als der Krieg zu Ende war. Hessen 1945, Frankfurt am Main 1980, S. 10–32.

Carlebach, Emil: Hitler war kein Betriebsunfall, Frankfurt am Main [2]1982.

Dertinger, Antje / Trott, Jan von: »... und lebe immer in Eurer Erinnerung«. Johanna Kirchner – Eine Frau im Widerstand, Berlin/Bonn 1985.

Drummer, Heike: Krebs, Friedrich, in: Frankfurter Personenlexikon (Onlineausgabe), http://frankfurter-personenlexikon.de/node/2987 [17.03.2021].

Hock, Sabine: Abendroth, Wolfgang. Artikel aus der Frankfurter Biographie (1994/96) in: Frankfurter Personenlexikon (Onlineausgabe), http://frankfurter-personenlexikon.de/node/354 [08.04.2021].

Kern, Ursula: Johanna Kirchner, in: Frankfurter Frauenzimmer (Onlineausgabe), http://www.frankfurterfrauenzimmer.de/ep10-detail.html?bio=dd [17.03.2021].

Keval, Susanna: Widerstand und Selbstbehauptung in Frankfurt am Main 1933–1945, Frankfurt am Main 1988.

Klötzer, Wolfgang (Hg.): Frankfurter Biographie, Frankfurt am Main 1996, Erster Band A–L, S. 394 f. (Kirchner).

Löwenthal, Richard / Mühlen, Patrick von zur (Hg.): Widerstand und Verweigerung in Deutschland 1933 bis 1945, Berlin/Bonn 1982.

Perels, Joachim: Abendroth, Wolfgang, in: Jacoby, Edmund (Hg.): Lexikon linker Leitfiguren, Frankfurt am Main und Wien 1989, S. 11 ff.

Prein, Gabriele: Wolf, Lore, in: Frankfurter Personenlexikon (Onlineausgabe), http://frankfurter-personenlexikon.de/node/4667 [15.03.2021].

Wolf, Lore: Ein Leben ist viel zu wenig, Berlin [2]1973.

www.frankfurt1933-1945.de [17.03.2021].

www.rettungs-widerstand-frankfurt.de [17.03.2021].

Wilhelm Hollbach und das Ende des Zweiten Weltkriegs

Becht, Lutz: Zwischen Besatzung und Befreiung. Die Oberbürgermeister Wilhelm Hollbach und Kurt Blaum 1945/1946, in: Brockhoff, Evelyn / Becht, Lutz (Hg.): Frankfurter Stadtoberhäupter. Vom 14. Jahrhundert bis 1946, Frankfurt am Main 2012, S. 179–194.

Carlebach, Emil: Frankfurts Antifaschisten 1945, in: Schneider, Ulrich (Hg.): Als der Krieg zu Ende war. Hessen 1945, Frankfurt am Main 1980, S. 39–43.

Frankfurter Rundschau. Geschichte, Band 6: Die Nachkriegsjahre in Frankfurt, Frankfurt am Main 2015.

Frost, Reinhard: Blaum, Kurt. Artikel aus der Frankfurter Biographie (1994/96), in: Frankfurter Personenlexikon (Onlineausgabe), https://frankfurter-personenlexikon.de/node/1644 [25.02.2022].

Hoffmann, Hilmar: Frankfurts Oberbürgermeister 1945–1995. Ein Beitrag zur Kulturgeschichte der Stadt, Frankfurt am Main 2012, S. 21–78.

Klötzer, Wolfgang (Hg.): Frankfurter Biographie, Frankfurt am Main 1994, Erster Band A–L, S. 347 (Hollbach).

Lorei, Madlen / Kirn, Richard: Frankfurt und die drei wilden Jahre, Frankfurt am Main [6]1989.

Picard, Tobias: Finale in Schwarz-Weiß und Farbe. Paul Wolff und Frankfurt am Main 1941–1951, in: Koetzler, Hans-Michael (Hg.): Dr. Paul Wolff & Tritschler. Licht und Schatten – Fotografien 1920 bis 1950, Berlin 2019, S. 378–419.

Tüffers, Bettina: Von der Römerkoalition zur Parteienkonkurrenz, Frankfurt am Main 2011.

Walter Kolb und der Wiederaufbau Frankfurts

Balser, Frolinde: Frankfurt am Main in der Nachkriegszeit, in: Frankfurter Historische Kommission (Hg.): Frankfurt am Main. Die Geschichte der Stadt in neun Beiträgen, Sigmaringen 1991, S. 521–578.

Bartetzko, Dieter: »Franckfurth ist ein curioser Ort« Streifzüge durch städtische Szenarien und Architekturen, Frankfurt am Main / New York 1991.

Felsch, Margot: Aus der Chef-Etage des Römers, Frankfurt am Main 1981, S. 11–44.

Fleiter, Michael / Picard, Tobias: Schauplätze. Frankfurt in den 50er Jahren, Frankfurt am Main [2]2016.

Frankfurter Rundschau. Geschichte, Band 6: Die Nachkriegsjahre in Frankfurt, Frankfurt am Main 2015.

Frankfurter Rundschau. Geschichte, Band 2: Die 50er Jahre in Frankfurt, Frankfurt am Main 2012.

Helmensdorfer, Erich: Frankfurt – Metropole am Main. Geschichte und Zukunft, Düsseldorf/Wien 1982, S. 280–292.

Hock, Sabine: Kolb, Walter, in: Frankfurter Personenlexikon (Onlineausgabe), https://frankfurter-personenlexikon.de/node/2963 [17.11.2021].

Hoffmann, Hilmar: Frankfurts Oberbürgermeister 1945–1995. Ein Beitrag zur Kulturgeschichte der Stadt, Frankfurt am Main 2012, S. 79–164.

Horchler, Andreas: Adenauers Hinterlist – Frankfurts unerfüllter Hauptstadttraum, in: Schwarz, Martin Maria / Sonnenschein, Ulrich (Hg.): Hessen riskant. Orte des Scheiterns in Hessen, Marburg 2000, S. 50–55.

Knoll, Helli (Hg.): Walter Kolb. Ein großer Oberbürgermeister, Frankfurt am Main 1956.

Lorei, Madlen / Kirn, Richard: Frankfurt und die drei wilden Jahre, Frankfurt am Main [6]1989.

Reifenberg, Benno: Das Einzigartige von Frankfurt, Frankfurt am Main 1979, S. 117–121.

Schneider, Ulrich: Frankfurts Oberbürgermeister Walter Kolb, in: Ders. (Hg.): Als der Krieg zu Ende war. Hessen 1945, Frankfurt am Main 1980, S. 39–43.

Tüffers, Bettina: Von der Römerkoalition zur Parteienkonkurrenz, Frankfurt am Main 2011.

Theodor W. Adorno und die Frankfurter Schule

Adorno, Theodor W.: Minima Moralia, Frankfurt am Main [20]1991.

Brumlik, Micha: Adorno, Theodor W., in: Jacoby, Edmund (Hg.): Lexikon linker Leitfiguren, Frankfurt am Main und Wien 1989, S. 17–20.

Göpfert, Claus-Jürgen / Messinger, Bernd: Das Jahr der Revolte. Frankfurt 1968, Frankfurt am Main 2017.

Hörisch, Jochen: Theorie-Apotheke, Frankfurt am Main 2010, S. 189–204.

Horkheimer, Max / Adorno, Theodor W.: Dialektik der Aufklärung, Amsterdam 1968 (Nachdruck).

Jeffries, Stuart: Grand Hotel Abgrund, Stuttgart 2021.

Koch, R. Gerhard: Theodor W. Adorno, Frankfurt am Main 2013.

Schmidt, Alfred: »Wir wollen hier nicht so drauflos philosophieren«, in: Sarkowicz, Hans (Hg.): Die großen Frankfurter, Frankfurt am Main 1997, S. 246–253.

Reijen, Willem van: Adorno zur Einführung, Hamburg 1990.

Scheible, Hartmut: Theodor W. Adorno, Reinbek 1989.

Schivelbusch, Wolfgang, Intellektuellendämmerung. Zur Lage der Frankfurter Intelligenz in den zwanziger Jahren, Frankfurt am Main 1982.

Schütte, Wolfram (Hg.): Adorno in Frankfurt, Frankfurt am Main 2003.

Trümpler, Charlotte et al.: Ich sehe wunderbare Dinge. 100 Jahre Sammlungen der Goethe-Universität, Ostfildern 2014, S. 260–263.

Wiggershaus, Rolf: Die Frankfurter Schule, Reinbek 2010.

Zulauf, Jochen / Jeske, Michael: Adorno, Theodor W., in: Frankfurter Personenlexikon (Onlineausgabe), http://frankfurter-personenlexikon.de/node/369 [05.10.2020].

Robert Gernhardt und die Neue Frankfurter Schule

Bartl, Andrea / Marx, Friedhelm (Hg.): Verstehensanfänge. Das literarische Werk Wilhelm Genazinos, Göttingen 2011.

Behr, Stefan: Pardon, war ein Witz!, in: Frankfurter Rundschau Geschichte. Die 60er Jahre in Frankfurt, Frankfurt am Main 2012, S. 79–82.

Fahrenberg, WP (Hg.): Meister der komischen Kunst. Friedrich Karl Waechter, München 2011.

Fahrenberg, WP (Hg.): Meister der komischen Kunst. Robert Gernhardt, München 2011.

Genazino, Wilhelm: Der gedehnte Blick, München 2004.

Genazino, Wilhelm: Die Belebung der toten Winkel. Frankfurter Poetikvorlesungen, München 2006.

Genazino, Wilhelm: Idyllen in der Halbnatur, München 2012.

Gernhardt, Robert: Es gibt kein richtiges Leben im valschen. Humoresken aus unseren Kreisen, Zürich 1987.

Gernhardt, Robert: Ich Ich Ich, Zürich 1988.

Gernhardt, Robert: Prosamen, Stuttgart 1995.

Gernhardt, Robert: Raum, Zeit und Witz, in: Gazzetti, Maria (Hg.): Frankfurt. Literarische Spaziergänge, Frankfurt am Main 2005, S. 143–156.

Gernhardt, Robert: Vom Schönen, Guten, Baren. Die schönsten Bildergeschichten und Bildgedichte, Frankfurt am Main 2007.

Gernhardt, Robert: Was gibt's denn da zu lachen? Kritik der Komiker. Kritik der Kritiker. Kritik der Komik, Zürich 1988.

Gernhardt, Robert: Wörtersee, Zürich 1989.

Gernhardt, Robert: Zehn Thesen zum komischen Gedicht, in: Gernhardt, Robert / Zehrer, Klaus Cäsar: Hell und Schnell. 555 komische Gedichte aus 5 Jahrhunderten, Frankfurt am Main 2004, S. 11–14.

Gernhardt, Robert / Bernstein F. W.: Besternte Ernte, Reinbek 1983.

Gernhardt, Robert / Bernstein F. W. / Waechter, F. K.: Welt im Spiegel. WimS 1964–1976, Frankfurt am Main 1979.

Hagestedt, Lutz (Hg.): Zum Werk von Robert Gernhardt, Frankfurt am Main 2002.

Hahn, Peter (Hg.): Literatur in Frankfurt. Ein Lexikon zum Lesen, Frankfurt am Main 1987, S. 214–221.

Henscheid, Eckhard: Wie Max Horkheimer einmal sogar Adorno hereinlegte. Anekdoten über Fußball, Kritische Theorie, Hegel und Schach. Mit Zeichnungen von F. W. Bernstein, Zürich 1983.

Rüdenauer, Ulrich: Fast eine Komödie. Gespräche mit Wilhelm Genazino, Warmbronn 2020.

Schäfer, Frank: Die Verramschung des Ich. Ein Gespräch mit dem Büchner-Preisträger Wilhelm Genazino, in: konkret 12/2004.

Stadt Frankfurt am Main, Umweltamt: Monsterspecht und Dicke Raupe. Komische Kunst im Frankfurter Grüngürtel, Frankfurt am Main 2017.
Victor, Marion: Waechter, Friedrich Karl, in: Frankfurter Personenlexikon (Onlineausgabe), https://frankfurter-personenlexikon.de/node/4595 [25.02.2022].
Waechter, Friedrich Karl: Zeichenkunst, München 2009.
Zehrer, Klaus Cäsar: Dialektik der Satire. Zur Komik von Robert Gernhardt und der »Neuen Frankfurter Schule«. Dissertation zur Erlangung des Grades eines Dr. phil. im Fachbereich 9 (Kulturwissenschaften) der Universität Bremen (https://elib.suub.uni-bremen.de/publications/dissertations/E-Diss259_zehrer.pdf [30.08.2021]).

Albert Mangelsdorff und die Hauptstadt des Jazz

Berendt, Joachim Ernst / Huesmann, Günther: Das Jazz-Buch. Von New Orleans bis ins 21. Jahrhundert, Frankfurt am Main [2]2009.
Göpfert, Claus-Jürgen: Völlig neue Töne, in: Frankfurter Rundschau. Geschichte, Band 2: Die 50er Jahre in Frankfurt, Frankfurt am Main 2012, S. 96–99.
Knauer, Wolfram (Hg.): Albert Mangelsdorff. Tension / Spannung. Darmstädter Beiträge zur Jazzforschung, Band 11, Hofheim 2010.
Knauer, Wolfram: »Play yourself, man!« Die Geschichte des Jazz in Deutschland, Ditzingen 2019.
Mangelsdorff, Albert: Frankfurt am Main. Jazzmusik und grüne Soß, Freiburg 1990.
Mozer, Isolde: Mangelsdorff, Albert, in: Frankfurter Personenlexikon (Onlineausgabe), https://frankfurter-personenlexikon.de/node/3729 [24.10.2021].
Paulot, Bruno: Albert Mangelsdorff. Gespräche, Waakirchen 1993.
Reinert, Detlef: Die Jazzszene in Frankfurt, in: Erd, Rainer (Hg.): Kulturstadt Frankfurt. Szenen Institutionen Positionen, Frankfurt am Main 1990, S. 42–54.
Sandner, Wolfgang: Hallo Albert, in: König, Gerhard / Seide, Adam (Hg.): Was da ist in Frankfurt, Frankfurt am Main 1983, S. 150 f.
Sandner, Wolfgang: Jazz in Frankfurt, Frankfurt 1990.
Schwab, Jürgen: Der Frankfurt Sound, Frankfurt am Main [2]2005.

Siegfried Unseld – Ausnahmeverleger in der Stadt der Bücher

Bernhard, Thomas / Unseld, Siegfried. Der Briefwechsel. Herausgegeben von Raimund Fellinger, Martin Huber und Julia Ketterer, Frankfurt am Main 2009.
Fellinger, Raimund (Red.): Kleine Geschichte der edition suhrkamp, Frankfurt am Main 2003.
Fellinger, Raimund / Reiner, Matthias (Hg.): Siegfried Unseld. Sein Leben in Bildern und Texten, Berlin 2014.
50 Jahre Suhrkamp Verlag. Dokumentation zum 1. Juli 2000, Frankfurt am Main 2000.
Gazzetti, Maria (Hg.): Frankfurt. Literarische Spaziergänge, Frankfurt am Main 2005.

Die Geschichte des Suhrkamp Verlages 1950–2000, Frankfurt am Main 2000.
Hahn, Peter (Hg.): Literatur in Frankfurt. Ein Lexikon zum Lesen, Frankfurt 1987, S. 554–557.
Handke, Peter / Unseld, Siegfried. Der Briefwechsel. Herausgegeben von Raimund Fellinger und Katharina Pektor, Berlin 2012.
Michalzik, Peter: Unseld. Eine Biographie, München 2003 (TB-Ausgabe).
Ott, Ulrich / Pfäfflin, Friedrich (Hg.): Protest! Literatur um 1968, Marbach am Neckar 1998.
Schneider, Ute: Unseld, Siegfried, in: Frankfurter Personenlexikon (Onlineausgabe), http://frankfurter-personenlexikon.de/node/4570 [05.10.2020].
Siegfried Unseld zum Gedenken. Paulskirche, Frankfurt am Main 8. Oktober 2003, Frankfurt am Main 2003.
Suhrkamp Verlagsgeschichte, Frankfurt 1987.
Unseld, Siegfried: Briefe an die Autoren. Herausgegeben von Rainer Weiss, Frankfurt am Main 2004.
Unseld, Siegfried: Chronik 1970, Berlin 2010.
Unseld, Siegfried: Der Autor und sein Verleger, Frankfurt am Main 1985 (TA).
Unseld, Siegfried: Reiseberichte, Berlin [2]2020.
Unseld, Siegfried: Peter Suhrkamp. Zur Biographie eines Verlegers, Frankfurt am Main 1975.
Zahlmann, Christel: Bücherstadt Frankfurt, in: Erd, Rainer (Hg.): Kulturstadt Frankfurt. Szenen Institutionen Positionen, Frankfurt am Main 1990, S. 138–145.

Von Willi Brundert bis Walter Wallmann – Krisen, Kämpfe und Kultur für alle

Balser, Frolinde: Frankfurt am Main in der Nachkriegszeit, in: Frankfurter Historische Kommission (Hg.): Frankfurt am Main. Die Geschichte der Stadt in neun Beiträgen, Sigmaringen 1991, S. 521–578.
Frankfurter Rundschau. Geschichte, Band 1: Frankfurt 1969 bis 1990, Frankfurt am Main 2010.
Frankfurter Rundschau. Geschichte, Band 3: Die 60er Jahre in Frankfurt, Frankfurt am Main 2012.
Frankfurter Rundschau. Geschichte, Band 4: Die 70er Jahre in Frankfurt, Frankfurt am Main 2013.
Frankfurter Rundschau. Geschichte, Band 5: Die 80er Jahre in Frankfurt, Frankfurt am Main 2014.
Hoffmann, Hilmar: Das Frankfurter Museumsufer, Frankfurt am Main 2009.
Hoffmann, Hilmar: Frankfurts Oberbürgermeister 1945–1995. Ein Beitrag zur Kulturgeschichte der Stadt, Frankfurt am Main 2012, S. 206–450.
Rebentisch, Dieter: Möller, Walter, in: Frankfurter Personenlexikon (Onlineausgabe), https://frankfurter-personenlexikon.de/node/545 [03.01.2022].
Röschlau, Ingrid: Brundert, Willi. Artikel aus der Frankfurter Biographie (1994/96), in: Frankfurter Personenlexikon (Onlineausgabe), https://frankfurter-personenlexikon.de/node/1893 [03.01.2022].
Tüffers, Bettina: Von der Römerkoalition zur Parteienkonkurrenz, Frankfurt am Main 2011.

Tüffers, Bettina: Wallmann, Walter, in: Frankfurter Personenlexikon (Onlineausgabe), https://frankfurter-personenlexikon.de/node/4202 [03.01.2022].

Große Frankfurter Stifter und Mäzene

Bäumler, Ernst: Die Rotfabriker. Familiengeschichte eines Weltunternehmens, München/Zürich 1988.

Bauer, Thomas: Senckenberg, Johann Christian, in: Frankfurter Personenlexikon (Onlineausgabe), http://frankfurter-personenlexikon.de/node/1229 [08.03.2021].

Berger, Frank / Setzepfandt, Christian, 101 Unorte in Frankfurt, Frankfurt am Main 2011, S. 125 (Neckermann).

Fischer, Roman: Holzhausen, Patrizierfamilie (von), in: Frankfurter Personenlexikon (Onlineausgabe), http://frankfurter-personenlexikon.de/node/4160 [25.02.2022].

Forstmann, Wilfried: Bethmann, Simon Moritz (von; 1768–1826), in: Frankfurter Personenlexikon (Onlineausgabe), http://frankfurter-personenlexikon.de/node/2268 [08.03.2021].

Frost, Reinhard: Neckermann, Josef. Artikel aus der Frankfurter Biographie (1994/96), in: Frankfurter Personenlexikon (Onlineausgabe), https://frankfurter-personenlexikon.de/node/608 [08.08.2021].

Gerteis, Walter: Das unbekannte Frankfurt. Neue Folge, Frankfurt am Main [6]1976, S. 211–220.

Groening, Monika: Leo Gans und Arthur von Weinberg. Mäzenatentum und jüdische Emanzipation, Frankfurt am Main 2012.

Helmensdorfer, Erich: Frankfurt – Metropole am Main. Geschichte und Zukunft, Düsseldorf/Wien 1982, S. 220–223 (Merton).

Hock, Sabine: Ammerschläger, Alois, in: Frankfurter Personenlexikon (Onlineausgabe), http://frankfurter-personenlexikon.de/node/4268 [10.03.2021].

Hock, Sabine: Christ, Liesel, in: Frankfurter Personenlexikon (Onlineausgabe), http://frankfurter-personenlexikon.de/node/3322 [10.03.2021].

Hock, Sabine: Heussenstamm, Karl, in: Frankfurter Personenlexikon (Onlineausgabe), https://frankfurter-personenlexikon.de/node/2629 [10.01.2022].

Hock, Sabine: Liesel Christ Volksschauspielerin. Eine Biographie, Frankfurt am Main 2004.

Hock, Sabine: Lucius, Eugen. Artikel aus der Frankfurter Biographie (1994/96), in: Frankfurter Personenlexikon (Onlineausgabe), https://frankfurter-personenlexikon.de/node/3118 [25.02.2022].

Klötzer, Wolfgang (Hg.): Frankfurter Biographie, Frankfurt am Main 1994, Erster Band A–L, S. 293 f. (Haeuser); S. 418 ff. (Kotzenberg).

Klötzer, Wolfgang (Hg.): Frankfurter Biographie, Frankfurt am Main 1996, Zweiter Band M–Z, S. 40–44 (Familie Merton); S. 47 ff. (Bankiersfamilie Metzler); S. 543 ff. (Carl und Arthur von Weinberg).

Koch, Fritz: Meister, Wilhelm (1827–1895). Artikel aus der Frankfurter Biographie (1994/96), in: Frankfurter Personenlexikon (Onlineausgabe), https://frankfurter-personenlexikon.de/node/482 [25.02.2022].

Müller, Bruno: Stiftungen in Frankfurt am Main. Geschichte und Wirkung. Neu bearbeitet und fortgesetzt von Hans-Otto Schembs, Frankfurt am Main 2006.

Picard, Tobias: Merton, Richard. Artikel aus der Frankfurter Biographie (1994/96), in: Frankfurter Personenlexikon (Onlineausgabe), https://frankfurter-personenlexikon.de/node/507 [25.02.2022].

Picard, Tobias: Merton, Wilhelm. Artikel aus der Frankfurter Biographie (1994/96), in: Frankfurter Personenlexikon (Onlineausgabe), http://frankfurter-personenlexikon.de/node/508 [10.02.2021].

Roth, Ralf: Wilhelm Merton. Ein Weltbürger gründet eine Universität, Frankfurt am Main 2010.

Schembs, Hans-Otto, In dankbarer Anerkennung. Ehrenbürger der Stadt Frankfurt am Main, Frankfurt am Main 1987, S. 53–57 (Leo Gans); S. 58–62 (Arthur von Weinberg); S. 73–77 (Richard Merton).

Schembs, Hans-Otto: Jüdische Mäzene und Stifter in Frankfurt am Main, Frankfurt am Main 2007.

Schivelbusch, Wolfgang: Intellektuellendämmerung. Zur Lage der Frankfurter Intelligenz in den zwanziger Jahren, Frankfurt am Main 1982.

Stahl, Patricia: Brüning, Adolf (von). Artikel aus der Frankfurter Biographie (1994/96), in: Frankfurter Personenlexikon (Onlineausgabe), https://frankfurter-personenlexikon.de/node/1890 [25.02.2022].

Stahl, Patricia: Brüning, Clara (von). Artikel aus der Frankfurter Biographie (1994/96), in: Frankfurter Personenlexikon (Onlineausgabe), https://frankfurter-personenlexikon.de/node/1889 [25.02.2022].

Veszelits, Thomas: Die Neckermanns. Licht und Schatten einer deutschen Unternehmerfamilie, Bergisch Gladbach 2008.

Weimer, Wolfram: Kapitäne des Kapitals, Frankfurt am Main 1993, S. 183–197 (Neckermann).

Wöhrmann, Ursula: Holzhausen, Adolph von (1866–1923), in: Frankfurter Personenlexikon (Onlineausgabe), https://frankfurter-personenlexikon.de/node/4162 [25.02.2022].

https://www.ammerschlaeger-stiftung.de [10.03.2021].

https://www.frankfurter-stiftungen.de/stiftungsdatenbank [10.03.2021].

https://verwaltungsportal.hessen.de/online-dienste/anwendungen/stiftungsverzeichnis [10.03.2021].

Personenregister

Bibliografische Information der Deutschen Nationalbibliothek
Die Deutsche Nationalbibliothek verzeichnet diese Publikation in der Deutschen Nationalbibliografie; detaillierte bibliografische Daten sind im Internet über http://dnb.d-nb.de abrufbar.

Lektorat: Stefan Gücklhorn
Covergestaltung: Anja Carrà, Weimar
Bildnachweis: © Serghei V (Himmel) und Branko Srot (Friedhof) stock.adobe.com
Satz und Bearbeitung: TypoGraphik Anette Bernbeck, Gelnhausen
Der Titel wurde in der Study gesetzt.
Gesamtherstellung: CPI books GmbH, Leck – Germany

ISBN: 978-3-7374-0504-1

Mehr über Ideen, Autoren und Programm des Verlags finden Sie auf www.verlagshausroemerweg.de und in Ihrer Buchhandlung.